JUNG AND ASTROLOGY

ユングと占星術

Maggie Hyde

マギー・ハイド

鏡リュウジ 訳

青土社

目次

ユングと占星術

母に

謝辞

本書の多くのアイデアは、過去二十年にわたる友人、同僚との協力によって生まれて来た。プトニーとワンズワースＡＥＩで、最初の種を蒔いてくれたプレム・アガマに感謝したい。その種は、彼自身も想像もしなかったような多くの場所で花を咲かせた。また、ともに、カンパニー・オブ・アストロロジャーズを創設した三人は、私の占星術にそれぞれのかたちで大きな影響を与えた。ジェフリー・コーネリアスの、占星術を「占い《ディヴィネーション》」として見る根本的な見直し作業は、占星術の哲学と実践に画期的な変革をもたらした。これが本書に大きなインスピレーションを与えている。心理療法家としてのバックグランドをもつゴードン・ワトソンは、占星術家‐クライアントの関係に新しい概念をもたらしてくれた。そして彼は私のコンサルタント、教師となりたいという動機について、熱心に問いかけをしてくれた。デレク・アップルビィは、伝統的ホロスコープ術の美しさ、優雅さを教えてくれた。彼はとりわけホラリーによって、シンボルが実際の世界に踊りだすことを示してくれた。また何年にもわたって、洞察を共有してきたカンパニー・オブ・アストロロジャーズの同僚たちにも感謝する。とくにパット・ブラケット、プルー・ケイヴ、ジェイン・ファーラー、アラン・ジョーンズ、マリオン・ホルト、グレアム・トービン、そしてヴァーノン・ウェルズに。

ジェフリー・コーネリアスはまた原稿に詳細なコメントならびに批評をすることで貴重な助力を与えてくれた。内容およびスタイルへの、ロバート・チャンドラーのコメントはまた非常に有益であった。ロバート・カーターとパット・ブラケットは第1章の図を提供してくれた。

精神分析の世界については、ソヌ・シャムダサニに感謝したい。彼は、ユング派の思想一般、とくに第2章、第3章において、その学識で支援してくれた。また、フィラデルフィア協会での、友人たちによるユング批判も、心に残しておきたい。とくにジョー・フリードマン、ジョン・ヒートン、バーバラ・ラサムに。彼らは別な思考法もあるということを思い出させてくれた。

また事例、逸話を出版することを許可してくれた友人、クライアントにも感謝したい。またマリシア、フェリアルには、その親身な協力にも感謝したい。最後に私の編集者であるマリオン・ラッセルに。氏は、天王星のハーフリターンの時期に本書が書かれたこともあって、土星の示す締め切りを破った私に寛容な態度を示してくださった。

序章

ユングから私をいったん引き離し、そして結果的にまたユングに連れ戻したのは、何台かの青い自転車であった。当時私は、夢研究のグループに参加していた。十二人程のグループで、毎週のように集い、夢の体験を語り合っていた。その青い自転車は、このグループに現れた。あるとき、少なくとも五人の人々が一週間のうちに自転車の夢を見た。そして、その夢の多くに青い色のモチーフが含まれていた。グループのリーダーは、実際に自転車をもっていたが、その色は青ではなかったし、多くのメンバーが同じ夢像を同時に見た理由は誰にも理解できなかった。

私がこのグループに参加したのは、数年の失業期間を経てのことだった。失業していた間、私はユングやイワン・イリイチを読み込み、また占星術や夢を研究して有意義に過ごすことができた。その間というもの、昼間から夜遅くまでユングの錬金術文献に夢中で取り組み、そして夜には、ウロボロス的な夢を見つづけた。夢の時間を記録してはホロスコープを作成して夢のイメージとホロスコープのイメージ、そして錬金術のイメージを結び付けて宇宙的なジグソーパズルを組み立てていた。このような自由で曖昧模糊とした世界では、自我、シャドウ（影）、魂《ソウル》のイメージ［アニマとアニムス］などからなるユングの心の構造モデルがある種の秩序の参照基準となって、世界はますますユング的なものとなっていった。シンクロニシティがそこここで飛び出し、人生は魔術的なものと化した。何年も後になって振り返ると、それは占星術的には、私の魚座の太陽にスクエアとなって運行していた射手座の海王星による悪影響だと言うことができよう。

こんなふうにユング的な霧の中に包まれていた中で、私は心理療法家ジョー・フリードマンが指導する夢研究のグループに巡り会った。彼は、あっと言う間にそんな固定的なユングの心の構造を打ち壊した。たとえば私たちが夢を語り合っていたときに、こんなことが起こった。毎週、次にはどの夢の理論家について研究するかを知らされていないにもかかわらず、会に先立つ週に見る夢は、次の会に学ぶ理論によって見事に解釈できるものであった。つまりフロイトについてのセッションの前にはロケットや袋の夢を、次の週にモットを学ぶ前には、チューブやプール、あるいはヘルメットの夢を持ち寄ることになった。セノイ族が、夢の中で恐怖や虎といかに向かい合うかを学ぶ週の前には、私たちの夢はより明晰で鮮明なものとなった。そして、ユングを学ぶ前にはクジャクや薔薇やマンダラの夢を持ち寄ることになったのだった。この経験によって、私はユングの思想にべったりと巻きこまれずにすみ、そして彼に対して批判的になるきっかけを得ることができた。私はユングから離れていった。ユングの神秘的ですべてを普遍化するアプローチは、個人の中で「本当に」起こっているプロセスから何かを引き離していくように感じてしまったのだ。ユングの体系はすべてを全体化し、すべてを取り込んでしまって、ほかの現代哲学や精神分析と無関係になってしまっているように見えた。しかし、こうした反応ののちに、私はもう一度ユングに戻ってくることになる。ほかのどんな現代的な「偉大な哲学」も、青い自転車や、似たような現象について語るところはなかったからである。このような現象は夢研究のグループのみならず、人生の中でどこでも見られるものだし、ことに占星術や占いの場ではとくに頻繁に出現するものではないだろうか。

一九七〇年代のこの経験以来、占星家としての仕事と精神分析家との対話を続けたが、このような神秘については誰もきちんとした形で表明していないことがはっきりしてきた。皮肉なことだが、占星家もそうしたことを無視する傾向があった。占星術がどんなふうに当たるのか、そして占星家とクライアントの間で何が起こっているのかを探求してゆけばゆくほど、その道はユングへと回帰していく。ユングは占星術を研究したというだけではない。彼の「拡充」という方法は、占星術の基礎をなす、ある種の神話的思考にそのルーツをもっている。さらに、現代の思想家の中にあって、実質上彼一人が占いの術と真剣に取り組み、彼が「象徴的態度」と名付けたものの中に占術を位置づけたのである。二〇世紀初めの、西洋での占星術復興以後、占星術は興隆し続けている。星々が人間とかかわるなどという観念を、もはや抱くことができないようになって久しい、このハイテク時代にあっても占星術は堂々と生きている。占星術を生かしている世界観は、ずっと嘲笑されてきたし、優勢である文化的エートスの中でつまらないものとされてきた。しかし、現代の科学者や知識人たちが占星術など信じることができないと宣言しようが、反オカルトの異端審問官たちが、素朴だと信じる大衆をこのバビロンの淫婦から守ろうとしても、占星術には何かがあるのではないだろうかと考える人々にとって、占星術のシンボリズムは意味をもち続けている。

ユングが占星家にとって重要になってくるのは、この流れの中でである。ここ数十年の間で占星術界では革命が起こっている。占星術はより敬意を払われるべき学問たろうとしたし、またしかるべき地位を築くことにも成功した。それは、「占い」としてのイメージを削ぎ落とし、心理学、カウンセリング、精神分析と密着することによってなされた。この発展の方向の中で、ユングはとくに目立った役割を果たした。ユングが錬金術、グノーシス主義、そしてまた東西の伝統的な英知に関心をもったことで、神話とイメージの広大な宝庫への関心を呼び起こし、それらを私たちの手の届くものとしたのである。世紀の変わり目の占星術復興の時期には、決定論や中世的な宿命論が占星術には覆いかぶさっていた。しかし、優れて神話的で、かつ想像力に基づくユングの仕事によって、その不快な覆いに惑わされることなく、占星家は自分たちの象徴の世界を探求することができるようになった。

では、これまでにどの程度、ユングの思想と占星術の間に関係が結ばれているのだろう。本書の中ではユングの主要な思想を取り上げ、またそれらがどのように占星術に取り入れられているかを検討することによって、この複雑な問いに答えていくつもりである。ユングの影響力は実に広範なものであったが、これまで検討されたのは主として占星術の象徴を神話的に拡充してゆくことと、ユングの心の構造論とホロスコープを結び付けることの二点に絞られていた。とくに後者は、ホロスコープは

「心の地図」であるという、怪しげな観念を生み出すことにもなった。第4章と第5章では、ホロスコープの象徴に対するユングの拡充法的なアプローチの利用について考察し、また彼の元型《アーキタイプ》の観念についても議論することにしよう。第6章においては、シャドウ、アニムス、アニマなどの概念がどのようにユングの分析心理学から借用されているか、そしてそれが、いかに心理学にも占星術にも公正な利用法とはなっていないかを示すつもりである。そして、これらの概念を占星術の実践の中に取り込む、より生き生きとした効果的な方法を示そうとも思う。同様にユングのシンクロニシティ――意味のある偶然――もユングの思考のコンテクストからは外されてしまい、ただ単純に占星術が「当たる」ことへの手軽な説明になってしまっている。しかし、ユング自身は占星術の概念的な基礎にまつわる、解くことのできぬ難問と格闘していた。象徴的態度や象徴の性質など彼が提議した重要な問題は無視されてしまっている。そこで第8章では、ユングのシンクロニシティ観について詳細な分析を試みよう。彼の占星術的結婚の実験はシンクロニシティの法則を示そうとした野心的な実験であり、その結果は占星家に重大な挑戦をつきつけることになっているが、今までそのことについて言及されることも、取り上げられることもほとんどなかった。

ユング-占星術の関係は彼のオカルトへの態度を取り上げないことには完全には理解できない。ユングに影響を与えたのは、占星術と易ばかりではなく、占術や超常的なものすべて――つまりフロイトが「幽霊コンプレックス」と呼んだもの――であったし、ユングと占星術の関係を考えるためには彼の仕事がオカルト的な側面をもっていることを考慮に入れることが必要になる。こうした観点から、ユングとフロイトの接触を再検討してみよう。二人の間での占星術の問題を研究し、かつ精神分析運動の計画そのものとオカルトとの関連も再び考えてみたい。

ユングは、占星家ではなかった。そこで、心に留めておくべき重要な点は、彼自身の占星術に対する観点には不適切なものが含まれている、ということだ。たとえば、ユングがホラリー占星術を用いた形跡はないし、彼の考えの多くは、究極的にはプトレマイオスの世界観に起源をもつ、主流の占星術観にのっとっている。この伝統は、現在重大な疑問がつきつけられており、したがって現代の占星術は変容しつつある。またこの変容の過程をユングの思想がいかに助けることになるかも示すつもりでいる。しかしながら、プトレマイオスの世界観に縛られているとはいえ、ユングが占星術を探求した際の学識と視野は現代の占星家のそれを凌いでいる。そのことは「魚座の時代」に関する、ユングのきわめて印象深い研究によって何よりも明らかになっている。本書の第1章でこの研究を解説しよう。ただし、占星術になじみのない読者の方には断っておかねばならないが、そのための天文学的な基礎素養が必要なこの章は、いきおい多少難解なものになってしまっている。私としては、ユングの占星術を通して、詩心の輝きが天文学の知識のない方にも届くことを願いたい。

私は、ユングの広大な仕事の中から、占星術に関連する部分のほんの一部分を選択して用いたことは重々承知している。しかし、この限定された資料を通してだけでも、ユングの思想と占星術の結びつきを考察することは、しばしば見失われていたユングの精神を明らかにすることになるだろう。この精神と触れることは占星家に全く新しい方向性を示すことになる。彼の思想を占星術に結び付けて再解釈することはあまりに長いあいだなされなかったことだし、新時代に向けての再生への可能性を開くものである。一九一一年の段階でユングは、占星術がリビドーのイメージを提供するものだと見抜いていた。そして再生に向けて格闘している英雄の夜の航海は、黄道十二星座や惑星のシンボリズムという占星－神話論によって描写できることもユングは見て取っていた。この文脈に沿って再びユングの思想をたどることは現代の占星術実践に根本的な変化を呼び起こすだろう。本書で、いかにそれがなせるのかを示せれば幸いである。

1

魚座の時代

ユングは、その著『アイオーン』の中で占星術に賛同する驚くべき主張を残している。西洋文明に関して論じる中で、ユングはこんなふうに結論している。

われわれの宗教の歴史の推移とともに、われわれの心理的進展の本質的部分も変遷をたどる。それらの経過、成り行きについては魚座の星位を通る春分点の歳差移動から、時間的にも内容的にもある程度予言することができた。★1

キリスト生誕から現代にいたるまでの、西洋の宗教史の発展の鍵を、占星術の象徴が明かすのだとユングは示唆している。これは強く占星術に賛同する主張であり、しかもこの主張は現代の最も洗練された占星術文献の射程をすら越えている。★2 ユングがどのようにしてこのような考えをもつにいたったかはしばらくの間おくとして、ここでは腰を据えて、キリスト教と天の現象との間の関係性という、ユングの注目すべき議論を要約することにしてみよう。ユングの考えでは、占星術の象徴はキリストの誕生を告げたばかりではなく、キリストの使命の性質や現代社会に及ぼしたキリストの二元論の影響までもつまびらかにしている。この象徴には、二つの天文学的な要素が含まれる。最初のものは、紀元前七年に生じた木星‐土星のコンジャンクション、そして二番目が春分点の歳差による移動である。

木星と土星は伝統的な、目に見える惑星の中で最も遠いもので、その周期は占星術の歴史を通じて常に記録されてきた。この二つの星は時を計測する役割を果たすものだった。木星と土星は二十年に一度接近しあい、ツァイトガイスト、つまり「時代精神」を指し示すのである。私たちは、十年間というその半分のサイクルを「うねる二〇年代」とか「揺れ動いた六〇年代」といったかたちで、振り返ることができる。二十年ごとの木星‐土星のコンジャンクションは、二〇〇年の間同じエレメントの星座で生じるのだが、その後は別のエレメントへと移動してゆく。[★3] したがって、四つエレメントすべてをこのコンジャンクションが通過する大周期は約八〇〇年ということになる。占星家は、木星‐土星のコンジャンクションには、いつも格別な関心を寄せてきたのだが、それはこの二つの惑星が霊と物質、空間と時間といった相反する性質を象徴しているからであった。このコンジャンクションは、宗教や国家の支配体制の変化の前触れだと考えられて来た。アブ・マーシャルの語るところによれば、これは預言者の到来を告げ、また国家の政党や当局の内の予言、奇跡を語るもの★4なのである。ユングは、紀元前七年、魚座で起こった木星‐土星のコンジャンクションを取り上げる。これは八〇〇年周期の境界にあたるというばかりではなく、一年のうちに三度も起こる三重のコンジャンクションであったという点でもまれなものであった。★5これが、新時代の始まりに救世主の到来があるという旧約聖書の預言に親しんでいた、占星家‐祭司たる博士《マギ》たちが仰ぎ見た「ベツレヘムの星」なのである。

占星術の学者たちが東のほうからベツレヘムに来て言った。「ユダヤ人の王としてお生まれになった方はどこにおられますか。わたしたちは東のほうでその星を見たので、拝みに来たのです」（マタイ、二章第一節、新共同訳による）

木星は、「ユダヤ人の王」としてのキリストを象徴する。木星は王権、支配、宗教的な教えなどと関係があるからだ。またその木星は自身の星座である魚座で強力になっていたし［魚座は木星に支配されると考えられている］、またパレスチナは伝統的にこの魚座によって支配されていると信じられていた。土星はまたいつでもイスラエル人と関係づけられている。ユダヤの安息日はいまだに土曜、すなわち「土星の日」におかれている。この木星‐土星のコンジャンクション、つまり「ベツレヘムの星」を、占星術上の至高の表示だと捉える占星家もいる。ケプラーはこのように述べる。

神は我らが救い主である御子の誕生を、春分点に近い魚と牡羊の星座における大コンジャンクションと示しあわされた。★6

魚と牡羊の星座についてのケプラーの言及は、二番目の、そしてより重大な天文学的な現象についての議論へと私たちを導いてゆく。つまり、「春分点の歳差移動」についてである。歳差とは何か？ 毎年、三月二十一日頃に太陽は、その通り道である黄道と、赤道の交差点に回帰する。北半球においてはこの瞬間が春の訪れを記すものであり、このときの太陽の位置が黄道十二星座「宮《サイン》」の始元、つまり牡羊座宮0度、十二「星座《サイン》」宮の名は、恒星からなる「星　座《コンステレーション》」にちなんで命名されている。春分点を定めるものとなっている。現在私たちが用いるギリシア＝ローマ時代の古典的な占星術が誕生したころには、春分点は恒星からなる「星座」である魚座と牡羊座の境界のあたりに位置していた。そのころは十二の星座「宮」は、その背景となる恒星の同名の十二「星座」と一致していた。けれども天は幾重にも重なる周期をもって常に動いていていて、一定に留まってはいない。太陽が毎年春分点へと回帰するとき、その位置は前の年に比べほんのわずかに後方へとぶれてゆく。そこで、春分点は後方へと動いてゆくことになる。つまり、背景となる星座を基準とすると、毎年五〇秒ほど「歳差」のために後戻りしてゆくことになる。これは、十二の星座「宮」が同名の「星座《コンステレーション》」に対し、しだいに後ろ向きにずれてゆくことを意味している。

春分点が十二星座のすべてを後ろ向きに一周する二五、八六八年の大周期は、現代占星術ではプラトン年として知られており、春分点が一つ一つの星座を通過する期間はプラトン「月」と呼ばれる。しかし、それぞれの星座は「星座宮」と異なってその大きさがまちまちなので（図1・1）、春分点が一つの星座を通過する期間も実にさまざまなものとなる。

キリストの時代には春分点は牡羊座と魚座の間にあり、牡羊座から魚座に向かって逆行しつつ動いていた。そこで、キリストは牡羊座時代の終焉と魚座時代の幕開けと結び付けられている。ユングは、このように述べている。

> キリストは一方では双魚宮時代の最初の魚として生まれ、他方では去って行く時代《アイオーン》の最後の牡羊として死ななければならなかった。★7

つまり、キリストの生誕の時には二つの大きな天文学的な現象がそろって起こっていたことになる。一つは、「ユダヤ人の王」の到来を示すベツレヘムの星、という目に見える木星‐土星のコンジャンクションであり、二つ目はキリストの時代に牡羊座‐魚座の境目にあった、春分点の歳差移動という目には見えない要因である。この二つが共になって、新時代の幕開けにおける救世主キリストの到来

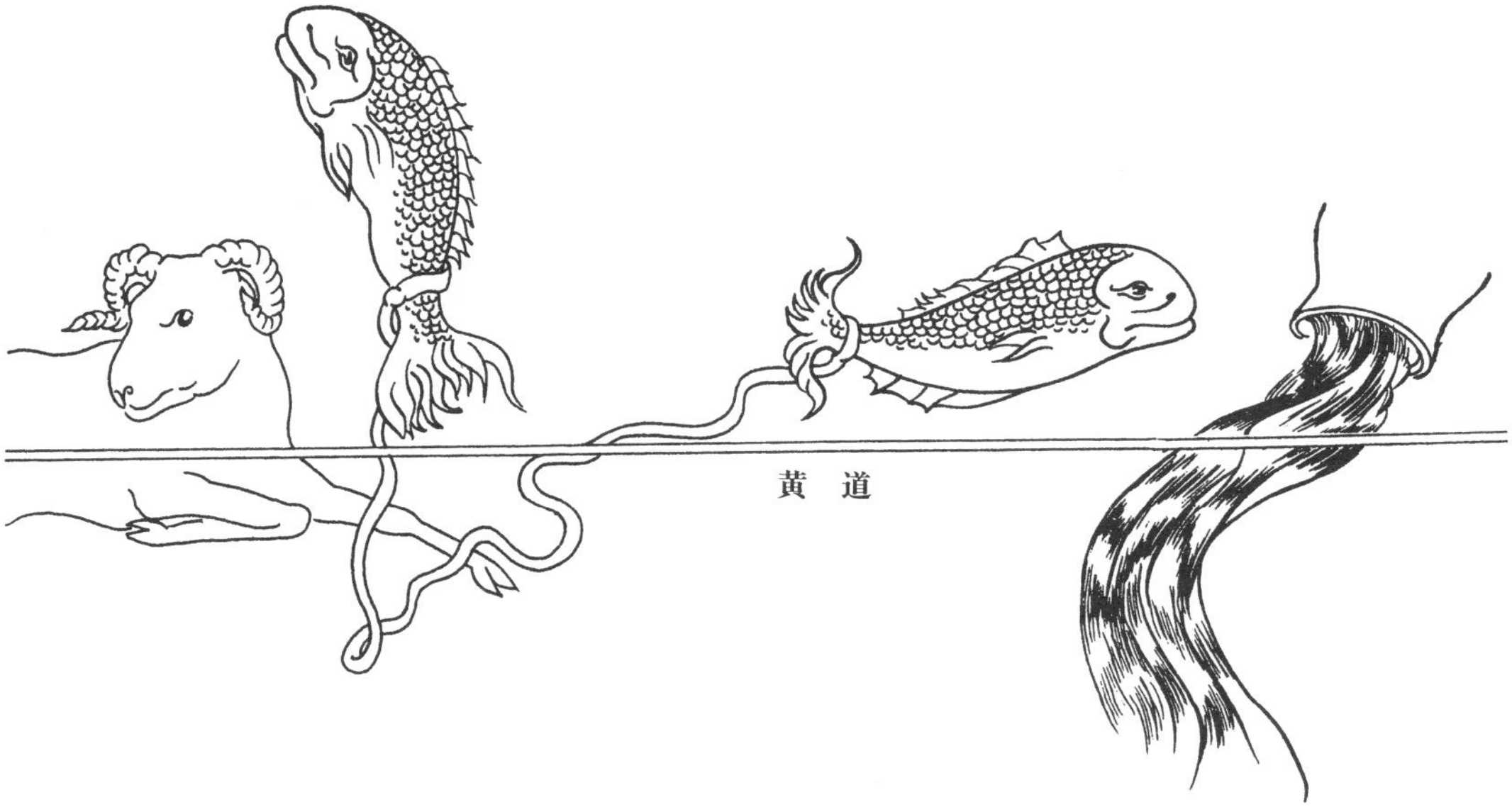

図1.1　星座（コンステレーション）としての牡羊座，魚座，水瓶座

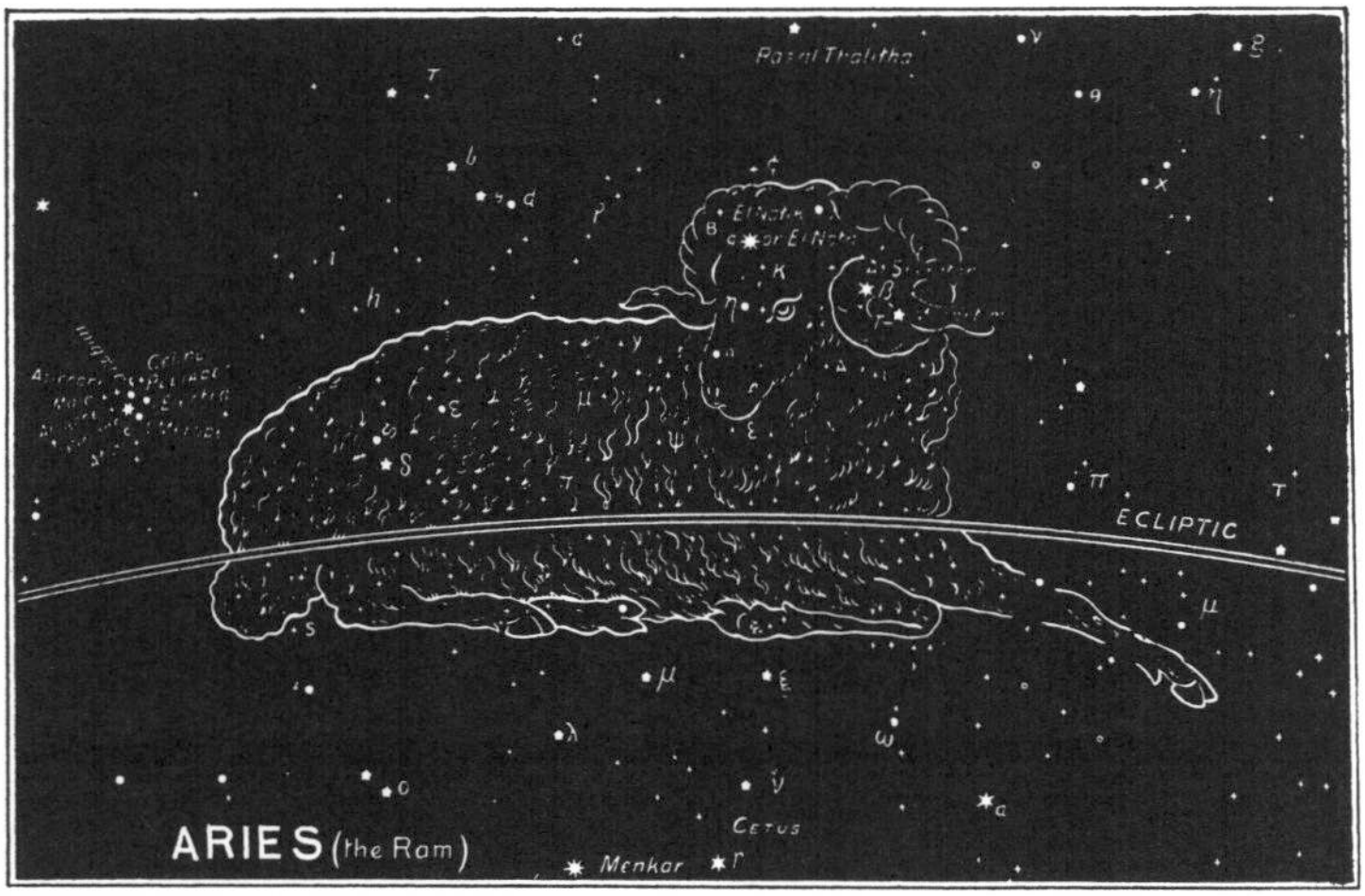

図1.2a　牡羊座
（a，bともにエイミー・マンソン画，エセルバード・W・バリンジャー『星の観察』，ロンドン，1893年より）

を表していた。ユングは、キリストをとりまく魚の象徴の符合に驚く。春分点の歳差移動による、魚座への入座は、

人となり給うた神は、前述のように牡羊として生贄となるが、魚として生まれたのであった。その神は漁師たちを弟子となし、彼らを人間をとる漁師にしようとする。また、何千人もの人たちに奇蹟的にふえた魚の食事を与える。さらにみずから魚として、「聖なる食物」として食べられる。そしてその神につき従う人はみな小さな魚（pisciculi）なのであった。★8

ユングは、最後の晩餐で弟子の足（足は魚座の象徴）を洗うことや復活ののちに弟

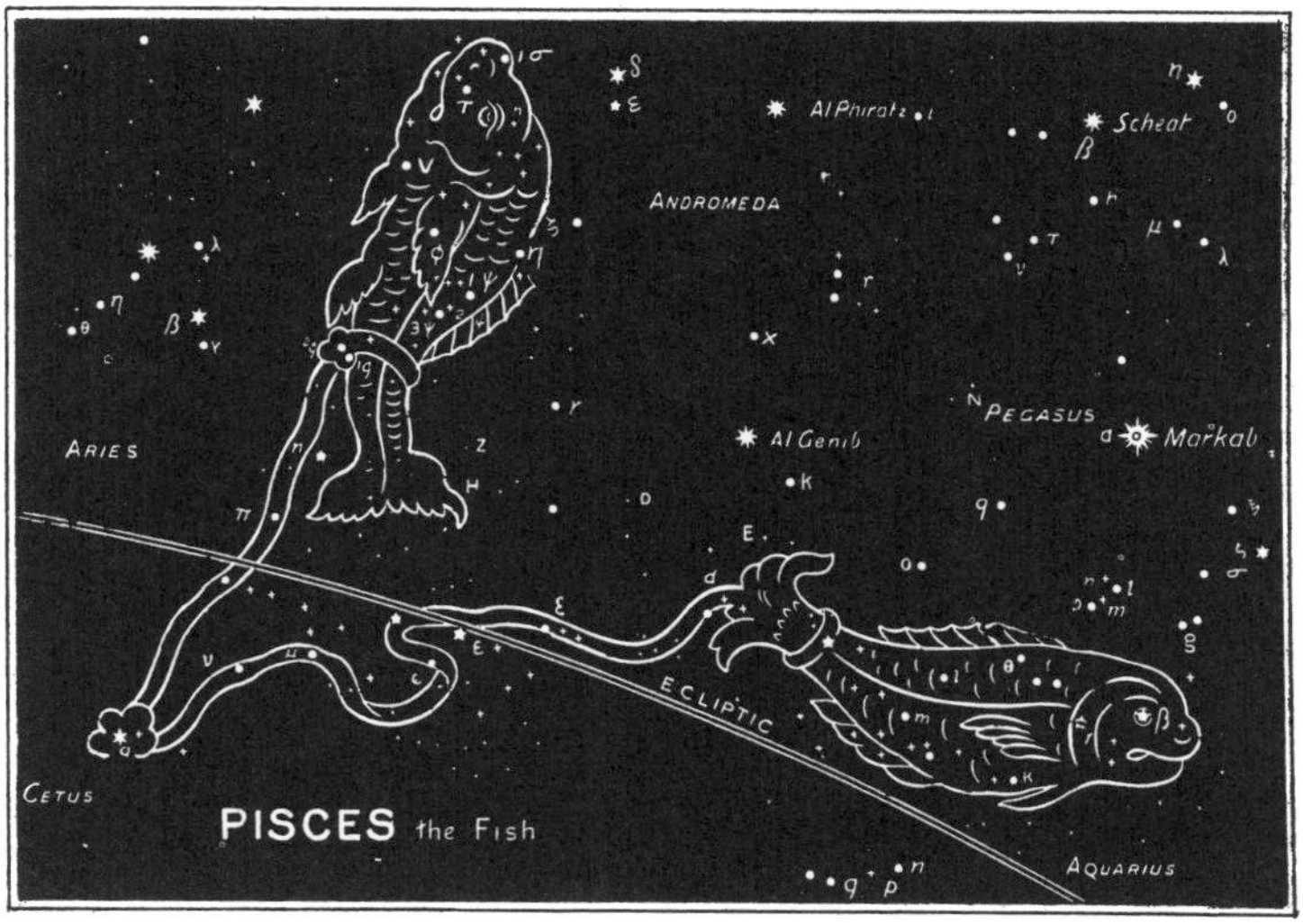

図1.2b　魚座

子たちの前にキリストとして出現したことなど、他の占星術的な象徴についても記している。また漁師たちは岸辺で魚を釣っていたとき、奇跡的な大漁を得た「ルカによる福音書五章に見られる漁師を弟子にしたときの奇跡のこと」。さらに処女懐胎ですら、魚座の反対側の星座である乙女座を反映したものと考えられている。

しかも、さらにユングはこのシンボリズムをキリスト教の発展そのものにまで広げて見せ、キリストの生涯を超えて適用した。魚座の星座を見ると（図1・2b）二匹の魚がその紐のところにあるアルファ星によって結ばれているのがわかる。この星はアラビア人たちによってアル・リスカ、すなわち「結び目」として知られて来た。二匹の魚はそれぞれ別の方向へ向かって泳いでいる。東の魚は黄道から北のほうへ垂直方向に、また西の魚は黄道にそって水平に泳いでいる。このことは、この星座宮の二重性を表すものとして理解されている。つまり、垂直なものと水平なものという二つの相反する性質が交わっていながらも、この二つが永遠に結び合わされているということである。これは霊性の魚と物質性の魚であり、魚座時代におけるキリストの十字架上の磔刑は、この交差のシンボリズムによって示されている。霊を示す第一の魚であるキリストは、物質の十字架にかけられた。キリスト教の大きなテーマ、すなわち犠牲、禁欲、さらに救済などは、また魚座の特徴的な性格でもある。

ユングにとって、魚座の魚のもつ二重性はキリスト教に含まれる和解されることのない対立物を反映しているように見えた。一神教の宗教体系は、この神の「二重の」性質を統一しなければならない。つまり、積極的なかたちにも消極的にも、また男性的にも女性的にも、霊としても物質としても現れる神を統一しなければならない。神はしばしば対立物を和解させる原理として見られるが、キリスト教にとって、この二元論を融和させるのは困難だった。ヨーロッパ的知性において、これは「神と悪」の問題というかたちをとって立ち現れ、全き善であるはずの神がいかにして悪を創り出したのかという難問を生み出してきた。もし悪が神から独立した、自律的な存在であるならば神は全能ではないということになってしまう。これに対する代案としては、神は善と悪の双方を通じて働きたもうと考えることだが、この案も同じようにキリスト教の教義と一致しない。そこでキリストの像は、影を欠いた全き光となり、この不均衡は悪魔の不可解な役割、そして一人一人の人間のうちの罪の強調というかたちで現れてしまうのである。もし悪が神から来るものでないのなら、悪は人間の意志、ないし無知、つまりは人間の原罪から来るものとされる。ユングは、こうコメントする。

キリストに具現化された神の似姿についての本来的なキリスト教的考え方が、一切を包括する全体性を意味しており、その全体性には、人間の有している動物的側面（畜獣！）すらも含まれていたということは疑いない。それにもかかわらず、キリストというシンボルには現代的、心理学的意味における全体性が欠けている。それは事物の暗い側面をはっきりした言葉で包み込むということをしないで、悪魔的な敵対者として除外してしまっているからである★9

キリストの像は「完善無垢」であるがゆえに、それ以外のものは全て暗いものとなってしまう。このような一面的な強調はどうしても暗い面を切り離し、遠ざけてしまうために影を生み出してしまうのである。そしてそれは中世を通してさまざまな占星家や予言者によって到来を予見された反キリストの像、イメージとなって戻って来ることになる。ユングにとって、反キリストの到来は「単に予言者による予告ばかりではなく、仮借ない心理学的一法則」★10なのであった。中世、ルネサンスにかけての反キリストの予言は、この心理学的必然性の現れであると見ることもできるだろう。

反キリストの到来についての予見は、主に木星‐土星のコンジャンクションをその根拠としてなされていた。一五五八年にノストラダムスは、一七九二年ごろの書き物の中で「地獄の力」がやって来ることを予言している。枢機卿ピエール・ダイリィ（一三五六―一四二〇）は、一七八九年もしくは「そのころ」の出来事を計算している。

もし世界がそれまで存在しているならば――これは神のみぞ知る――多くの大きなすばらしい世界の変化変遷が生じるであろう、最も多いのは律法と（宗教的）宗派に関してであろう。……まさにそのとき反キリストがその律法を弾劾するに値する宗派ともども現れ、キリストの律法に真っ向から対立し敵対するであろう。……いつか強大な人間が現れ悪い魔術的な律法を作り上げるであろう。★11

『アイオーン』において、ユングは木星‐土星のコンジャンクションを、魚座の星座の中を逆行する春分点の動きと照らし合わせてゆく。キリストの時代には春分点は最初の魚の始まりのところにあった（**図1・3**）。キリストこそが、この第一の魚、霊の魚、善と光である。春分点が星座の中を進み、第一の魚に沿って移動して行くにつれて、教会が設立されキリスト教が発展していった。春分点が魚を結びつける紐に沿って動いているときにはキリスト教は繁栄したが、春分点が魚の真ん中に到達したときに教会への挑戦と反キリストの予言は始まった。ユングは、懐疑を引き起こし、教会の権威を弱体化させた異端教義の数々、一六世紀の宗教改革の間に起こった分裂などを描写する。このとき以来、一五〇〇年から一七〇〇年にかけての科学革命の時代をへて、春分点が紐に沿って第二の魚へと

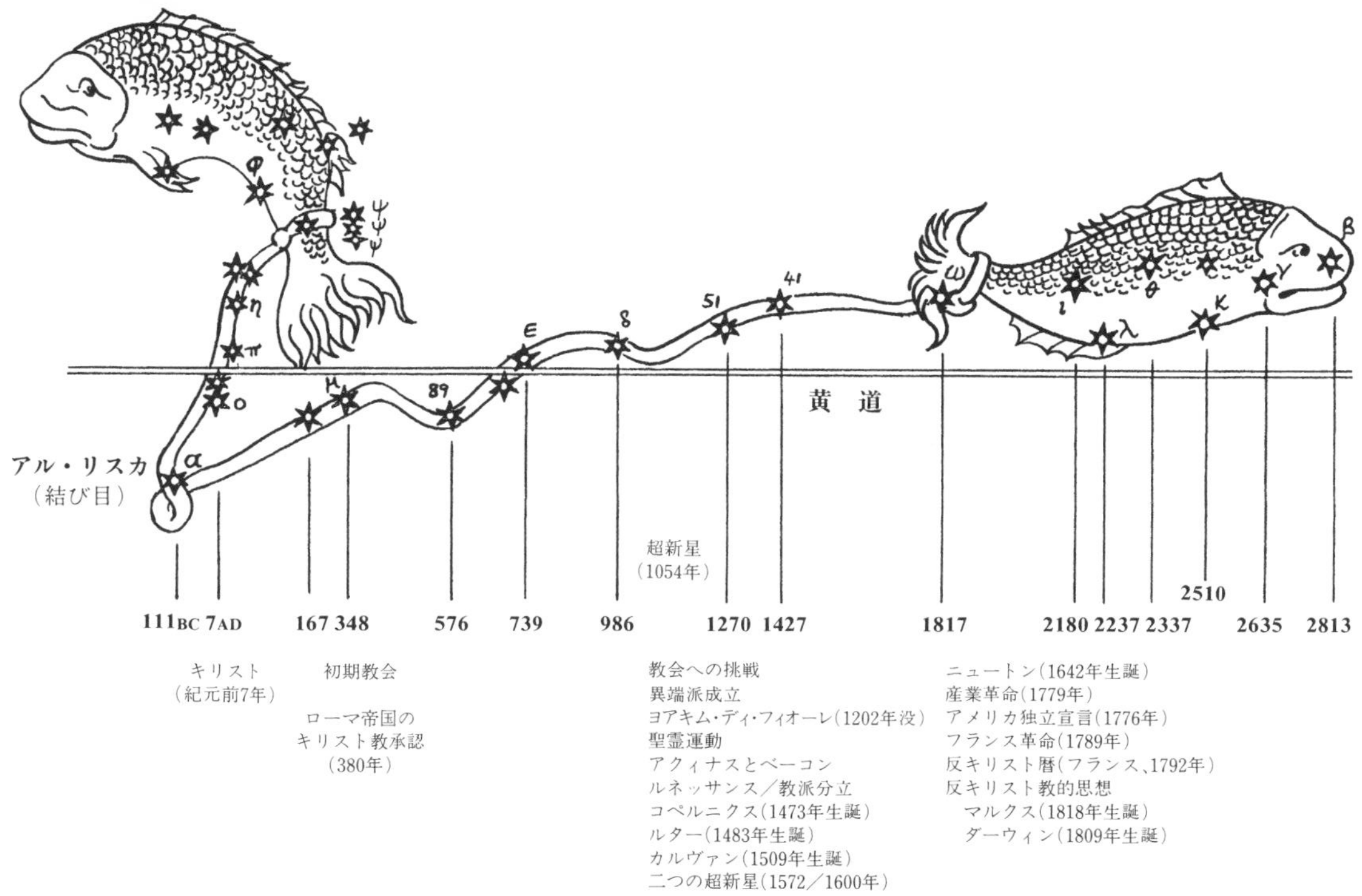

アル・リスカ
（結び目）
黄　道
超新星
（1054年）
111BC 7AD
167 348
576
739
986
1270 1427
1817
2180 2237 2337
2510
2635
2813
キリスト
（紀元前7年）
初期教会
ローマ帝国の
キリスト教承認
（380年）
教会への挑戦
異端派成立
ヨアキム・ディ・フィオーレ（1202年没）
聖霊運動
アクィナスとベーコン
ルネッサンス／教派分立
コペルニクス（1473年生誕）
ルター（1483年生誕）
カルヴァン（1509年生誕）
二つの超新星（1572／1600年）
ニュートン（1642年生誕）
産業革命（1779年）
アメリカ独立宣言（1776年）
フランス革命（1789年）
反キリスト暦（フランス、1792年）
反キリスト教的思想
マルクス（1818年生誕）
ダーウィン（1809年生誕）

図1.3　魚座の時代

移行して行くにつれて、「エナンティオドロミー」、つまり鏡像化の運動が起こっている。第一の魚が垂直方向に、高みに向かう「ゴシック」的な動きをしていたのに対し、第二の魚は水平方向へ、外部に向かって泳いでいる。ユングは、これを宗教改革以来起こった発見の航海と自然の征服とになぞらえ、このように示唆している。

垂直線に水平線が交差した。そして精神的、倫理的進展は、だんだん明確な姿を現してくる反キリスト的方向へと向かった。★12

春分点は一八一七年ごろに第二の魚の尾の最初の星、つまりオメガ・ピスキムへと到達した。これは反キリストの魚ではあったが、それが現実となって現れたのは一人の個人や救世主といったかたちでではなかった。そうではなく、それは「キリストの律法に真向から対立し敵対する」「弾劾に値する宗派」、あるいは「邪悪で魔術的な律法」と見なされる数々の哲学として現れて来た。ユングは、一七八九年のフランス革命以後のノートル・ダムにおける理性の女神の王座への即位を、その先駆けと見なしている。人間的な理性が、いまや神の法の地位にとってかわるまで高められたのである。反キリストは科学的唯物論のかたちをとって現れた。そして一九世紀にはダーウィニズムのかたちで、そしてまたマルクス主義に見られる全き反キリスト的な思想の発達というかたちで（マルクスは一八一八年に生まれている！）。

このように、ユングにとっては魚座の中での春分点の歳差移動は、西洋の宗教の歴史物語を紡いでゆくものであった。ユングは、ここで非常に説得的、かつ意気さかんになる。ユングの仕事は、ここにおいて専門的技術と象徴的なセンス、その思想が与える深みとそのスケールと射程の広さ、インスピレーションにおいて、最も高度な占星術的な詩的表現となっている。ユングの残した材料にそって思考を連ね、またそれを拡充して、さらに確証し、発展させてゆくこともまた可能であろう。たとえば、ブレイクの声、「現在・過去・未来を見通す詩人の声」がイギリスで牡羊と虎、無垢と経験、ユリズンとロスの叫びとなって響いたときに、天王星が発見され、春分点は第二の魚に向かって動いていた。初版の完全な『エルサレム』が彫られたのは、一八一八年から一八二〇年にかけてであった。幻視の詩人であったブレイクは、キリスト教のことだけを考えていたのではなく、物質主義の時代における霊をめぐって格闘していたのだった。

『アイオーン』が語ることは極めて異例のことである。ユングは、自らが例示した照応がどのようにして起こるのか、どんなふうに説明しているのだろう。ユングは、古い文献の中にはキリスト教の魚の象徴が黄道に由来するものであることを示す証拠がないことははっきりしている、と言う。さらに天文学的なファクターがこのような歴史の発展を「引き起こす」のでもない、と言う。しかしながら、この二つは非因果論的に「共時的」な仕方で一致している。意識と無意識からなる集合的な心が、世の文化をなす神話や現れを通して時空を横断して自律的に作用するのだと、ユングは断言する。無意識、集合的な心は、自身を外界に投影し、超越的な意味を発生させる。言い換えれば個人の理解を超えた人生のパターン、秩序、意味があるということである。それは宇宙の秩序を私たちが認めることによってあらわになるのだが、またそれは私たちの集合的な投影から作り出されてきたものでもある。この投影こそ、ユングが「セルフ」と呼んだ人類のイメージなのである。

集合的な心も個人の心も、無意識のうちに秩序と全体性のイメージ、すなわちセルフのイメージを抱えており、このイメージに向かって行くことがユング派の分析作業の一部となっている。[★13]それは、個人の心の中の対立物を和解させるために絶えず起こっているプロセスでもある。キリスト教時代についてのユングの研究は、まず何よりもセルフの象徴としてのキリストについての研究であった。集合的なレヴェルで、人類はキリストをセルフのイメージと見なしてきたわけであるが、ただ、キリストの光の面のみを見て、その暗い面、すなわち影（シャドウ）の側面を切り捨ててしまった。そこで、集合的な無意識は、集合的な影を天界とこの世界に投影することで、この影の切り捨てを補償することになった。その暗い半身は「悪」として、あるいは生殖能力という「獣的」な性質を抑圧され、非現実的なまでの高みにひき上げられた処女マリアという、女性のかたちとなって現れた。対立物を和解させるという問題は、キリスト教史の中にも、個人がセルフを知るための闘い、つまりユングの言う「個性化」の過程にも見ることができる。その巨大な、集合的スケールでの現れとして、ユングはこのプロセスを占星術とグレート・エイジの象徴を通じて論じるのである。後に第3章でユングが、個人どのように個人のレヴェルで占星術に関心をもつにいたったかを見ることにしよう。ユングは、個人のレヴェルで同じプロセスを象徴するものとして占星術を用いている。それは、「夜の航海」に関する彼の研究の中で見ることができよう。

では、次に、占星術の側から見て魚座の時代についてのユングの研究はどんな位置を占めるのであろうか。ユングが発見したように魚の象徴とキリストの誕生の関連を強調したのは、ミュンターであった。一八二五年のことである。ミュンター自身は、アバルバネル（一四三七—一五〇八）の書物を参照しているが、これが最古の引用記録である。[★14] ユングが歴史を振り返りつつ行ったような形で「歳差移動」から西洋文明の行く末を実際に予言した占星家は、いなかったように思われる。実際になされた印象的な予言は、すべて木星‐土星のコンジャンクションにその占星術的な基盤をもっていた。また、古典古代、中世、あるいはルネッサンスの占星術においては、歳差が象徴的な重要性をもつという指摘は見られない。伝統的なコスモロジーと占星術は、「グレート・エイジ」にまつわるさまざまなモデルを生み出してはいるが、すべての証拠が示しているのは、歳差周期の象徴解釈は一九世紀の占星術の発明品だということである。[★15]

二〇世紀の占星家の幾人かは、このシンボリズムを発展させている。マーガレット・ホーンは、その典型例である。ホーンはその著『現代占星術教書』の中で獅子座の時代から来たるべき水瓶座の時代まで、つまり紀元前一万年から西暦二〇〇〇年までの、ごく単純化された歴史を述べている。[★16] たとえば、古代エジプトは牡牛座時代にあたり、牛の崇拝やピラミッドの建築などは牡牛座の価値観と合致するものだという。モーセに導かれたイスラエル人の、紅海を通っての出エジプトは、牛の崇拝から新しい法、つまり十戒への移行を示すものであり、これらすべては牡牛座から牡羊座時代への変化を示すものとして見ることができる。

マーガレット・ホーンによって示されたアプローチは、歳差による時代変化を議論するほとんどの著者たちと同じように、その基盤として「ゾーディア・ノエティア」、つまり均等な三〇度ずつのサイン（宮）からなるサイドリアル・ゾディアックを採用している。このために、一つの時代はどれも同じ期間、つまり二一五六年続くことになる。このことがかかえる大きな問題は、その正確な開始点について一致した見解がない、ということにある。というのも恒星の星座自体すべて異なるかたちと大きさをしており、またしばしば重なり合っているからで、恒星の星座に対してどこをサイドリアル・ゾディアックの牡羊座〇度とするかによって、それぞれの時代がいつになるか、非常に大きな違いが生まれて来てしまう。ディーン・ルディアは、自転軸の指す恒星を用いることによって、この問題を避けようとしている。[★17] これは興味深い考えではあるが、ルディアはこの周期についての具体的なシンボリズムや解釈を示してはおらず、彼の提唱したアイデアは、その後もあまり発展していないように思われる。

ユングも、春分点の歳差移動を用い続けたが、彼が採用したやり方はほかの占星家たちとは異なるものだった。三〇度きっちりに分割したサイドリアル・ゾディアック（ゾーディア・ノエティア）のかわりに、魚座の「かたち」、すなわち、私たちが実際に夜空に認めるイメージとしての星座のいびつな形をそのまま用いたのである。さらに、歴史の中でどのように魚座の時代が開示されてゆくのかを、実際の星座の中の恒星と照らし合わせることによって示そうとした。『アイオーン』はドイツで初めて一九五一年に、英語では一九五九年に出版されている。このとき以来、その示唆は占星学家たちの思想の中に流入し始めた。ロバート・ハンドはユングに影響されて、この方法をさらに技術的に推し進め、春分点と魚座の恒星との接触の時期を精確に測定していった。[18] また、ハンドは魚座の最初の恒星を、星座の中で最も明るい星ではないにもかかわらず、「アルファ」と呼ぶことを提唱し、このシンボリズムをさらに洗練させている。すると第二の魚の最初の星が「オメガ」であることから、「私はアルファであり、オメガである」というキリストの言葉は、天体との不思議なつながりをもつことになる。

ロバート・ハンドは宗教史について、いくつかの彼独自の考えを推し進めているが、その仕事の実質はユングの占星術的な論考を直接的に反映したものである。彼は、さまざまな現象は集合的な心の投影の結果として非因果律的、かつ共時的にも理解できるというユングの視点にしたがって、このように言う。

我々は我々自身の世界を創造している。そしてそれが今度は我々のイメージのなかのイメージに、再び我々を創造するのである。シンクロニシティは本質的には心と、心が知覚する物質的な宇宙とのあいだのフィードバック・ループの結果である。[19]

ハンドはまた、このシンボリズムが文化的に限定されたものであるという意見も受け入れる。異な

る文化は異なるシンボルをもつのであり、キリスト－魚の照応は、

現代にいたるまでは、西洋だけの心的な、集合的エネルギーの投影を表す。[★20]

しかし、『アイオーン』に示唆を受けたもう一人の占星家ジェフリー・コーネリアスは、この見かけの限界を超えて同じ歳差のシンボリズムが有効であることを示した。[★21] 牡羊座の時代の歴史との照応も、魚座の時代と比べてひけをとるものではない。牡羊座の星座（**図1・2a**）を見ると、その最も明るい三つの星、つまりハマル（エル・ナタ）、シャラタン、メサルティムが、そろって牡羊座の頭に位置している。このイメージはこの星座宮の重要性や力は束となって一つの焦点に集中することを示している。これは牡羊座のシンボリズムによく合っている。それはちょうど、ぼんやりと広がっている魚座の星座のかたちが、占星術上の魚座の性格に似合っているのと同じである。そこで、牡羊座の時代の主要な出来事は、牡羊座の三つの明るい星の一団のあたりを春分点が通過するときに起こったのではないかと推測できる。春分点は、紀元前七一三年にシャラタンを、そして紀元前四四六年にハマルを通過している。この間の二七六年は世界史において、真に将来の種が蒔かれたときであった。ゴータマ・ブッダは紀元前七世紀のうちに生まれ、東洋において急速に広まった大宗教を創始している。紀元前五五一年から五五二年にかけては孔子が誕生し、中国文明の形成期を記すものとなっている。そのころに出来上がったものがおよそ二五〇〇年の間栄えることになる。さらにこの同じ数十年

の間に、ギリシアの都市国家が登場し、「ギリシアの自己認識」と呼ばれるようになるものが生まれる。[★22] すなわち、西洋の文明の起源は、牡羊座の時代のこの極点にあるということになる。

三つの偉大な世界の文化の草創期は、それぞれ独立しているにもかかわらず、すべて共時的に春分点が牡羊座の頭を通過しているときと合致している。コーネリアスは、仏教の重要な転回点に言及して魚座の象徴の解釈をさらに進めている。個人の悟り（牡羊座）を多くの衆生のために放棄する（魚座）というボディ・サットヴァの教えを中心にすえる大乗仏教（マハーヤーナ）の発展は、春分点が牡羊座を離れ魚座に移ったとき、すなわちキリスト教の誕生と期を同じくしている。

この洞察によっても、いかにしてこのような一致が起こるのかという疑問は残されたままである。もしこのシンボリズムが中国とインドにも有効だと見なして、「東洋の心」が投影されたのだとする見方はあまり本当らしいものにはならない。東洋の占星家たちは別のシンボリズムを用いているのだから。ユングとハンドは、心が天に投影されることによって「非因果律的に」占星術は働くと理解している。けれど、似たような投影の論理、つまり「フィードバック・ループ」説はハンドを含め、多くの占星家の一般的な作業、とくに出生占星術には容易に適用できない。またほとんどすべての占星術の実践の状況においても、個人の心からは独立し、心が投影されたり関与したりする度合いの少ない、比較的「客観的な」現象が扱われている。のちに見るように心的投影と客観的な現象のジレンマは、ユングのシンクロニシティの説が占星術に対する説明原理として使われるときには必ず起こってくるように見える。

魚座の時代に関するユングの思索は占星家にとって極めて大きな可能性を秘めたものである。この仕事は天文学的事実と主観的想像力の境界で行われる、大きなスケールでの占星術を見せてくれるという点で、とても大きな影響力をもつ。ここ何世紀かの間に第二の魚に表される合理的で因果論的な哲学は、西洋における主流の精神のありかたとなった。それは物質と「現実の」ものを扱うがゆえに高く評価され、真実であると見なされている。アート、ないしは詩として受け入れられている非合理的なアプローチは「想像的」であるという理由でしだいに価値をおとしめられ、現実度の低い、したがってあまり真実ではないものと見なされるようになった。占いを生み出す神話的な思考と、科学の方法論を生み出す合理的な思考の間には断絶が生まれた。占星家が抱える問題の一つは、私たち占星家の営みがこの両方の思考と触れ合うものであり、私たちがこの主観と客観の断絶にまたがる経験をすることから生まれてくる。占星家は占い手《ディヴァイナー》であると同時に科学者でもある。それはユングも同じであった。ユングは心に関する研究、そして占星術や易に関する研究によってますます占い手に接近していった。しかし、ユングのうちには客観的な真実や経験的な証拠に惹かれる科学者もいた。彼は錬金術、また錬金術的結婚、セルフのうちにおける対立物を研究していた、その人生の頂点において『アイオーン』を書いている。ユングのキリストと魚座の時代に関する研究は、彼自身のうちにおける占い手と科学者の結合を示す、純粋な哲学的黄金であった。しかし、これから見るようにユングはこのような結合《コニウンクティオ》を成し遂げるために半世紀以上もの年月のあいだ葛藤していたのである。

2

ユング、フロイト、そしてオカルト

キリストの象徴に関するユングの研究は、彼の生涯にわたる宗教心理学への関心が頂点に達し実を結んだものであった。父親と八人の伯父たちが全て牧師であったユングにとって、宗教の問題は何にもまして重要なものであった。このような宗教的な影響が子供時代に果たした役割や、彼をとりまいていたキリスト教徒たちが、実は神の働きを本当には知らないことに気づいたときに抱いた、教会に対する異教的な、秘められた反抗心についてユングは自伝の中で幾度となく言及している。ユングは九歳になるまで一人っ子だった。世界を共有する友をもたない、多くの孤独な子供の例にもれず、ユングは魔法とタブーの世界に分け入って行く。ユングは彼の秘密、彼のもう半分の自分を表すお守りとして小さな人形を彫って屋根裏に隠すようになった。

しかし、彼の家族の全員が聖職者であったわけではない。彼の異教的な気質は母親から受け継がれたものであった。ユングの娘であり、占星家でもあるグレーテ・バウマン゠ユングはユングの出生図

（図2・1）の、牡牛座での月－冥王星のコンジャンクションがユングの母親を表す、という説得力のある説を打ち出している。[★1] ユングは母親を「深く、見えない大地に根差している」と描写した。が、その一方で月はまた天王星と九〇度である。この配置が示すように、母親を予測しがたい、不気味で恐ろしい第二の人格をもっているというふうにも感じていた。牧師の娘であり、また牧師の妻であったにもかかわらず、ユングの母は、自身の父親から引き継いだ暗い半身から語りかけることがあった。彼女が子供のころ、彼女の父は毎週、すでに世を去っている最初の妻と会話をするのだった。また父親が説教を書いている間、彼女は父親の後ろに立っていなければならなかった。悪い霊が父親の仕事の邪魔をしないように、である。ユングにとって、スピリチュアリズムの世界はなじみがないものではなかったし、また母親や田舎の民衆に見られるような不気味な世界も縁遠いものではなかった。

ユングの子供時代の宗教的な発達は、したがって深い二重性を秘めていた。一九世紀後半の敬虔で、退屈なスイスのプロテスタンティズム。しかし、その仮面の下には素朴で原始的なスピリチュアリズムが隠されていた。幼年時代、そして十代のころを通じてユングは自分のなかに二つの存在があることを経験していた。ユングはそれをナンバー1の人格とナンバー2の人格と名付けている。学童としてのナンバー1の人格は、自信を欠いていてほかの少年たちと比べて知的でも身奇麗でも行儀よくもなかった。ユングは自分をこんなふうに見ていた。

すばやく燃え上がり、その後急速に消えうせてゆく炎のように、突然あらゆる種類の情動を

どっと爆発させる束の間の現れにすぎない。★2

学童たるナンバー1の人格は、聞き分けが悪く、躾もなっておらず、子供じみていて、一貫性がないままであった。この人格は行動的で、今、ここにある現実とかかわっていようとした。この正気のナンバー1の人格は科学を志し、そこで成功しようという野心も持っていた。地位と文化的なライフスタイルを求めた。そんな彼にとって、自分の中の別な存在を思い出すことほど気の重いことはなかった。ユングは後に、ナンバー1の人格を自我と見なすようになる。それは、ナンバー2の人格の侵食から、どんなことをしても守らねばならない、ゆらめくカンテラの炎でもあった。

では、ナンバー2の人格とはどんなものだろう。ユングは、子供時代の印象をこう語っている。

この「もう一人」は十八世紀に生きていた老人である。バックルのついた靴を履き、白髪のかつらをかぶっている。大きな後車輪の間に皮ひもとバネで箱が吊るしてある馬車を駆っているのであった。★3

「もう一人」はユングがその上によく座っていた石と結び付けられている。ユングは石の上でこんなふうに考えることがあった。私がこの石の上に座っているのだろうか、それとも私がその石なのだろうか、と。ナンバー2は「永遠の、不滅の石」であり、秘密の生活の一部、また子供時代のファルス

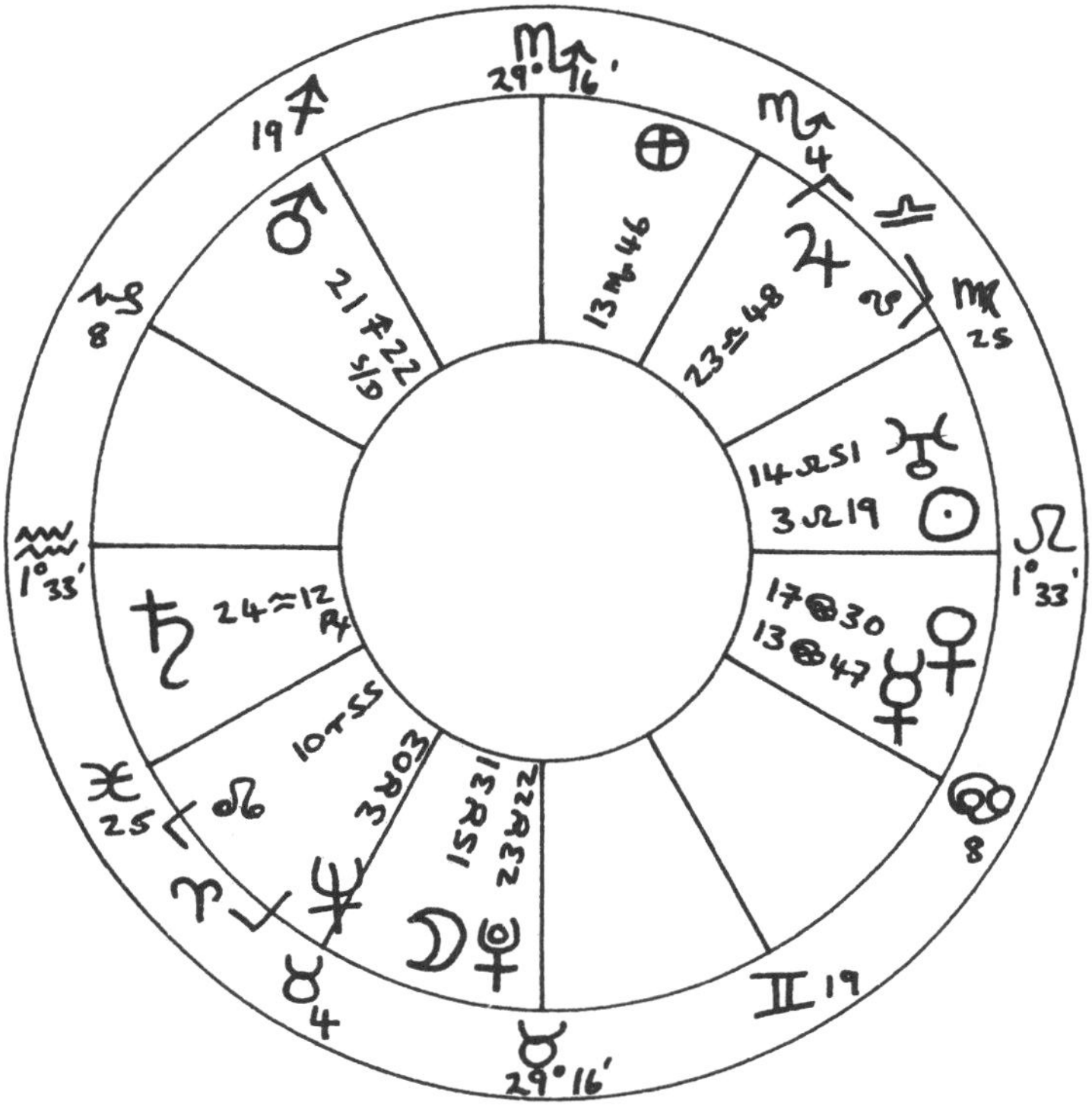

図2.1　ユングのチャート
1875年７月26日，19.32LMT＝18.55GMT，ケスワイル，47N36，9E19
（情報源：グレーテ・バウマン－ユング）

☉太陽　☽月　☿水星　♀金星　♂火星　♃木星
♄土星　♅天王星　♆海王星　♇冥王星
♈牡羊座　♉牡牛座　♊双子座　♋蟹座　♌獅子座　♍乙女座
♎天秤座　♏蠍座　♐射手座　♑山羊座　♒水瓶座　♓魚座
☊ドラゴンヘッド　☋ドラゴンテイル

像の夢、★4また屋根裏に隠した人形であった。(4) ユングは孤独だった。他の人々が経験していない何か、つまり恩寵を彼は知っていたからだ。彼は神と一体になり、自然、夜、夢と親しんだ。「もう一人」は「偉大な星々の世界、無限の空間の息吹き」であった。彼はヌミノースな性質をもっていて、母親のなかの不気味な側面とも近しいものがあった。ナンバー2は意味と歴史的な連続性があり、それは、「生命の一貫性のない思いがけなさ」とは対照的なものだった。この人格は高い知性をもっていて、夢の創造とも関連があった。ユングは、こう私たちに語る。

ナンバー2には、日光が降り注いでいる風景に向かって窓の開かれている宮殿の広々とした広間のように、光があまねくゆきわたっていた。★5

これらの人格をチャートの中に探す誘惑にかられるだろう。グレーテ・バウマン－ユングは、土星と天王星が、ユングが「一対の役者」と呼んだものの性質を担っていると言う。ユングの出生時間については異論があり、よく言われている時刻にもおよそ二〇分の差がある。★6 この時間差は、上昇星座を山羊座から水瓶座に変えてしまう。ユングはまさにその境界、つまり土星と天王星の両方の下で生を受けたように思える。グレーテ・バウマン－ユングは水瓶座一度をアセンダントにおいたマップを用いているが、これはユングのホロスコープにふさわしいものに思える。バウマン－ユングは、土星と天王星のトランジットとプログレスが彼女の父親の人生と研究の鍵を示しているということを、説得力をもって示している。たとえば、バウマン－ユングは、ユングが『結合の神秘』を書いているときにプログレスの太陽がまず土星に、ついで天王星とトラインをなし、ナンバー1とナンバー2の人格を結び付けていることを見いだした。そしてユングが亡くなったときには、この二つの惑星はプログレスのオポジションになったのだった。

では、土星と天王星のシンボリズムは、ナンバー1とナンバー2の描写と合致するのだろうか。ユングのナンバー1の描写は、保守的で野心的、そして科学的とある。ユングのチャートの中の強力な土星は彼の優れた知性や、原理を求める水瓶座的な探求、ドグマティックになりやすい傾向（不動の風）、客観的な態度などを示している。これが、心についての理論的構造を打ち出す合理主義者ユングである。さらに、土星の古典的な好敵手である木星は、好意的なアスペクトを正確に作っている。第8ハウスの天秤座の木星はオカルト哲学を示すものである。またそれは無意識の補償的な性格、つまり意識の態度（第1ハウスの土星）によって引き起こされるアンバランスを修正する（天秤座）という、ユングの理論の重要な要素としても現れている。フロイトの精神分析と決別して以来、風のトラインに示される秩序を求める知性は、シンボリズムや神話的思想という広大な領域に迫るようになってゆく。

こう見てくると、グレーテ・バウマン－ユングの言うように土星はナンバー1の部分を明確に示しているようにも見える。しかしユングのナンバー2の描写もまた土星をにおわせる。つまり、老人、石、歴史的感覚――そして冥王星とのスクエア――暗く、不気味で、秘密の担い手という側面である。

さらに混乱させられることにナンバー1もナンバー2も、光と炎の印象的なイメージによっても描写されており、水瓶座の土星というよりは天王星を宿した獅子座を示すようにも見える。どちらの人格も、ある程度までは両方の惑星によって示されるようで、どちらかひとつだけに特定はできない。それに二つの惑星はともにユングの人生において、重要な時期に姿を現している。十二歳のとき、ユングにピーク体験が起こった。彼はいつも背後に広がっていたような「霧の壁」から抜け出した。誕生時の太陽が霧を示す海王星と正確なスクエアを作っていたことを思い起こそう。しかし、そのときに前進しつつかかわっていた第一の惑星は天王星であった。ホロスコープから、これが「宿命的な年」を示すのは明らかである。この掲示の瞬間には、

今や、私は私自身なのだ!……この瞬間、私は私自身に出くわしたのである。以前、私は存在していたけれども、すべてがたまたま私に起こっただけだった。それが今や私は私自身に出くわした。今や私は、私が自分自身であり、今、私は存在しているのだと知った。……つまり私のなかに「権威者」がいたのである。★7

太陽は、アセンダントの副ルーラーである天王星を見いだした――「私は、私自身を発見したのである」。グレーテ・バウマン‐ユングが指摘するように、この時期はトランジットの土星がユングの太陽を通過している時期と合致している――つまり「私のなかに権威者がいた」のである。

二つの惑星によって示される、一対の役者は、ユングが子供のころに腰掛けていた石に戻ってきたときに再び現れる。

三十年後私は再びあの坂に立った。……私は突然チューリッヒでの生活のことを考えたが、それはまるで遠い世界からの遠い昔のニュースのように縁遠いものに思われた。これは驚くべきことだった。★8

このシンボリズムは土星にふさわしいように思われる。つまり、三十年、石、孤独、時間と恐れ、などである。しかし、これは天王星のハーフリターンのころに起こっている。

ユングの二つの人格を示す複雑なシンボリズムを見つけだすことの困難さは、彼自身の定義の微妙さに私たちを連れ戻す。ユングは、人生をかけたその二つの要素との葛藤は精神医学的な分裂ではないと強調する。なぜなら、それは「どの人の中ででも起こっていること」なのだから。もしユングが正しいとするなら、二重性は人間性の基本的なものであり、出生ホロスコープの中の一つの星の配置として特定のシンボリズムを同定することはできないことになる。あらゆるシンボリズムを通じて、一方の、その対役は演じられるのだから。それはとくに、自身で、あるいは組み合せの中で二重性やコントラストを示すときに現れる。土星と天王星は、言うまでもなく二重性を担っている。このような乖離から生じる分裂への可能性は第7ハウスの天王星に示されている。この天王星はナンバー1にもナンバー2にも属しているとは言えない。また同じ二重性の表現がさらに根本的なかたちで光輝星《ライツ》［太陽と月］の中に見いだせる。男性的で秩序を作り上げる原理である太陽は、直観的な火の星座である獅子座に位置している。また、流動的で女性的な力を表す月は、感覚志向の地の星座、牡牛座にある。この両者はともに、ものごとを分裂させるような混沌を示す土星外惑星《トランスサタニアン》とスクエアの関係にある。このスクエアはユングの二重性の複雑さを示している。どちらか一方の人格が現れているときにも、もう一方の思考が割って入ってくるのである。ユングの才能とは、この二重性を行き来できる稀な能力であった。

この文脈では、ユングがナンバー1とナンバー2の人格を描写しているときには、ユングが実際には、魂《ソウル》という名にふさわしい別のものの特質を語っていることがますますはっきりする。学生時代、ユングはカントに影響されている。そしての現象に表現を与えていたのはカントだった。

> 人間の魂《ソウル》は、非物質的な性質をもつ霊的な世界と分かち難く交わるところに住んでいる。そしてそこから人間の性質のうちに印象を受けているのだが、それがうまくいっている間にはそれは意識されることはない。★9

カントは、人間の魂は地上の出来事に関心を寄せるものと霊的領域と接触をもつものといった、二つの異なる指向性があると言う。日々の生活の中ではこの関係は自明のものであるが、人生が異常な事態を迎えたときには、魂の霊的な次元を意識するようになるのである。一つの指向性は、ユングのナンバー1のように現在のこの世的な活動にかかわって、自身の歴史やアイデンティティに関心を寄せる。他方の指向性は神の世界、永遠、あるいは時間と空間を超えて「星々と無限の宇宙」と交わる知性とかかわっている。ユングは精神医学は魂（ソウル）ともかかわるべきだと信じていた。なぜなら、調子がよくない人々、また「病んだ心」の人々は霊的な領域を知覚することができるからである。ユングの後の心の理解は、このような考えから直接の影響を受けている。若きユングは、当時、科学も人文科学も魂の性質について心をとめていないことに対して、大いに憤慨している。ツーフォンギア講義には、死者の存在に取り囲まれたという純朴な医学生が参加していた。彼は生命力のない肉体を目撃したことがあり、したがって間違いなく霊は実在するのだと言う。このような経験について、彼はこうコメントしている。

それは肉体から離れた奇妙な何か、生きる意志をもった何かです。……元素的な力、生命の原理……この超越的な主体を「魂」と大胆に名づける仮定をしてみよう。では「魂」は何を意味するのか。魂は時間と空間から独立した知性のことである。[★10]

ユングのツーフォンギア講義は、霊に対して無理解な現代において、魂の存在を宣言しようとするものであった。もし魂が時空から独立して存在するなら、私たちの普通の時間、空間、因果論を無視して魂は現れるはずである。そのことを考えれば、ユングが若いころ、催眠、テレパシー、予言、透視、心霊主義などあらゆる種類の超常現象や異常心理に関心をもっていたことを理解する一助となるだろう。ユングは、心理学は魂をも考慮にいれるべきであり、魂がオカルト現象を通して現れるのなら、そうした現象を研究すべきだと訴えていた。

これは、若気の至りで生まれた理論だと言って見過ごすことができるようなものではない。ユングの夢への関心を別にすれば、ユングの生涯の軌跡の中で超常現象を経験したことは決定的な役割を果している。医学のどの分野を専攻するかで悩んでいたときに、影響を受けた二つの出来事をユングは思い起こしている。最初のものは、胡桃の木でできたテーブルの件だ。彼は、母親とともに家にいた。そのとき、

不意にピストルを打ったような音がした。……母はびっくりしたまま肘掛椅子に腰掛けており、編み物は手から落ちていた、……母の視線を追っていくと、何が起こったのかわかった。テーブルの上面が継ぎ目にそってではなく、縁から中央部にかけて裂けており、裂け目がかたい木材を貫通していた。私はびっくり仰天した。どうしてそんなことが起こったのだろうか。★11

ユングの母は、その暗い第二の声で、この出来事には「何か意味がある」と言い切ったが、ユングはまごつくばかりであった。第二の出来事がそれから何週間かして起こった。食器棚の中からまたも

や「耳をつんざくような音」がしたのだった。ユングが棚を明けてみると、パンナイフの刃がいくつかの破片に割れているのを見つけた。次の日ユングはナイフを刃物師のところにもっていったが、刃物師は鋼にはどこにも欠陥はないし、勝手に壊れるようなことはないと断言した。ユングはそこで「深い感銘を受け」、いまや母親が言ったとおり、この二つの出来事は何か意味があるはずだと思うようになった。それからまた何週間かして親戚の何人かが降霊会を開き、ユングをそこでの霊媒である、ユングの従姉妹にあたる少女に会わせようとした。そのとき即座にユングは、家で起こった奇妙な出来事のことを思い出し、この霊媒と何か関係があると感じた。ユングは二年以上にもわたってこの降霊会に出席していた。ときにはユングの母親も同席した。降霊会についての叙述は、のちに博士号学位請求論文「いわゆるオカルト現象の心理学と病理学」の主題となった。[12] グレーテ・バウマン－ユングは、父が精神医学を専攻するようになった直接のきっかけがこの出来事だった、と感じている。[13] このようにユングの精神医学への関心は、最初から超常現象との出会いから派生して来たのである。ユングは、このような不気味な現象はふだん見ることのない魂の側面を指し示すものだと信じていた。彼はオカルトと心理学にアカデミックな枠組みの中で橋をかけようとしていた。そして、この両方の世界が共通に扱っているものは、魂であり心である。

ユングの出生図では、これらの出来事はどのように示されているのだろう。グレーテ・バウマン－ユングは、テーブルとナイフの事件が起こったときに天王星がユングの天頂を通過中であったことを指摘する。これは、超常現象と精神医学の世界でのユングのキャリアの変化の双方を示している。霊媒に関する学位請求論文提出は彼のルナー・リターンに合致している。月は天王星と正確にスクエアであり、精神医学とオカルトの平行関係を象徴している。伝統的には、月は夜の女王であり、暗く神秘的な世界、海と潮汐、母と子宮を司っている。月はいつも知られざるものの象徴であり、その意味では何にもまして無意識の象徴である。「光輝星《ライツ》」のうちの一つである月は視力を担うものでもあるが、それは昼間の光を表す太陽とは対照的に、オカルト的な「透視力《セカンドサイト》」なのだ。日食を起こすことができる月は、人を盲目にさせ隠蔽《オカルト》する力を与える。それはちょうど無意識やオカルティズムの透視のヴィジョンが意識の貴重な光を消してしまうようなものである。毎月の月の周期は古代から人間たちの中で起こる潮汐を象徴するものだとされる。勤勉な医師ならどんな病院で働いていても、収容されている精神病の患者たちは満月が近づくと興奮状態になると言うだろう。また太陽が普遍的に精神《スピリット》の象徴であるとすれば、月は伝統的に魂《ソウル》の象徴である。

　無意識という月の領域、ルナティックな、あるいはオカルト――魂の領域――はユングを魅了した。すでに見たようにユングの月は二つの外惑星とコンタクトしている。一つは不気味な天王星とスクエア、そしてもう一つは黄泉の影の世界の主人である冥王星とワイドな合である。ユングの出生の前に通過していた最後の外惑星は海王星であり、これらのコンタクトは土星の領域、つまり既知の領域を越えたものへの関心を示している。ユングはツーフォンギアの聴衆に

……亡霊たちの世界へと続く、ステュクス（三途の川）の川岸を……歩こう。★14

と誘いかけている。

ここでユングは自身のホロスコープを直接的に語っている。すなわち第3ハウスの冥王星と会合した牡牛座の月のことをである。のちに資格のある精神科医となったユングはブルクヘルツリ病院で、その生をまるで「亡霊」のようにしか生きていない人々と接触するようになる。ヒステリー患者でいっぱいのカウンセリングルームの中で、ユングはステュクスの川岸を歩く人々の先頭に立った。外惑星とコンタクトしている月が示す如く、彼は病院の中で狂人たち《ルナティクス》、「ごみため《ルーニー・ビン》」たちとすごしていた。フロイトの魂の病いについての考えに、ユングは狂気を通して出会った。ユングは、自分に糞便を塗りたくる患者や、仲間の患者たちが使っている室内便器に入った糞便の半分をも好んで飲み干してしまう若いカタトニー患者に出会ったとき[★15]、フロイトの肛門学説を確かめようとしている。

ユングは一九〇六年にフロイトと文通を始め、続く七年のあいだ精神分析のあらゆる側面について議論しあった。表面的には、二人の知的なつながりは極めて強いものだった。彼らは初めて会ったときに「ぶっとおしで十三時間もの間語り合った」のだ[★16]。初めからユングは「幽霊に関心をもって手を染めていること[★17]」を告白してはいなかったし、一九〇七年の時点で、アメリカ心霊科学協会の名誉会員に名を連ねた時も、ユングは自嘲気味に「オカルトへの奉仕」と言っている。ユングはフロイトに同意するところはとても大きかったが、しかし、これらの事がらに関してはフロイトの態度に従うことはできなかった。フロイトは、自身の、あるいは他者の「神秘的な」側面について語ることはできなかった、とユングは一貫して言う。「彼は必ず訝り、それは抑圧された性欲であると言った[18]」。そして超常現象やオカルト体験のこととなると、衝突はもはや避けられないものとなった。ユングは、このように言う。

フロイトが「オカルティズム」と言うときには、実質的には、超心理学をも含めた、盛んになりつつある現代科学を含む哲学や宗教が、心について学んで来たあらゆる事項であった[19]。

この視点を通してのみ、ユングがフロイトを訪ねた夕方に起こった出来事の重要性が理解できるようになる。一九〇九年三月の終わり、ウィーン訪問の最後の夕のことだ。これは二人の男たちの関係のターニング・ポイントを記すものであった。フロイト自身、ユングを「長男」と呼び、かつ精神分析運動の「継承者、皇太子」と名指していたが、フロイトを深く傷つける何かが起こり、彼の「父権的な尊厳」を剥奪したのだった。この出来事以後のユングの手紙からはっきりとわかるように、二人は症例について議論していたのだった[20]。そしてそのときの会話が超常現象についてのものになったのは、ユングの分裂病患者の一人が「第一級の」心霊的現象を引き起こしたことが理由である可能性が高い。ユングは、フロイトのオカルト現象に対する考えに異論を差し挟み、また彼の唯物論的なアプローチにいらだちを感じた。ユングはそのとき「鋭い批判が口に上るのを」押さえるのに大変苦労した。そして、そのときに奇妙な感覚を覚えた。

それはまるで私の横隔膜が鉄でできていて、灼熱状態——照り輝く丸天井——になって来つつあるかのようであった。その瞬間、我々のすぐ右となりの書棚の中でとても大きな爆音がしたので、二人とものが転がってきはしないかと恐れながらあわてて立ち上がった。私はフロイトに言った。「まさに、これがいわゆる、媒体による外在化現象の一例です」「おお」と彼は叫んだ。「あれは全くの戯言だ」「いや、ちがいます」と私は答えた。「先生、あなたはまちがっていらっしゃる。そして私の言うのが正しいことを証明するために、しばらくするともう一度あんな大きな音がすると予言しておきます」果たして私がそう言うが早いか、全く同じ爆音が書棚の中で起こった。★21

これが「何かを意味している」と言うためにユングの母親を持ち出すまでもない。この出来事は、ユングとフロイトとの関係、そしてさらに、精神分析運動の中でのユングの位置を大きく変化させるきっかけとなった。そしてそれは精神分析運動の歴史全体の中での一里塚でもあった。これが、ユングの精神医学、それに継ぐ精神分析への旅における三度目の、そしてもっとも決定的な影響を及ぼした「爆音」であった。この音は最初の二度の音とは違って、ユングは単なる観察者ではなく、そこに肉体的にも直接かかわっていた。このようなことが起こったのが、まさにフロイトが最大級の賛辞をユングに送っていたときであっただけに、フロイトを驚かせ、また傷つけもした。フロイトは後に書簡の中でこの出来事を「偶然の応答」とやっとのことで合理化し、かつ超常現象を「幽霊コンプレックス」と呼んでいる。[★22] それから一ヵ月近くも、ユングはこの手紙に返事を出していない。フロイトは、後にこの出来事はガス漏れに原因があると考えるようになった。ユングは、「何かフロイトに反抗するようなことをしてしまった」と感じたままだったが、[★23] 同時にフロイトの「父権的権威」から解放されたとも感じたのだった。

さらにそのずっと後、自伝の中でユングはこの出来事をフロイトとのもう一つの議論に結び付けている。[★24] フロイトはユングに、けっして性欲理論を捨てないと約束してくれと頼んだ。性欲理論こそ、一つの教義であり「揺るぎない砦」なのであるから、と言うのである。ユングはこう回想する。

いささか驚いて、私は彼に聞き返した。「砦って、いったい何に対しての?」それに彼は答えた。「世間のつまらぬ風潮に対して」――ここで彼はしばらくためらい、そして付け加えた――「オカルティズムに対してのです[★25]」

ユングは、断言する。「これこそが我々の友情の核にヒビを入れたものだった」と。これは一体何なのか。フロイトとユングの決別に関して人によっては別な面を重視して説明する。つまり、フロイトが心的エネルギーは性的な基盤をもっているものだと考えているのに対し、ユングはリビドーの、もっと一般的な性質を求めていたと言い、性欲理論の解釈の違いを強調する。実際、まさにこのとき精神分析には性欲の強調を控えさせるような圧力がかかっていた。しかし、性欲について議論し始めると、ユングが提示した魂についての問題からそれてしまう。ユングは精神分析とオカルトは、魂の性質を考えるという点で共通項があると捉えていた。フロイトとユングを隔てた「もの」は、したがって、その根本的なところでは性欲ではなかった。それは、まさに「オカルティズム」なのであり、さらにその背後には宗教の問題というもっと大きなものが隠されていたのである。フロイトは「オカルト」を「暗い泥流」だと信じており、分析がオカルトとの関係をもたないようにしていた。この目的のためにフロイトが用いた「揺るぎない砦」こそが性欲理論だった。フロイトは、単に分析とオカルトとの関係を抑圧していただけではなく、その抑圧の道具として性欲理論を用いていたというわけである。

しかし、その後数十年経ってからユングが語るこの出来事の記述は、一九〇九年当時におけるフロイトの立場を、簡単に単純化してしまう傾向がある。オカルトの問題に対するフロイトの立場は、全く複雑なものであり、とても単純な懐疑主義と言えるようなものではなかった。フロイトの伝記作家アーネスト・ジョーンズは、彼の中にこんな揺らぎを見いだす。

懐疑と信頼の間をあまりに大きく揺らいでいたために、オカルト信仰に対する［フロイトの］疑いと信頼を示す証拠となる言葉を、同じ数だけ引用することもできるほどだ。★26

ジョーンズの記録によると、フロイトは人生を通じ、たとえばチケットの番号などランダムな数字などが織り成す偶然の意味を信じたり、ささやかな、けれど重要な迷信を信じたりしていたのだった。フロイトが、自分に最も近しい二人の同僚、フェレンツィとユングがオカルト研究に熱烈な興味をもったことに対して心を閉ざした証拠はない。一九一〇年にフェレンツィの影響を受けてフロイトは心霊現象を研究し、一見異様に見える現象の中には、一粒の真理があるという見方をするようになった。その一粒とは、テレパシーであった。フロイトの、この問題への好奇心は高まって自ら心霊科学協会に加盟するほどになり、彼のアプローチは分析の作業を通じてふつうの心霊研究では手に負えない事例を説明するようにまでなってゆく。[★27] 一九二〇年代になってまで、フロイトは、自分の同僚の何人もの驚愕を尻目に、精神分析と心霊研究との共闘を真剣に考えていた。また同時にフロイトはその懐疑主義と合理主義の姿勢を手放したこともなかった。彼がテレパシーを容認したことの一つには、あらゆる種類のオカルト現象の中でもテレパシーが、もっとも実証的に説明ができそうだったからである。

オカルティズムと精神分析の関係を理解するためには、超心理学とオカルト哲学の区別を心にとめておく必要がある。二〇世紀への変わり目のころ、アカデミズムの中で相当の地位を築いていた超心理学に、フロイトは共感を示したが、それと後者への寛容さを取り違えてはならない。フロイトは、超心理学を精神分析へと取り込めないかと考えていたが、それを魔術的、宗教的なニュアンスをはらむ伝統的なオカルト哲学とはきっぱりと区別していたのだ。この精神分析の創始者は、厳密な科学の枠組みの外に立つオカルティズムとのかかわりが、分析の評判を落とすことになることをよく知っていた。

しかし、皮肉なのは、全権を譲る信頼すべき後継者としてフロイトがユングを選んだことだ。ユングは、アカデミズム内でのキャリアのためにも、あるいは精神分析運動の中での地位のためにも、自身の気怪な経験を隠そうとはしなくなるのだから。しかし、一九〇九年の時点において、ユングの立場は、フロイトほど複雑なものではなかった。このころにはユングはすでに学会内でも職業の上でもキャリアを築き、その研究は医学、精神医学の立派な言葉で書かれていた。生涯を通じて、ユングが科学界、アカデミズム界での地位と人々の敬意を完全に失ったことは一度もない。

しかし、ユングは学生時代に霊魂とかかわって得たインスピレーションを失ってはおらず、精神分析とオカルトが深くかかわっていることを知っていた。しかし、フロイトと出会うまで、その関係を意識することはなかった。その関係を通じて、ユングは自分のナンバー1とナンバー2の人格が作用するのを経験する。ユングは、そもそも、フロイトの抑圧説に関心をもって、この年長の人物に接近する。ユングは、ナンバー1の人格を意識のかけがえのない光として夢に見たとき、ナンバー2の人格を抑圧しようと抜き差しならない決断を下したのだろう。ユングが抑圧説に興味を持ったのは、おそらくそのためで、その瞬間に、ユングは「皇太子」となったのである。そしてその結果、さらにナンバー2の人格をさらに抑圧しなければならないようになってゆく。このような二律背反的な状況の中で、ユングは自身の反論を直接は言えなくなり、別な手段を通じてそれを表現しなければならなくなった。フロイトに窒息させられそうになっていることから出て来た怒り——灼熱の横隔膜——はもはや耐え切れなくなり、間接的なかたちで爆発した。フロイトの書棚、つまりフロイト理論という知的構築物全体をそれはひっくりかえそうとしたのである。

しかし、この時点でフロイトが頼んだように、性欲理論を破棄することを拒んだらどうなっていただろうか。それは、このささやかなオカルト的事件に対しての防波堤になっただろうか。一九〇九年のウィーンでのフロイトとの会話のあいだ、ユングがフロイトの書棚が爆発することを願っていたとしたらどうなっただろう。このときの、ユングの個人的な状況をもう少し調べてみることにしよう。このとき、ユングはすでに結婚しており、精神科医であった。しかし、このとき、彼はきわめて綱渡り的な状況にあった。一九〇九年はユングにとって決定的な年である。その年の末までに、彼は転居をし、それまでの手堅い仕事をやめて独立し、アメリカを初めて訪れて神話研究を始めている。フロイトを訪ねてウィーンに到着したとき、ユングの精力はほとんど使い果たされていた。ブルクヘルツリ病院医局長としての激務の上に、冬中続いた患者や学生との面接、そして山積する病院運営のための仕事にすっかり消耗してしまっていた。結婚生活には大きな重圧がかかっていた。その頃ユングと妻のエンマは、四歳、三歳、そして新生児と一緒に施設の店の上階に暮らしていた。流感がその前の年までの健康を「めちゃめちゃにし」、また兵役の義務がさらにユングの時間を奪った。あげくの果てに、ユングは女性の患者、サビーナ・シュピールラインとの関係によって「激しい緊張」にさらされる。事実、フロイト訪問は、彼女のために遅れた。ユングと彼女の関係を見ておく必要があるのは、まさにそのためでもある。

若いロシア系ユダヤ人、サビーナ・シュピールラインは、分裂状態を伴った強度のヒステリーのために、十九歳のときに両親によってユングの下へ送られた。ユングはブルクヘルツリ病院で、彼女を一年間治療し、その後、彼女の病いは癒された。しかし彼女はその後も、元患者としてユングに会い続ける。彼女はユングの学生の一人となり、のちに分析家となって、ユングともフロイトとも働くようになる。分析から生じた転移関係から彼女はユングに恋をした。ベッテルハイムによれば[★28]あらゆる証拠から推して、その関係は「最も愛すべき、そして親密な」ものであった。シュピールラインの母親にそのことを告げた者もいて、彼女の母親はユングに「友情の枠を超えることのないよう」頼む手紙を書いたほどだった。しかしユングは、もし彼女がユングの役割をただ医師としてだけにしておきたいのなら、個人的な治療費を支払うべきだという驚くべき返事を出している。さもなければ、「運命にまかせるほかない」と。だが、カロテヌートはシュピールラインの両親が、ユングに贈り物をしていたことを指摘している。ブルクヘルツリ病院は、元患者から料金を受け取ることを禁じていると、彼らは信じていたのだった。

ユングはさらに、シュピールラインが母親に秘密を漏らしたと責めたこと、そしてことの全体をフロイトに伝え損なったことで状況を混乱させてしまった。一九〇六年に出したフロイトへの二通目の手紙でユングはシュピールラインの症例について助言を求めている。しかし、このスキャンダルが暴露されそうになってから、ユングは彼女と、そして彼女の両親とのかかわりをフロイトに言わなかったことが何度かある。「完全に潔白」だとは感じていないこと、彼の行動が「ちょっとした不品行」であったことは認めたが、それから何ヵ月もたつまでそのことについてフロイトには明らかにしなかった。[★29] しかし、その一方でフロイトも秘密を持っていた。ユングは、義理の妹になるマルタ・バルネイとフロイトの関係を知っていた。しかし、フロイトはそれに気づいていない。この二人の男の秘密の関係は、もし明るみにでたら精神分析運動の根幹を揺さぶることになっただろう。この暗く、共謀に満ちた雰囲気の中で、性的な衝動が今や暴発しかかっていた。この両者は精神分析の倫理に対して、一つの「問題」を持っていたことは想像にかたくない。占星家としては、ユングの、自身に対する描写に注目したい。すなわち、「鉄のようで」とか「灼熱」——怒りとセクシュアリティを示す、火星である。真っ赤に燃える横隔膜は、ウィーン最後の夕にユングが感じたフロイトへの抵抗の底には、セクシュアリティの問題があったことを示しているのだろうか。

果たして性欲理論は、書棚の爆音のようなオカルト現象を前にしたとき、防波堤として機能するのだろうか。そのような出来事を「幽霊コンプレックス」と称して黙殺することができようか。ここでは抑圧されているものに対して、いくつかのレヴェルでの解釈をほどこすことができる。もしフロイトの側に立つなら、ユングの「真っ赤に燃える横隔膜」は何らかのかたちで性にかかわることになり、シュピールライン事件と関係があることになるだろう。しかしラカン派のローゼン・ロスタンのとったアプローチに従えば、その出来事はフロイトの「恐ろしい支配」、フロイトがユングに対してとった父親の役割に対するユングの抵抗となる。[★30] 第三に、ユング派のアプローチもある。皇太子としての役割を与えられ、フロイトにしつこくオカルティズムに対する防波堤として性欲理論を強要された状況で、この出来事はユングの抑圧された魂への関心の現れだった。ユングにとって、フロイトの計画を引き継ぐことは、ナンバー2の人格、つまり魂の生命力に満ちた次元を否定することであった。

この第三の解釈は、さらに興味深い考察を開いて行く。書棚の爆音は精神分析運動史において、とりわけ精神分析とオカルトの関係を決定づける大きな転回点を記すものだった。この爆音に対する態度の違いが、ついにはユングとフロイトを別の道に進ませることになる。その意味で爆音は「触媒」だった。この爆音は、まるで二人の性的、政治的な衝突からなるアンビィヴァレントな状況が書棚の中で「外在化」したようなものである。この触媒的な作用が起こる瞬間から、精神分析は分裂する。フロイトとユングの両陣営には、魂の問題をめぐってもはや橋をかけることもできぬ断絶が生まれた。

精神分析のサークル内では性欲理論というフロイトの防波堤は、いまでもオカルトに対して用いられているし、「幽霊コンプレックス」という語はオカルトを周縁的なものに追いやり合理化するために用いられている。魔術であれ、ＥＳＰであれ、占星術であれ、あるいはいわゆる超常現象であれ、精神分析にはその実践者の性と結び付けて説明しきってしまう共通の傾向がある。ユングの視点に立てば、亡霊や爆音の抑圧は、魂の性質の表現ができないという、もっと根本的なことを示している。このような抑圧は、フロイトの宗教に対する態度とも一致する。ユングは、のちに自分の関心が唯物論の時代にある現代人の「魂の希求」であると定義した。もし精神分析がこの問題について何も言えないなら、ユングは、この運動の皇太子でありたいなどとは思わなかった。

ユングの立場を正しく理解することへの拒絶は、フロイト派ないしポスト・フロイト派の批評の中に見ることができる。ロスタンは、現代的ではあるが、典型的なフロイト風の単一眼的な偏見を示している。彼はこの出来事をユング自身が分裂病に向かっていた証拠と見なす。フロイトがユングの超常的なデモンストレーションにおののいたのは、ユングが先輩を自分の狂気に引き込もうとしたからで、まるで、書棚の騒音は、ただの妄想であったと言わんばかりである。分裂病として見れば、このような現象はあらゆる境界が溶解してゆく兆候を示すものと見なされる。これは、ユングが精神病患者と、危険なまでに同一化していたことの間違いない証拠である。しかし、ロスタンはユングの立場を見誤っていたのであり、そのためにフロイトとの決別が意味するものを誤解した。ユングの理論的な立場はロスタンが信じているような、「明晰」なものでは全くなかった。ユングは、いまだ自身の抑圧されたナンバー2、それ抜きにしては彼の理論が無意味になるそのナンバー2に対して、アンビヴァレントな態度をとっていた。だからこそ、それは「触媒的外在化」のかたちをとって暴発しなければならなかった。明晰な説明は、ユングにはその後、何年も現れない。それが現れるのはすさまじい葛藤をへてのことであり、その葛藤はユングの最初の重要な著書である『変容の象徴』ににじみでている。[★31] 一九〇九年にあっては、ユングは自身の性的な志向もあって、性欲理論についてはフロイト陣営に抵抗していたのかもしれない。あるいはフロイトの権威的な態度にも抵抗していたのかもしれない。実際、ユングの横隔膜を真っ赤に燃えさせたような、情動の蓄積もあったのだろう。しかし、ユングの知的発展の経緯やその後の思想に光をあててみれば、それらのことは実際のオカルト現象に対しては二次的な意味しかもたない。

いかなる「心理」状態であろうと、どのような解釈を選ぼうと、依然として、フロイトの書棚の大きな爆音は現実として残る。オカルトについての会話と一致して起こったこの事実は、ユングが一生を捧げた現実《リアリティ》のもつ謎に満ちた性質の現れである。何か神秘的な心理‐物理のつながりがここにはある。ユングが喜んで「魂」と呼んだ時間と空間から独立した「何か」の存在を問いかけることは十分に意味がある。そして同じことがナイフの破断や惑星と十二星座の配置を通じても現れてくる。ユングには、この「何か」を性欲理論で説明しきってしまうことなどとてもできなかった。

占星術家ならここで、フロイトとユングのチャートでの火星――ファロスや男性のセクシュアリティ――の配置について思いを巡らせるだろう。フロイトのホロスコープでは、アセンダントは蠍座である（図2・2）。フロイトのチャートは火星に支配されているのだが、より専門的には火星は天秤座でデトリメント、かつ後ろ向きの、逆行状態という恵まれない状況にある。それに対して、ユングは火星が黄道上で、静止していたその日に生まれている。この火星は、逆行していたのだが、順行に戻ろうとしていた。精神分析のこの二人の父が、二人とも火星を逆行でもっていることは重要である。これは、両者がともに抑圧された欲望に関心をもったことを指し示している。しかし、ユングの火星は転回しようとしたわけで、これはまさにユングが性欲理論に対してなしたことと一致している――ユングは性欲理論を「逆転させた」のだから。ユングの火星は宗教を示す射手座にあり、かつ彼がまだ幼児だったころに見た「ファロスの夢」は、より一般的で普遍的なリビドーの概念へと彼を導いて

いったのである。[★32]

しかも、さらに重要な性的な象徴がフロイトとユングのチャートには見られる。ユングの月は、牡牛座一五度にあり、牡牛座一六度にあるフロイトの太陽と接近している。このコンタクトは、占星術の伝統ではいかなるときでも大きな重要性をもっているとされている。二人の間の光輝星《ライツ》の結合は「宇宙的結婚《コズミック・マリッジ》」の可能性を示している。太陽と月は、天と地、光と闇、男性と女性といった原初的な分割を象徴するものである。これが示すのは、フロイトとユングの関係が対立物の引き合いであったということであり、また両者が互いを補い合い、全体性が回復されるのではないかという感覚を与えたかもしれないということである。とりわけ、これは自分自身の二重性に関心を向けていたユングには重要なものだったろう。また同じ太陽と月のシンボリズムは、この二人の男が自分たちを「父と息子」と言うのが、一種の欺瞞であったことを示す。始めはユングは師匠フロイトから学ぼうとする学徒としてふるまった。ちょうど、子供としての月、父としての太陽、というように。しかし、太陽と月はそれぞれ本来対等である。何年ものの ち、錬金術を見いだしたユングは、分析家と非分析家との転移関係を最もよく表すイメージとして、一六世紀の錬金術テクストから拾った、太陽と月、王と女王の錬金術的結合を用いている。皮肉なことに、太陽《ソル》と月《ルナ》が互いに呼びかける声はまた、フロイトに対するユングの「宇宙的結婚」を描写するものでもあった。

おお、月よ、わが優しき抱擁につつまれしものよ、

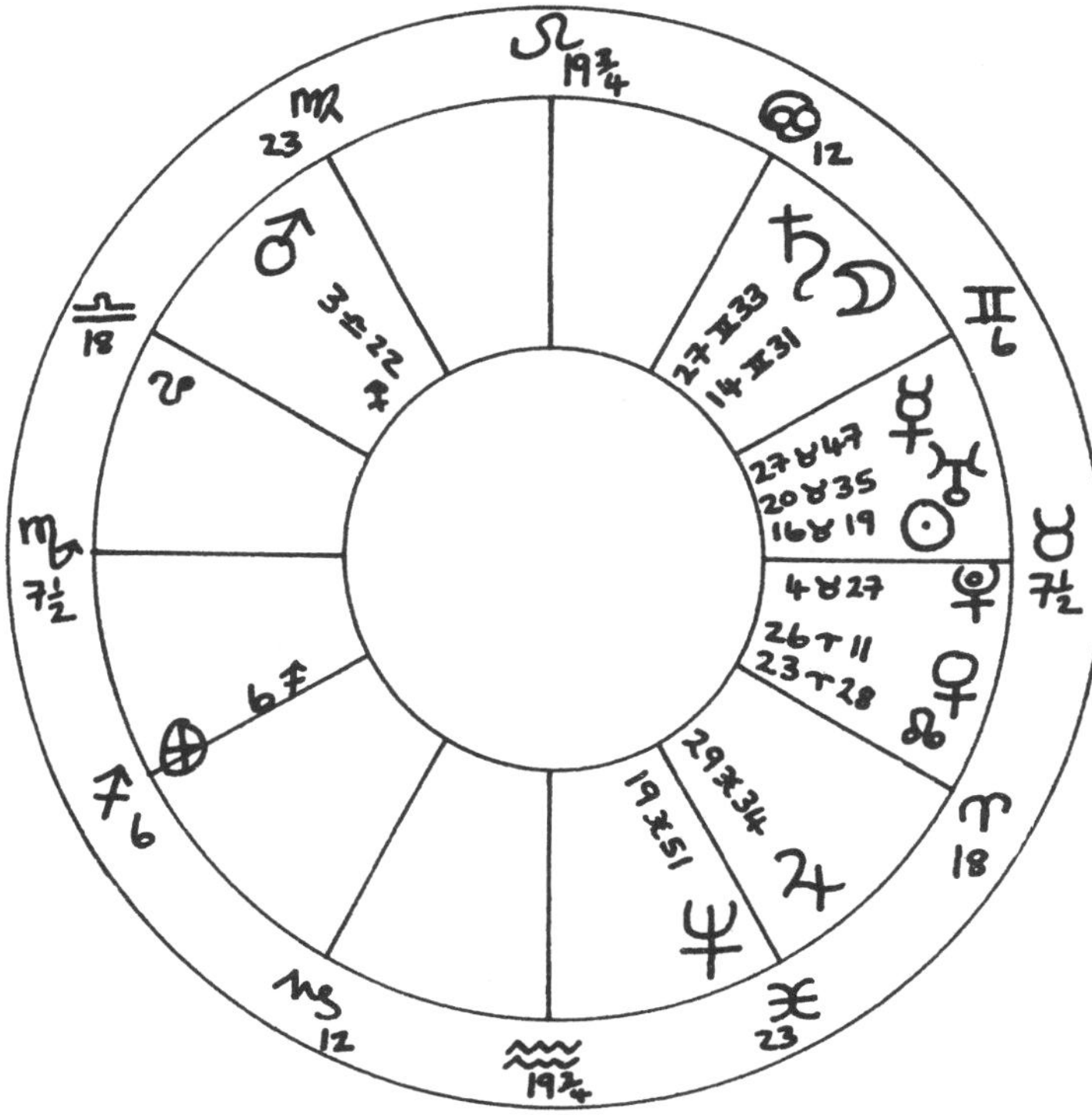

図2.2　フロイトのチャート
1856年５月６日，06.30LMT＝05.17GMT，フライブルク，49N38，18E09
（情報源：Ｌ・ロダン『アメリカン・ブック・オブ・チャート』）

☉太陽　☽月　☿水星　♀金星　♂火星　♃木星
♄土星　♅天王星　♆海王星　♇冥王星
♈牡羊座　♉牡牛座　♊双子座　♋蟹座　♌獅子座　♍乙女座
♎天秤座　♏蠍座　♐射手座　♑山羊座　♒水瓶座　♓魚座
☊ドラゴンヘッド　☋ドラゴンテイル

我と同じく、そのかんばせの美しさに似合うよう強くあれ
おお、太陽よ、人に知られた光のうち最もまばゆきものよ
しかし、何時は我を必要とす、雄鶏が雌鶏を求めるがごとく★33

太陽が月に語りかけるように、フロイトはユングに一九〇八年の四月に——ユング自身の月がプログレスしてその出生時の太陽にコンジャンクションした時——フロイトがユングに「偉大さの種子」を見いだしていることを告げている。彼は、自分の太陽を引き出し、後継者のために輝きを得るためにも、学会と関係をもった非ユダヤ人であるユングが必要なことを知っていた。ユングにとっては、この関係はユングの月を引き出すものであった。ユングが、フロイトの太陽に自身の月的な、オカルト的な性質を照らす光を求めていたとしても不思議はない。この二人が結合をなしたときは、両者はその中間地点で出会うべきであった。しかし、フロイトはユングの月的な性質を引き受けようとしなかった。フロイトの全存在は分析をきっぱりオカルトから分かつための、「堤防の建設」への願望(牡牛座の太陽)の背後に隠れていた。彼の太陽がユングの月に出会ったとき、フロイトにとって口惜しいことにオカルトの潮流が流れ込んできてしまった。ユングの月こそ、「オカルトの暗い泥流」だった。月は海と潮汐の星である。またこの月は泥沼の牡牛座にあって、暗い冥王星とともにある。クヌート王のように、王はそれを支えることができず、フロイトは、太陽が月を恐れるように、自身が食される(オカルト、隠蔽される)のを恐れた。

フロイトが雄鶏であり、ユングが雌鶏である限りは、結婚は続いただろう。しかし、ユング自身、まばゆく輝く存在であり、その太陽はアンギュラーにあった。フロイトではなく、ユングこそ、獅子《レ》座《オ》だった。この「宇宙的結婚」の主題をめぐるさらなる愉こばしき占星術的ドラマが、ユングが七月二十六日生まれであった、ということから生じる。なぜか？ それは、フロイトにとって

「七月二十六日は愚妻の誕生日にもあたっておりまして、ために、多年にわたってわたしどもはこの日を同じように祝ってきました、という次第★[34]」

だったのである。

この二人の偉大な、精神分析における「光」は、宇宙的結合が暗示するように、同じコインの表裏だったのだろうか。このシンボリズムは、両雄が互いに抱いていた逆らいがたい魅力を描写すると同時に、フロイト思想が男性的、父性的、かつ活動的であり、ひるがえってユングのアプローチが女性的、母性的、かつ受動的であるということを思い起こさせる。この二つがともに、精神分析の父と母になった。ここでも、魚座の時代や、ナンバー1、ナンバー2の人格の感覚というかたちでユングの中に存在した、一対の役者が立ち返って来ているのではないかという気がする。太陽と月は、また秩序性と流動性、あるいは合理主義者と占い手でもある。ユングは、自身の月のように、フロイトの太陽の中に、自分が不気味で正気の沙汰ではない世界で出会った月的な流動性をなんとか刺し止めるこ

とができる秩序の原理への洞察を求めていた。占星術の世界観から言えば、太陽的な思考も月的な思考も、どちらか一方を抜きにしては不毛なのであり、互いを補完し完全たるためには、互いが必要となるのである。サビーナ・シュピールラインはこのことを見て取っていて、二人を和解させようとした。彼女は、フロイトに、こう言っている。フロイトとユングは、

誰もが想像する以上に、あなたがたは一体であるということに気が付いていないのです。★35

しかし、分析の世界は、分裂や敵対に満ちており、この天上的な結婚は宇宙的離婚となった。ユングに不利なことには、フロイトは創設の父と見なされており、その教義が精神分析実践の枠組みを作り上げていた。そのためユングは神秘家と目されてしまう。その中間に捕らえられた後続者たちは、両側に別れて、性がその母《ママ》と父《パパ》の間で本当に問題だったのかどうかと議論を続けている。

この太陽と月の二重性は、また実践という牡牛座的な問題についても異なるアプローチを生み出している。これは、フロイトがチューリッヒのユングを訪ねたときによく現れている。ユングはフロイトをブルクヘルツリに案内し、彼に分裂病の老婦人バベットを紹介した。その婦人の症例についてはユングは講義もし、論文も書いている。大酒飲みの父と娼婦の妹と暮らしていた、この貧民街生まれのバベットは三十九歳のときに分裂病を発症し、二十年以上にもわたって入院生活を送って来た。彼女の幻覚や狂気の発話――「ナポリとわたしは世界中にめん類を調達しなければならない」など――

へのユングの分析を通じて、ユングは彼女の強迫的な思考には何か意味があることに気が付いていた。彼女の人生の物語を聞けば、意味が読み取れるのだ。彼は分裂病を心理療法によって治療しようとしフロイトに意見を求めた。しかし、興味深いことに、フロイトが彼女についてユングに語った要点は、こんなことだった。

いったいどうういうふうにして、この見たところ醜い女性と一緒に数時間も数日も過ごすのに耐えられたんですか。★36

そんな考えはユングには浮かびもしなかった。ユングは、

彼女がそんな愛らしい妄想をいだき、そのような興味ある事柄を話してくれる。★37

と思っていた。

「オカルトティズムの暗い泥流」を象徴するこの月は、またバベットのような個人を圧倒する狂気の潮流をも描写している。ユングは、神話、オカルティズム、狂気に見られるイメージには類似性があることに気が付いていた。彼はできうる限り、すすんで狂気のうちのイメージにかかわってゆこうとした。そして、医療の専門家が狂気を治癒不可能と見なしてきたこと、そしてその狂気に深く取り組

んでゆく方法を求めなかったことへの驚きを記している。バベットの「妄想」はユングには「愛すべき」ものであった。私たちは、ここでユングの月が麗しい金星にセクスタイルとなっているばかりではなく、この二つの女性を示す星が「ミューチュアル・レセプション」であることを見いだす。これはユングの狂気への関心の中にはエロティックな要素があること、そしてフロイトがユングにバベットへの態度について問いただしたのは、正しかったであろうことを示している。フロイトの反応は、醜い老婆や分裂病患者と同席する退屈さや重圧へのものとしては、あたりまえのものだった。ユングは、手のうちで統制のとれる実際の状況から人を引き離すような、神話やイメージに魅了されたといって批判されてきた。フロイトの症例においては、「現場」にフロイトの存在があることがずっとよく感じられる。月－金星の配置をもつユングは、フロイト派のロスタンのような批評家が執拗に繰り返すように、医療の仕事のうちのエロティックな要素から身をひくことが下手だった。患者が狂気の老婆であれ、美しく若い少女であれ、ユングは惹き付けられた。このような女性は、ユングがのちに「アニマ」像と呼ぶものとなる。この女性たちは、ユング自身の女性性——すなわち彼の魂のイメージを担っていた。ユングの人生のこの時点では、のちに自身も認めるように、彼のアニマは、バベットのように、「病んだ女」のかたちでのみ、存在できたのだった。

そんなわけで、一九〇九年は、ユングにとってさまざまな出来事の起こった年であった。シュピールライン、書棚、そして皇太子の称号の提示、転居、ブルクヘルツリ病院の辞任、アメリカ——これらバラバラのことすべてが、ユングがその精神医学活動へのオカルトのかかわりを再開させてゆく、変わり目の始まりを指し示していた。その動きは、チャートでは天王星と海王星のトランジットによって部分的には示されている。一九〇六年から一九一〇年にかけて、この二つの星は蟹座と山羊座の間で九回にわたってオポジションを形成し、ユングのホロスコープの惑星に重要なトランジットを形成していった（付録1を参照）。「天王星」が山羊座からユングの「金星」にオポジションをとったとき、シュピールラインの関係の破綻が起きた。この年の最初の二カ月のあいだ、ユングは「忌まわしいスキャンダル」にかかわって「激しい緊張」のもとにあった。★38 一月には、天王星はユングの金星に正確にオポジションとなっていた。したがって、シュピールラインは、病気のハウスたる第6ハウスに入ったユングの蟹座の金星に象徴される。シュピールラインは、ユングの保護の下にある病んだ若い女性（第6ハウス、蟹座の金星）であり、彼女の母親によってユングのもとへ送られた。（月とミューチュアル・レセプション、セクスタイル）そして天王星が金星にオポジションとなって示したように、きまぐれでロマンティックな愛情にユングは捕らわれることになった。二月には、「プログレスの月」が人間関係のハウスたる第7ハウスに入った、彼の「出生の天王星」にコンジャンクションを作るようになる。シュピールラインは、そこで再び離婚、関係の破綻を示す天王星で示されている。そして天王星はユングの女性の惑星の二つともにコンタクトしていたのだった。さらに、書棚の事件は四月に起こっている。これはユングの「プログレスした月」が彼の「プログレスした天王星」とコンジャンクションとなったときにあたる。これは、シュピールラインとの関係と、ユングに皇太子の称号が与えられる前夜に起こった書棚事件がつながっていることを示す印象深い占星術上の証拠となっている。しかし、問題は単なる性的なものではなく、月‐天王星の象徴が示すように、シュピールラインは彼の月的な側面からの分離を示すものでもあった。

このドラマティックな一年を通じて、天王星‐海王星のオポジションは繰り返しユングの金星と交差している。これと一致して、奇妙な出来事も起こっている。それはフロイトとユングがアメリカに向けて出航すべくブレーメンで乗船待ちをしていたときのことで、ユングは「泥炭地の死体」――泥炭層の泥の中で保存された死体――について話をしていた。すると、そのうちにフロイトは失神した。ユングは、フロイトの失神は、ユングが死への願望をフロイトに対して抱いていると、フロイトが信じていたためだとのちに言っている。しかし、フロイトがシュピールラインの一件を知ったのちに初めて二人が会ったときのことだった。シュピールラインを裏切ったように、我が後継者も自分を裏切るのではないかと恐れたために、フロイトは失神したのだと、ベッテルハイムは言う。この失神のときの星の配置は、シュピールラインとの問題が起こったときのファクターを繰り返している。つまり「天王星」が二度目に「金星」にオポジションとなっている。加えて、蟹座の「海王星」が初めて金星に交わっている。これは「忌まわしいスキャンダル」ないし「愛の裏切り」を象徴している。シュピールライン、書棚事件、フロイトの失神などの折りの占星術的パターンをつなげてみると、裏切りの主題が働いていたことがわかる。しかし、ユングの裏切りは、ただ、シュピールラインやフロイトに向けてのものばかりではなかった。それは、メタフォリカルな女性、彼自身のうちある「病んだ女」に対する裏切りでもあった。これは、単にユングの中の女性的な性質、アニマや「魂のイメージ」であるばかりではない。それはまた、魂の世界のナンバー2の人格であり、オカルトを通じてのその現れでもある。

一九〇九年、ユングはもはやこれ以上、オカルトへの関心を抑圧できないところにまで来ていた。そこでもう一つ別な解釈をフロイトの失神に対して与えることができる。もしフロイトが裏切りの危険を感じていたとするなら、それはユングの中に沸き上がって流入してきた「黒い潮流」にも恐れを感じたはずである。ユングが「泥炭地の死体」に熱中するほど、フロイトはイライラしたであろう。「泥」を想起させるこの話題で、フロイトはその潮流が入り込んで来て、分析とオカルトの間の境界を破ろうとしているのを嗅ぎ取った。フロイトの牡牛座の太陽はユングの月と組み合わさって、その防波堤はもはやもたなくなってしまった。フロイトは「失神《フェイント》」した。これは太陽-月のシンボリズムである。フロイトは意識を失った。つまりブラックアウトした——彼は日食《オカルト》にあったのである。この二人の人物が、新世界に向けて航海へと出るときに起こった、ということはまた潮流の主題を繰り返している。しかもそれはユングが、中年の危機のときに乗り出した、狂気に向けての夜の航海のモチーフを予感させる。「オカルティズムの領域を征服すべき」だというユングの要請に対し、フロイトはこう語っている。「それは危険な探検であり、私としては行動をともにできません」★40。彼は、そのような旅に対してはあまりに「弱い《フェイント》」ことを知っていた。ユングの探検は、彼自身の太陽の発見を含むものとなるだろう。しかし、フロイトの光なくしては、その旅はユングを黒く、泥まみれの海の中へと導いてゆくことになるのである。

3

闇の領域

一九〇九年の秋、ユングがアメリカから帰国したころ、天王星－海王星に象徴される大転換が起こり始めていた。ユングは自身で開業し、湖畔に新居を構えていた（海王星は、第4ハウスの支配星《レディ》である蟹座の金星にトランジットした）。幾人かの患者と妻の財産のおかげで自由に「社交や人々との交際に分け入る」こともできた。ユングは、知的にも霊的にも前進を続けていた。そして、また、女性関係も変わり始めていたのだ。海王星が出生の金星に二度目のトランジットをしたとき、ユングはフロイトに「恵まれた結婚の条件は、不貞の保証を得るようなもの」と冗談を言っている。★1 この年の終わりに、ユングのプログレスの金星は乙女座に入座。このとき乙女座生まれのトニー・ヴォルフがユングの患者となる。★2 ヴォルフはその後ユングの愛人となり、生涯を通じて「他の女性」であり続ける。二人の相性占星術《シナストリー》は、ユングのナンバー1とナンバー2の人格の間で働いていた拮抗関係の一部をなしており、彼女がユングの出生の土星－天王星に潜在的に示されていた二重性の主題を、客観的な現象として引き出したことを示している。これは、彼女の土星が正確に、他者と結婚のハウスである、第7ハウスの天王星とオポジションになっていることで表されている。

教師であり、分析家であるユングのまわりには、豊かな転移環境が生まれていた。若い女性たちが、背の高い、ハンサムな獅子のごとき男性に引かれて行くのも想像に難くない。熱い火星を燃え上がる射手座に、甘いささやきの水星‐金星の合、そして第7ハウスの太陽を獅子座にもつユング。たしかに彼は、女性たちの憧れの的だった。実際、一九一一年までには、すでに四人の女性がユングからの愛をめぐり競い合うようになっていた――妻エンマ、シュピールライン、トニー・ヴォルフ、そしてマリア・モルツァーである。★3 またユングの太陽は海王星にスクエア。分析関係の境界を厳格に守るのは、彼の得意とするところではなかった。その生涯を通じて、彼はまわりに女性の被分析者の群れを集めていた。秘書のアニエラ・ヤッフェは、一九三〇年頃から四〇年頃のエラノス会議での、女性の出席者の多くはユングにセラピーを受けていたか、あるいは彼の学生であったかのどちらかであると記録している。女性たちは、講義の間の休憩時間には、「蜂蜜瓶に集まるミツバチのように」集まった。女たちはユングが湖を見渡す壁に座り、「惜しみ無く知識を与える」有名な「壁際の講話《ウォール・セッション》」を楽しみにしていた。★4 グレーテ・バウマン‐ユングは、父親の周囲にいつも女性たちがいたのは、四つの女性的な「疑似惑星《プラネトロイド》」（小惑星のセレス、パラス、ジュノー、ヴェスタ）がすべて彼の第7ハウスに入っているからだという愉快なコメントを残している。★5 後年、ユングはまるで救世主のようになり、中国の宮廷でのように、彼の弟子の何人かは前夜の夢の啓示を求めて朝食時にユングの回りに集まるようになった。[6]多くの女性たちはユングの死後も転移性の恋愛に閉じ込められていた。そのことは一九八五年の映画『ハートの出来事』(*Matter of Heart*)に見ることができる。魅了された被分析家たちは、彼を依然として大事に崇拝している。ユングのイメージは、「かくも崇高でかくも完璧」なので、ユングの理論を批判的に検討したり、改定したり、発展させることのできた弟子はごくわずかだった。

女性たちの師《グル》としてのユングの役割は、「女性」意識と呼ばれるものへの同一化と並行して大きくなっていったように見える。月に象徴されるオカルトは、ギリシア・ローマ文化では女性的なものと見なされている。ユングにとっては、このつながりは、ナンバー2の世界から語りかける母親や彼女の暗く、他界的な声として現れる心霊主義を通じてやってきている。ユングの従姉妹の霊媒は女性－オカルトのつながりをひきついでおり、彼女の悲劇、不幸な運命はユングをひどく苦しめた。彼女は二十六歳のときに結核で亡くなっている。ユングは、彼女との実験を続けなかったことを悔やんでいる。彼女はユングに、ナンバー2の人格を統合することができるということを示していたのだから。[7]学生時代から彼はナンバー1の人格に人生では特権を与えると決めていた。ときおりナンバー2の人格が現れたときには、それは傷ついた女性に魅了されるというかたちをとるのだった。そのことは彼のチャートの月と金星の関係が示している。

一九〇九年から一九一二年にかけて、ユングの神話への関心は深まってゆく。それがユングにとって、最も重要な魂《ソウル》のイメージの相手だと言い放つ女性との出会いにつながってゆく。もっとも、ユングがそう気づくのは、それから何年も後のことではあったが。その人とはフランク・ミラーなるアメリカ人。ユング自身は一度も直接彼女に会ったことはなかったが、しかし実際には彼女は『変容の象徴』の女主人公となったのだった。[★8] 一八九八年にフランク・ミラーはヨーロッパを旅行する。そしてニューヨークへの戻った後、心霊主義的と分類されるような空想経験をすることになる。とりわけ印象深いのは、彼女が「チワントペル」と名乗るアステカ・インディアンに幻視の中で出会うことだ。彼女は、この経験を「入眠時に見たドラマ」と呼び、それが心霊術や「霊媒のとりとめのない作り話」とは全く関係ないと信じていた。彼女はそのファンタジーを忘却された記憶や、半分覚えている「昼間の残存物」と結び付けて理解していた。その説明は、一九〇五年までに、フルールノアが自作を、心霊主義者たちから守ろうとしたときに用いたものでもある。[★9] ユングは、ミラーが彼女自身の経験を自己分析したものを読んで、そのとき起こっていたと思われることについて、ユング自身の解釈を書こうと思い立ったのだった。ユングが彼女にかくも惹かれたことは、相性占星術《シナストリー》に現れている。彼女は蟹座一九度に太陽をもつ蟹座人であり、それは病気を示す第6ハウスにあるユングの蟹座の金星と重なっている。フランク・ミラーは、ユング自身の「病んだ」女性への関心を具現化する担い手だった。[★10]

ミラー素材にかかわってゆくことは、神話と分裂病とを結び付けようとする初期のユングの研究の頂点をしるすものであり、それがついにはフロイトとの決別を引き起こすことになる。『変容の象徴』はリビドーの性的基盤を完全に排除して、「古代的残存物」の理論と、無意識に対する非還元的で、目的論的な理解を提唱した作品である。ユングは一九一〇年の夏に、この論文の第一部の草稿をフロイトに送っている。これを完成させようとするユングの野心は極めて強かった。木星回帰の週には極めて印象深い夢を見て、休日を切り詰めてあわてて帰宅して仕事を続けたほどだった。★11 第一部は一九一一年八月に『年報』で出版される。しかしこれはまだフロイトの理論からはさほど隔たっていなかった。しかし、一九一二年九月に出版された第二部はそれから数カ月もしないうちに起こる最後の決裂へと、大きな一歩を踏み出させることになった。ユングのこの論文は、次のように説く。リビドー——心的エネルギー——は心理的成長、発達のために母親から分離しなければならない。そしてその分離は、霊的再生のようなものだ、と。この点でユングはフロイトの近親相姦のタブーの理解と意見を異にしており、近親相姦の主題を文字通りにとるのではなく、再生への霊的な欲望の担い手と見なしたのだった。ユングとすれば、個人は近親相姦の絆にいつまでも固着されるべきではなく、

　自身を成就するために、近親相姦に縛られているそのダイナミックな力を解放すべきなのだ。★12

そしてもし個人が母親との絆から自由になることができなければ、その結果としてリビドーの抑圧は精神病状態を生み出すことになる。

リビドーが分離を求めて奮闘するとき、個人《インディヴィデュアル》性を生み出すべく、ただ私的なものとは言えないようなイメージが出現してくる。心的なイマジェリーは人類全体に共通のテーマを反映しており、

時代と地域を越えた神話の中にその現れを見いだすことができる。再生ないし変容の中心的なイメージは、海や怪物の姿で現れる怖るべき母《テリブル・マザー》から、自由を求めて戦う英雄である。英雄は、鯨の腹の中に入るヨナのように、怪物の中に分け入って「夜の航海」を始める。そして、そこから再生するのである。母から別れるための戦いは、幼児性の犠牲を含んでいるが、しかし、それと同時に個人を「無限の生命」とも結び付けることを可能にする。

> ……英雄の神話は、太陽神話である。しかし、英雄の神話は……たえず自身の存在の最も深い源、母の体、そしてそれを通しての存在の無限のかたちにおける、無限の生命との交流を求めている私たち自身の苦しんでいる無意識の神話である。[★13]

無限の生命は、ユングのナンバー2と同義であるように見える。さらに、それはまた太陽である。太陽の日々の出入は、英雄の闇との戦い、暁での再生を表している。

> ……太陽は、この世の目に見える神そのものを表すと言える。つまり、私たち自身の魂の原動力、すなわちそれはリビドーとも言える。[★14]

獣帯を通しての、太陽の一年周期の旅は、またこの同じ心的プロセスを表すイメージである。ユングはフランク・ミラーの空想を太陽の象徴にまで拡充して、彼女の個人的なイメージが、「太古の残滓」とユングが呼ぶような普遍的なものと結び付いていることを示した。のちに、ユングはそれを「元型《アーキタイプ》」と呼ぶようになる。

これらの結論は、フロイトをはるかに越えるものではあったが、しかし、フランク・ミラーの分析の大部分では、ユングは性欲理論にかなり近いところにいた。彼は、ミラーの自己分析の試みは素人的でかつ誤ったものと見なし、自動書記のかたちで書かれた詩は、「倫理的に全く無価値」と考えていた。そしてそれは「エロティックな葛藤の宗教的活動への無意識的変容」にすぎないのだった。[★15]ユングは、この女性を長い間家族の庇護を受けていたために社会的には適応しておらず、またその病的な空想は霊媒体質や潜在記憶による産物でもなく、否認されてきた性愛的な内容によるものだと描写した。ユングは、彼女の抑圧されたセクシュアリティが、空想として、あるいは危険なまでの内向性と潜在的な精神病の指標として現れてきたと見たのだった。のちに、一九二四年の版では、フランク・ミラーへのユングの分析は「本質的な点ではすべて的を得ていた」と報告している。のちに、彼女は分裂病的障害の治療を受け、またこれが、彼女に対する分析の正しさを裏付けていた。[★16]

しかし、ソヌ・シャムダサニの最近の研究は、フランク・ミラーの意外な姿を見せている。[★17]彼女は狂っていて病的であるどころか、世界中を飛び回る生き生きとした若い女性で、しかもいくつかのヨーロッパの大学で文学と哲学を学んでいたのだ。異文化について高い教育を受けており、また講師としても、その国の衣装に身を包んで講義をする、「コスチューム・パフォーマンス」で有名だった。[★18]

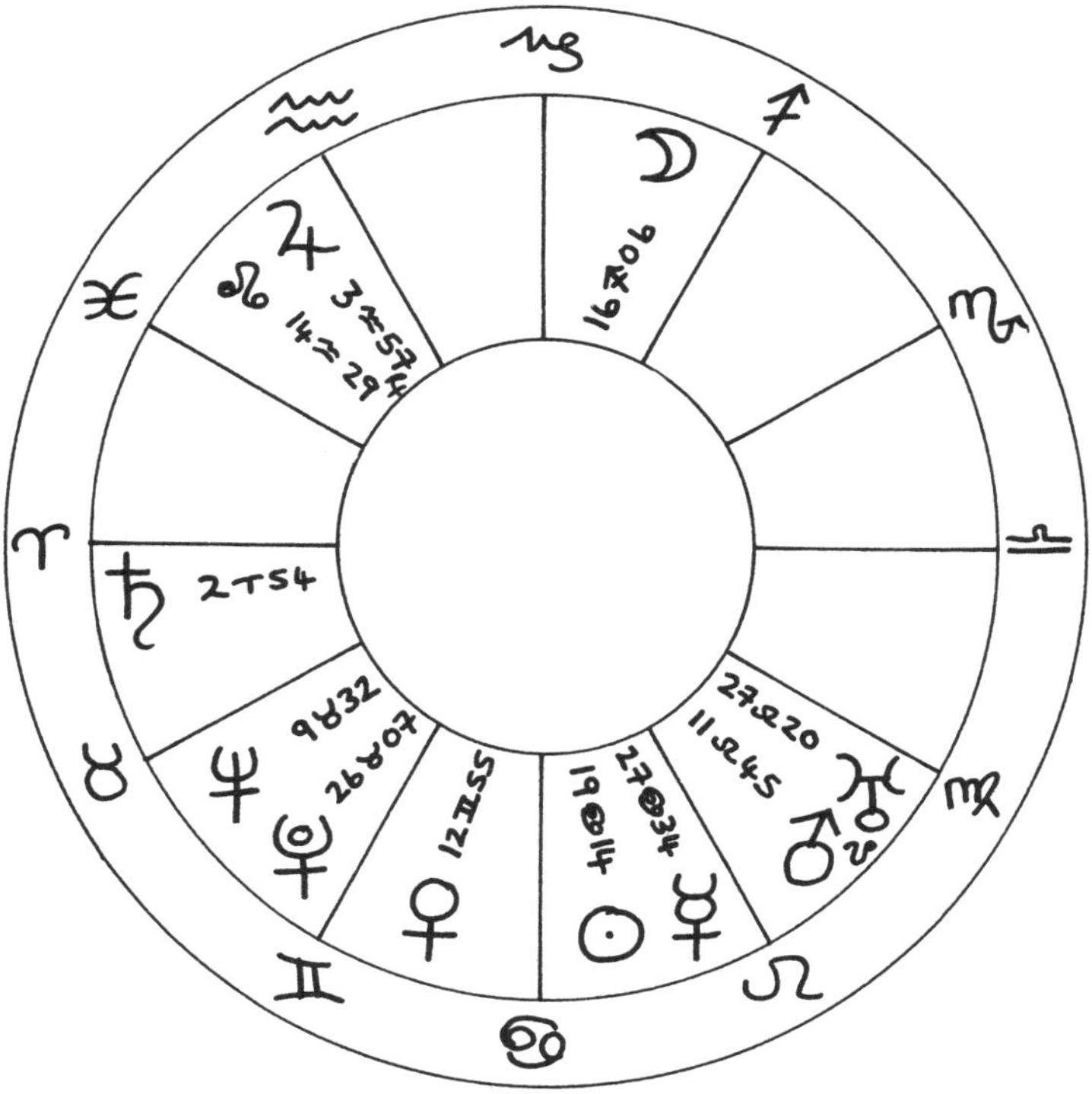

図3.1　フランク・ミラーのチャート
1878年7月11日，出生時刻不明，正午LMT＝17.52GMT
アラバマ・モービル，30N41，88W03
（情報源：シャムダサニ『フランクという女』より）

☉太陽　☽月　☿水星　♀金星　♂火星　♃木星
♄土星　♅天王星　♆海王星　♇冥王星

♈牡羊座　♉牡牛座　♊双子座　♋蟹座　♌獅子座　♍乙女座
♎天秤座　♏蠍座　♐射手座　♑山羊座　♒水瓶座　♓魚座
☊ドラゴンヘッド　☋ドラゴンテイル

彼女の占星術的なポートレイト（図3・1）を見ると、蟹座のものでユングが信じていたように、母親との愛着をもっていた可能性も否定はできない。しかし、彼女の月はジプシーのごとき射手座、つまり旅人でありヴィジョナリーの星座にある。また抑圧的な土星は、野心の牡羊座にあるものの、獅子座の火星は自己顕示欲が強く、また戦士のごとき精神を示している。ユングは、彼女の最初の空想は、彼女が船上で出会ったイタリア人船長との、触れられることのなかった性的な印象がひきがねになって起こったのではないかと分析している。しかし、好奇心の強い双子座の金星をもつ女性は、船長とその部下の男たちに英語を教えてその宵を過ごしている。ユングの見方とは違って、彼女は海のまっただなかで船乗りたちと語り合う喜びを十分自覚していた。[19]

ユングのミラー素材との出会いに関しては、その判断と倫理について疑問を投げかけざるを得ないものがある。別な医師から彼女の医学上の詳細を入手していたのだが、彼女が分裂病として治療を受けていたという事実を出版することによって、秘密を破ってしまっている。しかし、この情報は正しくなかったということが判明する。フランク・ミラーは、自分が「神経質で衰弱しており、休息が必要」だと思い、私立サナトリウムであることを条件に入院することに同意した。しかし、そこには精神病であった証拠はない。幻覚も妄想もなく、しかも一週間後には治癒したのである。[20]

つまり、ユングはフランク・ミラーを誤解していた。臨床的にも彼女を誤診し、かつ職業上でもその境界を踏み越えていた。一体どのようにしてユングは彼女に関してこのような問題を抱えるようになったのだろうか。それは、彼自身の解決のついていない、心的葛藤に関係していた問題だったように思われる。ユングはこのころブルクヘルツリ病院は退職していたものの、チューリッヒ大学の医学部の講師であった。彼は精神医学の圏内にとどまっていたし、また有力な医学的、科学的な正統派の一員たらんとしていた。一九五八年の分裂病に関する最後の文章にあっても、ユングは、ついに科学者としての、そして精神医学者としての「ナンバー1の声」を失うことはなかった。[★21] 一九一〇年にはユングは主潮流で議論することに熱心だったし、フロイトの無意識理論の革命的な立場も理解していた。しかしフロイトの近親相姦と性欲理論の偏重に加え、分裂病に対する自身の臨床的な経験のためにユングの不満はますます大きくなっていった。フロイトの書棚で起こったような「触媒的外在化」のような出来事や、ナンバー1の声で霊魂のことを語ろうとする絶え間無い努力の結果、オカルト現象への彼の大きくなる関心は、ますますユングの立場を複雑なものへとしていった。

ミラーの空想と取り組んだときには、知的な立場を貫くため外部に立って精神医学と精神分析の視点で見ていた。彼はクロイツァーの神話についての研究を発見し、「本当に狂ったように読み耽った」が「全く混乱した」ばかりであった。彼は、神話の中に示されているのは、精神病患者、分裂病患者との臨床経験で出会ったイメージと似ていることを認めた。彼は「神話の空想上の精神病院」に入って行くように感じ、そうするうちに、

クロイツァーの本に出てくるケンタウロスやニンフ、神々や女神たちをまるで患者であるかのように、治療し分析した。[★22]

のだ。

神話的な思考は分析と並行関係を結び始め、それはついに占星術へとつながってゆく。一九一一年五月八日、フロイトの誕生日から二日後、そしてそれはフロイトの実際のソーラー・リターンの日に当たっていたのだが、その日に、ユングは、フロイトに手紙を書き送り、こう言い放っている。

いつの日か、私たちはオカルティズムも、リビドー論の助けを借りて、征服しなければならないでしょう。……このところ占星術を検討中ですが、その知識が神話を理解する上で絶対必要なものだと思われます。この夕闇の地帯には不可思議な事態がいくらでもあります。……いつの日にか私はかくかくたる戦利品を携えて帰還するつもりです。★23

ユングは、そこで占星術にも著書『変容の象徴』と並行して取り組み始め、一カ月のちには本格的に占星術にいれあげるようになる。六月十二日に彼はフロイトに、占星術の中に「注目すべきこと」を発見しつつあると語っている。ユングは夜の時間をホロスコープの計算に費やし、こんなことを発見している。

……黄道十二宮の図は性格像、換言すると折々の典型的なリビドーの特性を描き出す象徴であ

るように思われます。★24

ユングの占星術は、土星が彼の牡牛座の月――夕闇の地帯、戦利品――を通過するにいたって、ますます発展してゆく。占星術というかたちで、彼はオカルト（月）の伝統的な形態（土星）を探求し、それはまたユングのナンバー1とナンバー2の世界の葛藤に解決を与えるもののように思われた。占星術は、ナンバー2の、「星々と無限の空間の偉大な世界」であったが、しかし同時にその秩序立っていてかつ数学的な形態は、ナンバー1にも容易に理解できるものであった。ユングがそのことを理解していたかどうかはともかく、占星術はある所与の瞬間におけるリビドーの姿以上のものを表していた。出生図は「出生」の瞬間を表すものだ。したがってそれは母親からの分離を表すものであり、ユングが関心をもっていた、精神的な意味での「再生」のテーマを表すシンボルでもあった。興味をそそられることに、ユングがフロイトに向けてはじめて言及したチャートは、マザー・コンプレックスをもっていた女性のものである。ユングは、このチャートが「母親」を示していたことに興奮している。

彼女の出生図はきわめて鮮明に彼女の性格像を明らかにしましたが、その伝記的な詳細は彼女にではなく、彼女の母親に属するものでした。……その特徴はTではなく、母親のほうにぴったりです。この女性は、極めて強度のマザー・コンプレックスに苦しんでいます。★25

この最初のチャートがマザー・コンプレックスを示しているのは、土星がユングの月を通過していたことを考えると、皮肉でもあり、また象徴的にはまさにふさわしいものでもある。

すでに見て来たように、ユングの月は金星と結ばれあっており、したがって、オカルトと性愛的なものの間には常につながりがあった。さらに彼のナンバー2の人格とオカルトへの関心は母親から受け継がれたものであったために、ユングはフロイトが提示したオイディプス論を完全に断ち切ることができずにいた。しかし、それでも、ユングは自身のオカルト体験を文字通りのオイディプス的な欲望に還元することもできなかった。この問題に対するユングの葛藤が、彼が病んだ女性に惹きつけられたこと、彼の恋愛事件、そして彼にまとわりついた疑似惑星《プラネトロイド》たちの背後に横たわっていたのであり、フランク・ミラーは、ユングの金星を刺激していた。そして彼女は当然、ユングのオカルト－性愛的コンプレックスを喚起したのだった。しかし、彼女はユングが潜在的精神病患者であったと診断しようとしても、実際には病んだ女性でも狂人でもなかった。それどころか、フランク・ミラーはナンバー1の合理主義の側から明晰に語り、霊媒による霊的仮説にはっきりと反対していた。とどのつまり、これはユング自身のナンバー1がなしていたのと同じ抑圧である。彼女の空想や心霊主義への批判は、要はユングと同じものでもあった。ユングは心霊主義者たちに対する防衛線を飛び越えることができずにいた。おそらく、ユングはフランク・ミラーを、彼女が心霊主義を拒否していたという点で攻撃しようとしていたのではないだろうか。ミラー素材をとりあげたとき、ユングは、フランク・

ミラーがしていたのと同じように、ナンバー2の世界を抑圧していたのであり、そして彼は彼女を性欲理論で分析し攻撃したのである。

ユングが、自分の空想的思考と自身で呼んだものを彼女に投影していたことに気が付くのは、ずっと後のことだった。その時点では、彼は知的構造を求めていたのだった。彼は一九二五年に認めている。

……受動的思考は、かくも弱く倒錯的なものであったため、私はそれを病んだ女性を通してしか扱えなかった。★26

フランク・ミラーの分析によって、ユングは自分の空想機能を分析していた。ユングのそれは「かくも抑圧され、彼女と同じように、半分病んでいた」からである。★27 これはテキストそのものからも明らかで、オリジナルの形では、『変容の象徴』は難解で混乱させられるもので、私たちはここにユングの、第7ハウスの太陽とスクエアをとる第3ハウスのカスプ上の海王星の最悪の現れを見ることができる。ユングはフランク・ミラーの空想をきわめて大きく拡充しその中に溺れこんでしまったために、それはユング自身の「神話的自由連想」と化してしまった。★28

ユングとフランク・ミラーの間には、印象的な金星-太陽の相性関係のほかに、彼女の水瓶座の木星とユングの獅子座の太陽の接近したオポジションがある。合理的な水瓶座にあるヴィジョンの惑星、木星はフランク・ミラーが彼女の空想の背後に「理性《リーズン》」を求めていたことを示している。ユングのアセンダントから二度も離れていない所にこの木星があることから推して、ユングもまた同じように合理的な説明を求めていたのだろう。しかし、ユングの直観的で火の要素をもつ太陽は、彼女の木星に対立していたのであり、心の底では彼は合理化を拒否していたのだ。このオポジションを通じてユングは彼自身の太陽を発見した——すなわち、変容の中心的なシンボルを、である。そして再生はユング自身の再生となった。蟹座のフランク・ミラーはユングのホロスコープのなかの、月-金星にはっきりと同定できるが、彼女はユング自身が認めるように彼の最も重要なアニマ像となり、ユングを夜の航海へと導いていった。ユングは彼女が今にも精神病に陥るだろうと予言したが、ほどなくして実際に狂気すれすれに陥ったのは彼のほうだった。「個人の運命の呼びかけに応じて」安全な家族の領域から離れたのは、フランク・ミラーではなく、ユング自身であった。彼は自身の獅子座の太陽を発見したのであり、また

> その循環系をめぐる一つの原子にすぎない立場から、新しい系の中心に自身をなさねばならない★29

のも彼であった。

神話的思考や占星術のシンボリズムを分析と結び付けることで、ユングは黒い潮流を導き入れた。

彼はこの本の最後の章、「犠牲」を書いているときに著述家としての砦を築く。英雄がなさねばならない母親の犠牲とは彼自身の自己犠牲ではないかと考え始めたのである。ユングは分析から受け継いだものを裏切ろうとしていた。『変容の象徴』の中のアッベ・エジェの物語は、彼のディレンマを反映している。[★30] アッベ・エジェはユダの運命について空想し、最高善たる神がユダのキリストへの裏切りを許したかどうかについての運命を空想している。ある夜、彼は教会でユダが許されたことを示すしるしを与えてほしいと祈った。と、「肩に天からの触れる手を感じた」。ほどなく、アッベはカトリック教会を離れて俗世に入り、スウェーデンボルグ主義者となった。空想は、したがって「魂の無意識的な願望傾向」を担っている。アッベ自身はユダになろうとしていた。だからこそ、彼はまず最初に神からの許しが確実にあったとしなければならなかった。ユングもまた、同じ立場にあった。ユングは、天上の研究によって得た「天上から触れる手」を、父たるフロイトはやすやすとは許そうとはしないと知って、とても恐れていた。

フロイトは、ユングが占星術に風変わりなかかわりをもっているという知らせに、手放しでは喜びはしなかった。しかし、フロイトは同時に、自分のオカルトへの見方が、フェレンツィとともに霊媒を訪れたのちに変わったことは認めている。

オカルティズムの問題につきましては、私は謙虚になっております。何らかの方法で合理的に説明がつくかぎり、一切を信じるとお約束します。おわかりいただけるものと信じていますが、

進んで手をつけたりはしません。それにしてもあれ以来、私の傲慢《ヒュブリス》は打ち砕かれてしまいました。★31

フロイトの謙虚さは、ユングの月を通過したのと同じ、土星のトランジットによって強調されている。当然のことだが、この期間、土星はフロイトの太陽を通過している。二人の宇宙的結合は、土星の試練を受けつつあった。そしてこれは、ユングが占星術へ参入していた時期と一致する。ユングはフロイトに、「宗教的リビドーの霞」でのたわむれから「会衆へと帰還」することを確約していたが、しかし、ひそかに彼はやがて来るであろう食い違いを恐れてもいた。エンマ・ユングもまた心配し、フロイトにユングが本を書くことで父親・母親コンプレックスを解消しつつあると述べている。この著作がフランク・ミラーについてのものであるのと同時に、ユング自身のものでもあるということに、少なくともエンマは気づいていた。彼女はまた周到なことに、ユングがフロイトの意見を恐れるのは、ユングの「自分の研究への抵抗」によるもので、自己分析を必要としているための口実だと言っている。★32 エンマのフロイトへの秘密の手紙はこの、ユングの月への土星のトランジットの下で起こっている。彼の妻は、彼女の結婚の問題について「消沈《ダウンハート》」しており、夫と宇宙的結婚を果たしていた男に助言を求めていたのである。

土星のコンタクトは、しかし、よい前兆とはならなかった。一九一二年の間は、離婚は徐々に近づきつつあった。ユングのホロスコープの、もう一方の立役者である天王星が、彼のアセンダントを行きつ戻りつし、太陽にオポジションをとってゆくころである。フロイトとの決別は、極めて正確にこのトランジットによって示されている。二人の男の距離は、天王星がユングの太陽に二度目のオポジションをとったときに（一九一二年五月二十七日）、大きくなった。この二人の男は、フロイトが近郊に住んでいたビンスワンガーを訪ねたときにも、互いにうまく待ち合わせの約束ができず、会えなかったのだ。フロイトはのちに、これをユングの裏切りの始まりと読んでいる。その秋、ユングは性欲理論とフロイトの近親相姦のモチーフ、幼児退行、及び固着について意見の不一致をアメリカでの講演で述べた。一九一二年十一月のマインツ大会で、ユングの『中央誌』編集への志願が受け入れられず、[★33]フロイトは二度目の失神をしたのだった。彼らの関係は急速に悪化し、最後の一撃はユングが筆を滑らせたことで放たれた。ユングは、フロイトにアドラーの仲間ですら、自分が「あなた方の一員」だと思わないだろうと書いてしまった。ところが本当はユングは「彼らの一員」と書くつもりだったのだ。所有格（あなたの、彼らの）をめぐるユングの錯誤は、所有の星座である牡牛座が相性に現れていることを考えると、見落とせないものとなる。彼はしかし、フロイトがそのことに注意を向けたことに怒り、激憤した調子の返事を十二月十八日に書いている。そのわずか二日後にやってくる、天王星のアセンダントへの正確なトランジットの力への、完全なる通路をその手紙で開いてしまった。

あなたがこうした烏合の衆に精力を費やされている限り、私の症状行為などに構わないでおいでください。なぜなら、私の症状行為なるものなど、私の同胞フロイトの目の中の無視しがたいうつばりに比べるなら、ものの数には入らないはずですから。★34

ユングは、いまやフロイトを第3ハウスの呼び名で呼んでいる。つまり、彼の兄弟、すなわち第3ハウスにある牡牛座の彼の月となっているのである。そしてここで私たちは光《ライツ》、目、そして盲目化と隠蔽《オカルティング》のイメージに引き戻される。

この牡牛座の結合の破綻は、『変容の象徴』の中心的なイメージのひとつに、ある解釈のコンテクストを与える。それは、雄牛を犠牲にする太陽神ミトラの姿で、ユングはこれを人間の獣性と近親相姦のタブー双方の放棄と解釈している。太陽はミトラの前にひざまずく。つまり母親が打ち倒され、「ミトラが太陽の力を獲得した」のである。★35 しかし、私たちは、ユングが犠牲について論じるときに、これはフロイトとの関係をも反映していることにユングも気づいていたということを知っている。二人の牡牛座での太陽‐月の結合が離れたとき、ユングはミトラのように太陽の力を自分で引き受けねばならなかった。彼は雄牛を、つまり牡牛座の太陽、フロイト自身を犠牲にしなければならなかったのである。

さらに書簡が交換される。そのひとつは一九一三年一月六日のもので、それは「天王星」が三度目にして最後の、彼の「太陽へ」のコンタクトをしてから二週間も経っていないときであった。ユングはフロイトに彼らの個人的な友情の終わりを告げる手紙を出す。皇太子はついに王（獅子座の太陽）

に対しての反逆者（天王星）となる。フロイトとの決別は、ユングのチャートではこのオポジションによって象徴されている。ユングの太陽はディセンダントにあり、したがって他者に投影されるだろう。そして太陽が、ユングの月にコンジャンクションしていたフロイトは、ユングが投影を投げかけるその他者であった。フロイトから自分を引き離したその著作の中で、ユングは、太陽を母親からの分離を望む英雄の象徴として見ている。これは、彼の月（オカルト／母親）を、フロイトの太陽から引き離すことへの欲望とも見られる。彼は自身の獅子座の太陽を見いださねばならなかったのだし、「自身で新しい系での中心にならねばならなかった」。これは夜の航海の初めで死にゆく太陽でもある。そしてその旅はユングがフロイトとの別れのあとで開始する旅でもあった。

　フロイトもまた、この離婚で苦しんだ。彼の宇宙的パートナーからの、オカルティズムは征服されねばならないと言いはる手紙は、フロイトのソーラー・リターンの日に書かれていた。それに先立つこと十日前、「日食」が正確にフロイトのディセンダントの上に投下されていた[★36]。これは、彼が恐れた「食《オカルティング》」である。ユングとは違って、フロイトはこのような「夕闇の領域」に「豊かな戦利品」など見いだすことはできなかった。ユングは、『変容の象徴』の中で何とか性欲理論を保持しようとはしたのだが、総合や目的論を持ち込んで分析を拡張できないものかと頼んでもいた。フランク・ミラーについての議論の中で、彼は占星術を含む、神話的な思考に特権を与えて分析を補いはじめていた。もし、古代からのオカルト・アートがこのようなことをすべて知っていたとするなら、フロイトは新しい科学の父とは言えなくなる。またその仕事は、もしこのような狂気《ルナシィ》の沙汰で傷つけられたら、アカデミズム界からはすぐに投げ出されることになるだろう。

ユングの夜の航海は、一九一二年の十二月に始まった。そのとき天王星が彼のアセンダントに三度目の、そして最後の通過をしていた。彼は謎めいた夢を見た。彼は、ルネッサンス風の黄金の玉座に座っていた。彼の前に白い一羽の鳥が現れ、エメラルド色のテーブルに止まった。白い鳥は少女に変わり、雄の鳩は「十二人の死者たち」の集まりに出席しているのだと告げた。何年かのち、ユングはこのテーブルをヘルメス哲学とヘルメス・トリスメギストスのエメラルド板に結び付けている。[37] 彼自身の再生は――獅子座の太陽、ルネサンス風の黄金の玉座――は間近であった。

フロイトとの決別に続いて、ユングは同僚からも切り離され、アカデミズムでのキャリアへの望みもあきらめた。その理由の一つには、彼はもはやアカデミックな学術書を読めなくなってしまったことがある。彼は胃を患い、何かに「憑依された」ように感じた。一九一三年の十月に、彼は血の河の幻を見た。続いて一九一四年の春と夏には、さらに、広大で砂漠のような大陸が氷で覆われている幻を見る。世界大戦が勃発して初めて、ユングはこれらの幻が自分の個人的な状況を示すだけのものではないことに気が付いた。ユングの孤立と衰弱は、幾通りにも解釈できる。とりわけ、父殺しのテーマとフロイトとの別れに関してはそうだろう。このような重要な時にはしばしばそうであるように、そこには複雑な占星術的パターンがあった。グレーテ・バウマン－ユングは、この時期全体を天王星に照らして見ている。それは天王星のハーフ・リターンによって記される中年の危機に一致するものであり、この時期には天空では天王星と海王星のオポジションがユングのディセンダントと、太陽－海王星のスクエアにかかるかたちで起こっていたのだ。（付録1参照）ここでは、しかしユングの「夜の航海」が、彼のチャートの太陽と海王星のスクエアによって示されていたことを示すだけにとどめておこう。

ユングの沈み行く太陽は、海の神にして、空想、幻想、そして心霊主義の惑星である海王星と正確なスクエアとなっている。この海王星は、ユングの精神医学的研究、心霊主義への関心、超常現象の経験のすべてにかかわって顕著に現れている。彼は言語連想検査に関する論文を「水星」が海王星にプログレスしてトラインを作るときに出版した。また彼は「太陽」が海王星にプログレスしてトラインを作るときにそれをフロイトに送っている。『変容の象徴』の執筆は、プログレスの「天頂」が海王星にトラインを作ったときに始まっている。この著作は金星が海王星にトラインとなって出版された。しだいに、ユングは第3ハウスの海王星に象徴されるような、茫漠としたコミニュケーションの領域とのかかわりを主張するようになってゆく。海王星と太陽のスクエアは、夜の航海と、そして自己と他者の間の境界の崩壊、融解を同時に表している。これは想像上の精神病院であり、そこでユングは精神分裂病患者、神話の研究とオカルティズムにかかわるようになる。そしてそれが主観－客観の分裂とリアリティのもつ、心理－物理問題のすべてを引き起こすことになる。

この中年の危機の間、まるで狂人のように、ユングは「無意識」が自分自身を通じて大きく声を発するのを聞くようになる。夕闇の土地に落ち込んで、ユングは死者たちやエリヤやサロメと語り合うようになってゆくのである。この「狂気」の中で立ち現れて来たものの中で、鍵となるイメージはフィレモンと呼ばれる像で、彼は、まずこんなふうに夢の中で現れて来た。

青い空であった。それは海のようで、雲でおおわれているのではなく、平たい茶色の土くれでおおわれていた。それはまるで土くれが割れて、海の青い水がそれらの間から現れて来つつあるかのように見えた。しかし、その水は青い空であった。突然、右側から翼をもった生物が空を横切って滑空してきた。それは雄牛の角をつけた一人の老人であるのを私は見た。彼は一束の四つの鍵をもっており、そのうちの一つを、あたかも彼が今、錠を開けようとしているかのように握っていた。彼はカワセミのような、特徴的な色をした翼をもっていた[★38]。

これは細部にまでわたって、第3ハウスの牡牛座にある海王星を表現している。海のような空（海王星）と平たい茶色の土くれ（牡牛座）は、まるで雲のようだった（海王星）。土（牡牛座）は割れて海が姿を現す（海王星）。フィレモン自身は雄牛（牡牛座）の豊饒の角をもっており、ヘルメスの照応物である鍵を手にしている。それは海王星が第3ハウスのカスプにあることと一致している。フィレモンは、またカワセミ《キングフィッシャー》の翼をもっており、ユングの海王星、すなわち魚座の守護星は、王たちの惑星である太陽にスクエアとなっていた。彼のチャートにおいて、フィレモンの指示《シグニフィケーター》星は海王星であることは、ほぼ間違いないだろう。

はじめは、ユングはこの夢が理解できなかったので、それを絵に描いてみた。そうするうちに、彼はカワセミの死体が庭に落ちているのを見つけた。彼は、

全く驚いてしまった。カワセミは、チューリッヒ近郊では非常に珍しく、私は死んだカワセミを見つけたことがなかったからだ。★39

このカワセミの出来事は、ユングに、客観的な現実(牡牛座)に幻覚(海王星)をしかけてゆくような、「全くその通りの(just so)」話(第3ハウス)を与えてゆく。同じように夢の中で土くれが割れてその下に隠した海を見せたように、この種の出来事は私たちの現実の認識をひび割れさせ覆す。フィレモンがからんだ出来事は人間の心的状態(カワセミの翼をもった存在の夢)と一見客観的で自身からは独立した物質世界(庭のカワセミ)の間に神秘的なつながりがあるのではないか、という疑問をもたらす。ユングは精神医学がこの神秘を説き明かすのではないかと思っていたが、しかし、フィレモンに出会ってから

ここが、自然と霊の衝突が現実《リアリティ》となる場所であったのだ。★40

ユングにとって、フィレモンは独立した存在であるかのように感じられてきた。そして二人は庭を

行ったり来たりして散歩し、あらゆる種類の哲学的な問題について論じあった。ユングはのちにフィレモンをヒンズー教の伝統に見られるような霊的な師《グル》と見なすようになる。もしここで、神話的（神話創造的）な態度をとるなら、死んだカワセミがこのような夢ののちに発見されたことには意味があることになろう。カワセミのかたちをとったフィレモンの霊が、眠っている間にユングに入り込んだのである。新たな肉体を獲得した霊はその古いかたちを捨てた。ユングはそこで、カワセミの霊の担い手となったのだ。それはトランジットの海王星が、太陽と海王星のスクエアをクロスしようとしているころであった。★41

　さらに、占星術から示唆できることもある。太陽と海王星のスクエアはカワセミ《キングフィシャー》ないし漁夫王《フィッシャーキング》を示す。ユングは、すでにそのころ、自分が聖杯を探す中世の騎士であったという夢を見ている★42し、聖杯伝説では、パルシファルは臀部に槍で傷を負って苦しむ漁夫王に出会うのである。パルシファルがそうとは知らず、彼と食事をともにしたとき、すばらしいごちそうを入れた黄金の容器と銀の平皿が何度か彼の前を横切る。そして美しい乙女によって、見知らぬ客に向けて運ばれてゆく。別館にいる客は誰なのか、パルシファルは聞きたくて仕方がなかったが、彼は沈黙を守る。しかし、もしここで、聖杯が誰に給仕（奉仕）しているのか、と尋ねてさえいれば、漁夫王は癒されたのだが、それを知ったときにはもう手遅れだった。王と聖杯は消え、パルシファルは再びその両方を探さねばならないのだった。

　精神医学と精神分析の初期の研究において、ユングはパルシファルのように、魂の神秘について話すことができなかった。ごちそうをのせた容器（牡牛座の月）が給仕の少女たち（蟹座、第6ハウスの金星がセクスタイルでミューチュアル・レセプション――バベット、シュピールライン、フランク・ミラー）によって彼の前に運ばれてきているのに、である。魂について、精神分析の仕事の中では問いは投げかけられなかった。漁夫王は、フォン－フランツによればキリストの影だと見なされている。彼は暗く、女性的な魚から切り離されているために、苦しんでいる。[★43] ユングは自分の獅子座の太陽を捜し求めていた。彼は漁夫王と同じく、第3ハウスにある月と海王星に象徴される、とらえどころのないオカルト体験を語る声を見いだして初めて自身を癒すことができたのである。

ユングは後に、錬金術の研究を通じてついにはフィレモンを統合することができたというが、しかし、精神分析の理論によってフィレモンの自律性を奪うことはしなかった。これは、とても重要なことだ。ユングは、このようにコメントする。

私の空想の中のフィレモンやそのほかの像は、心の中に私がつくりだすのではなくて、それらが自分自身をつくりだし、それ自身の生命をもつのだという決定的な洞察を、私に痛切に感ぜしめたのである。

フィレモンは、私自身のものではないひとつの力を表していた。[★44]

霊媒や精神病患者であるかのようにユングは、「語るのは彼であって、私ではない」と言う。「他者」が乗っとっている。そして、ユングは彼の思考が独立して存在していると信じていたのだ。ユングの中に、本人の知らないこと、あるいは意図しないことを告げる何物かがいた。その存在は彼とは反対の態度をとることさえあった。フィレモンの体験は、「精神病の素材」であり「精神病患者を致命的に混乱させる無意識のイメージのもと」と同じであるとユングは認めている。[★45] しかし、その後五十年にわたる彼の臨床経験をもってしても、ついに彼はこの経験を精神医学の言語で語ろうとはしなかった。彼は、このような経験は、「現代の合理主義の時代から消え去った神話的な想像の母体」から沸き起こってくると信じていた。この想像はいまでも多かれ少なかれ、誰のうちにもあるが、しかし、それは「タブーとされるか恐れられている」のだ。[★46] そんなものが存在しているとすれば私たちの常識的なリアリティの概念は揺るがされてしまう。「ニューエイジ」意識をもつ人がお世辞を言うようになったとはいえ、それらは現代の西洋文化の中ではほとんどいまだに無視、白眼視され続けているし、精神医学の実践者たちの間でも状況はあまり変わらない。ユングは、この種の知覚に対して新しい現代的な形式を与えて来た。これは、占星術家にとって決定的に重要なことだ。この「精神病の素材」こそ、オカルト、占術、そして占星術の素材でもあるのだから。

ユングはその中に埋没し迷い込んでしまうことの危険も重々知っていた。神話的想像力に安全に取り込むためのユングの能力は、堅実な牡牛座の性質によって、そして彼の論理的で秩序立った、水瓶座の土星によって大いに支えられていた。この精神病的な時期においても彼は患者の面接を続け、また家族の絆によっても支えられていたのである、狂気をうちに抱え込むために、彼は子供のころの遊びに取り組み始めた。湖畔の石を儀式的に集め、それでミニチュアの村をつくるのだ。ユングは人生の危機的な時期に自分を正気に保たせていてくれたのは、石との接触によるものだったといつも感じていた。これは、彼自身の暗い潮流への防波堤なのだった。文字通り、物理的に彼は湖畔に石を積み上げた——石を表す土星が、影の深い冥王星にスクエアを投げかけていたのである。

ユングの旅のクライマックスとその転回点は、一九一六年の夏に訪れた。彼はなにか不安を感じた。自宅が霊に憑依されたように感じたのだ。娘の一人が白い人影を見た。またもう一人は夜、自分の毛布がはぎとられたという。幼い息子は夢を見て、頭から炎を吐く煙突がでている漁夫の絵をかいた。悪魔の魚を盗んだために、悪魔がこの男に呪いをかけているのだと言う。しかし、天使が言うには、この漁師は悪い魚だけをとったので、守られている。悪の魚をとる漁師は、漁夫王のモチーフを示唆しており、私たちには反キリストの魚のシンボリズムを思い起こさせる。それを伏線と見て初めて、この子が夢を見た次の日の驚くべき出来事が理解できるようになるのである。

それはよく晴れた夏の日曜のことだった。家の玄関のドアは開かれていた。突然、ドアの呼び鈴が血迷ったかのように鳴り出した。しかしその動きは見えず、誰もそこにはいなかった。ユングが言うには、霊の大群が家に押し寄せたのだ。霊たちは戸口に至るまで家中ひしめきあっていた。そして

彼らは合唱して、「われわれはエルサレムより帰って来た。そこにわれわれは探し求めるものを見いだせなかった」と叫び始めた。これは『七つの語らい』の始まりの部分であった。それか

ら、『七つの語らい』が私の中から流れ始め、三晩の間に、それは書かれたのである。[★47]

ユングのチャートの太陽と海王星のスクエアは、トランジットによって太陽と海王星のコンジャンクションとなった。[★48] ユング自身が霊媒となって霊が語ったのだ。霊たちはキリスト磔刑の血、エルサレムについて嘆いていた。——そしてそれはユングに三日を費やさせて、説教を書かせた。この出来事は、ユングにとって一つの転回点、つまり彼の「復活」を記すものとなる。彼の再生は漁夫王（太陽の上の海王星）を癒すものであり、霊の世界に声を与える力をもたらした。ユングは、キリストのまばゆいばかりのイメージに欠落していた暗く女性的な半身、それが欠けていたために漁夫王が苦しんでいた半身をついに取り込んだ。暗い半身は、オカルトのように見えた、それはまた悪魔の業と見なされていたし、一般には破裂音、亡霊、あるいは霊として——あるいは精神病として——目されるものであった。

『七つの語らい』は、空想的でかつ古代的な言葉で表現された自動書記の断片であるが、多くのユンギアンたちはそれを恥と感じた。フォン-フランツは、ユング自身、『七つの語らい』を出版したのを後悔したという。[★49] では一体、これをどのように扱えばよいのだろう。それは「倫理的に全く無価値」で、「霊媒たちのでっちげ」のようなものなのだろうか。ここで円環は完成し、また私たちはフランク・ミラーの入眠時のドラマへと戻ってきてしまった。しかし、ミラーとは違ってユングはこの亡霊たちの終結を「昼間の残滓」だとして合理化することを拒否する。彼はフィレモンや「七つの語らい」といった経験に、自分の人生の中でも特別な地位を与えている。

すべての私の仕事、創造的な活動は、ほとんど五十年前の一九一二年に始まったこれらの最初の空想や夢から生じて来ている。後年になって私が成し遂げたことはすべて、それらの中にすでに含まれていた。もっとも、最初のうちは情動とイメージという形態においてのみ示されていたのではあったが。★50

ユングは、「現実の土壌の中に……結果を根付かせよう」としていた（牡牛座の月）。そしてそれが、霊の世界をナンバー1の声で「能動的想像」として語らせることになる。そしてシャドウ、アニマ、アニムスなどからなる「心の構造」が、このような経験とかかわり、またコミニュケートするための、最終的な道具として発展してゆく。彼は錬金術や占星術など古代の英知の伝統も、同じ目的のために役に立って来たと悟るが、しかし西洋文化の中でのこのような英知の地位はとても低い。そこに深入りすることは、得るものも大きいが同じように問題をも生み出してしまう。水瓶座の土星を上昇星にもつユングは、それゆえ、暗い面を抱え込める自分自身の構造を作りあげ、自分の仕事における経験的で科学的な基盤を支えるナンバー1の声を失うことのないようにした。

私の科学は、自分自身をあの混沌の中から脱出させる唯一の方法であった。さもなければ、あ

の空想や夢などが私をその茂みの中にとらえてしまって、ジャングルの中の爬虫類のように絞め殺されてしまったであろう。★51

彼は、ついにナンバー1とナンバー2、合理主義者と占い手という一対の役者を両方生かす道を見つけたのだ。自分の中年の危機のときの別れ道に思いをはせて、ユングがこう結論づける。

若いころの私のゴールは、科学上の何らかの仕事を成就することであった。しかし、私はこの溶岩の流れにふとあたってしまい、その火の熱は私の人生をつくりかえてしまった。……私の仕事はこの白熱しているいる材料を、世界のこの時代の像の中に組み入れてゆくことに多少とも成功することであった。★52［マギー・ハイドによる強調］

人々にこの「溶岩の流れ」（獅子座の太陽と牡牛座の海王星のスクエア）を気づかせることが、ユングのライフワークをつくりあげていた。コリン・ウィルソンが見て取ったように、ユングがナンバー2の世界に完全に語らせるようになるのは（『易経』の序文において）、一九四四年の臨死体験の後のことだった。

4

ユングは歌う——象徴的態度

ナンバー2の声を見いだしたことで、ユングは蟹座／第6ハウスの金星とミューチュアル・レセプションをなす、牡牛座／第3ハウスの月の力を自由に表現してゆけるようになる。この配置は病んだ女性を表すばかりではなく、同時にユングの、魂を動かし病んだ人を癒す力を表すものでもあった。そのことを示唆する愉しい逸話があるので紹介してみよう。ある医者の紹介で、「素朴な少女」であった村の学校教師がユングのもとにやって来た。彼女は不眠症を患っていた。ユングは、船を漕ぐときいつも自分がしているように、彼女はもう少しリラックスする必要があると言った。しかし、彼女にはユングの言うことが分からなかった。が、ここで

私［ユング］が船のこと、風のことを話していたとき、母が妹に子守歌を歌っている声が聞こえて来た。それは私が八歳か九歳のころのこと。その歌はライン川で、小魚と一緒に小さな船に

乗った少女の話であった。

そしてなぜか、ユングはここで子守歌の調子にあわせて風や船の話を口ずさむ。フランスの新聞には、ユング自身の言葉でこの出来事が、美しい言葉遊びで描写されている。

J'ai *chantonné ces* sensations. Et j'ai vu qu'elle etait *enchantée.*
（私はこのセンセーションを口ずさんだ。すると彼女が魔法にかけられるのがわかった）

二年後、ユングは、この一回の面接で彼女の不眠症は完全に治癒したと、少女の主治医に告げられた。一体何が起こったのか、ユングは自身でも分からなかった。

私はただ自分の内側の何かに耳を傾けただけであるということを、どのようにして彼に説明すればよかったのだろうか。私は全く途方にくれた（at sea）。母の声で子守歌を歌ったなどと、どのように説明できただろう。が、このような魔法は医学の最も古い形態なのだ。★1

途方にくれつつも（at sea）、自分の直感にしたがって（獅子座の太陽が第3ハウスのカスプの上にある海王星とスクエア）、ユングはよく母親が妹に歌っていた（第3ハウス、牡牛座の月）、母親の子守歌（牡牛座の月）、つまり小船に乗った少女（蟹座の金星）の歌を歌った。これはナンバー2の声、すなわち魅惑し魔法をかけそして癒す（第3、第6ハウス）非合理的で直感的な心の動きである。

言葉と歌のもつ神秘的な治癒力は、古代から知られているが、ユングは古代エジプトの例を引いている。たとえば、蛇に噛まれた男がいると、神官‐医師は神殿の書庫の中から一冊とりだし、イシスとその息子ラーの物語を読み上げるのである。イシスは毒虫を作りそれを砂の中に隠していた。ラー神はその虫に噛まれてしまう。ラーは恐るべき苦痛に苦しみ、死に瀕する。この物語は、患者に「治療」として読まれる。ユングは、これをイメージやシンボルがもつ、無意識の治癒力を引き出す力だと解釈している。これは神話的思考の神秘的な働きであり、この同じ奇妙なプロセスがユングの子守歌の中で働いて少女の不眠症を癒したのである。ユングには、西洋の思考法にとってはこれがいかに馬鹿げて見えるかということも分かっていた。

たとえば、「グリム童話」の中の話を読めばをチフス熱や肺炎が癒される、などとはだれも想像もできない。★2

ユングは物語の読み聞かせや詠唱などの古代の営みは、普遍的、あるいは「元型的」心的状況を表すために癒しの効果をもつのではないかと言う。ラーの物語にあるような蛇のモチーフは多くの文化に見られる。「神」が蛇に噛まれる物語を通じて、普遍的なイメージを呼び起こすことで、病人は自分以外の何かと結び付けられる。病人はもはや孤独ではなくなって、自分の状況の中で働く元型を意識するようになる。

もし自分の今の苦しみが自分だけのものではなく、一般的な苦しみ――神の苦しみでもさえある――であると示せれば、彼は人々と神々に付き添われていることになる。そしてそのことを知ることが癒しの効果をもたらす。★3

聖なるものとのつながりの感覚は、病気ばかりではなく、どんな危機的状況、自己成長の際にでも個人にとって重要である。

ユングにとっては、シンボリズムを使うことは、聖なるものとのつながりをも意味していた。シンボルの使用は、意識と無意識に橋を架けるがゆえに、癒しの効果を発動させるのであり、ユングは、このプロセスを「超越機能」と呼んでいた。これは個人によってつくられる純粋にパーソナルなイメージによっても、集合的で文化的なシンボルによってでも活性化される。十字架や夢に出てくる不可解なイメージなどのシンボルの謎めいた性質は「意味を読み取る」ための努力を無効にしてゆく。シンボルの意味は、常に定義から擦り抜け、ひとつところにとどまらない。人は、それを前にして自分の意のままにならないことがあると感じ、知性はいらだつのである。こんな状況の中で心の機能が総動員され、無意識が「ブレイクスルー」し、意識の態度の変化が可能になってくる。

つまりシンボルには、特別な機能がある。それは意識と無意識を結びつなぐ、そして「無意識の本質的な要素をかたちづけ、定式化する」のだ。私たちは、私たちにはわからないものがあるということを知っている。またシンボルの探求は啓示によるものである。シンボルは、だから「本質的には知られていない事項を先取り」しており、[★4]未知の心的な要素を定式化する最上の方法は、シンボルである。記号とはちがってシンボルは、力を失うことはない。その意味は完全に読み解けないからである。集合的で文化的なイメージの場合には習慣によって「知られた」部分もあり、それによって意識がかかわれるようになる。しかしそれを超えて、毎回、出会うたびにシンボルには常に何か未知のものがある。生きている象徴は、そこで「意味を孕んでいる」ことになる。[★5]この「未知」が知られたと考えられたり、また開示され定式化されてしまうと、シンボルは「死ぬ」。そして

……比較的知られている、あるいは完全に知られているもののための習慣的な記号としてだけ使われるようになる。……すでに知られたものを表す表現は、つねにただ記号であるばかりであり、シンボルにはならない。[★6]

ユングは、このシンボルの定義を、単純で、しかし本質的な文章で締めくくっている。

あるものがシンボルであるかどうかは、それを観察する意識の態度にかかっている。[★7]

優れた象徴の感覚をもつ人もいるし、また全くそのようなものをもたない人もいる。その理由として、象徴的な態度は、

事物のありかたを拠り所にしているが、それは一面でしかなく、他面ではこれは特定の世界観——すなわち起こったことに対してのその大小を問わず意味を付与し、事実そのものよりもこの意味のほうに何らかの大きな価値を置く世界観——の発露であり、それと対立して、つねに事実そのものを重視して意味を事実に従属させる見方もある★8

からだ、とユングは言う。

つまり、どんな出来事、状況であれ、観察者がそこにメタフォリカルに何か未知のほかのもの、あるいは可能性があると見たり直感すれば、シンボリックな解釈が生まれる余地があるということになる。たとえば、もし私のセントラルヒーティングが、新しい重要な計画を始めた日に壊れたとしたら、その計画には、何か自分がのけ者にされるような事態(in the cold)が起こるのではないかと思うかもしれない。このような態度が予兆《オーメン》に現実味を与える。それを抜きにしては予兆など「存在」できない。世界と出来事と事物が人に非合理的なやりかたで「語る」とは、そういうことなのである。ユングの分析実践はこの直感的、占術的な方法にその根をもっているように見える。彼は自宅を離れて仕

事をしており、その夏、湖を見下ろすサマーハウスでクライアントに面接していた。このセッションの間に起こっていたどんな出来事も——突風、鳥の飛び方、かさかさと音をたてる小さな生き物たち——も、その個人にとっては予兆として受け取れる。[★9]

これらの自発的な予兆を読み解くばかりではなく、[★10] 実際にそこに参与していくのは自然なステップだろう。占術家は予兆を招き入れる。そして状況の中に未知のよそを照らす光を自分からもたらそうとするのだ。象徴的態度はコインを投げて裏表を見ることの背後にもある。しかしそれは同時に、予兆を「招き入れる」ためには、どんな事象も使えるということでもある。たとえばある友人の女性と私は、新しく知人になった人物と森へ行きそこで迷ってしまったことがある。その後いろいろあって学んだのだが、その知人はプラクティカル・ジョークが好きな人物だった。森の奥深くに行ったとき、彼は走り去って、私たちを置き去りにしてしまった。この地方に来たのは初めてで、道はわからない。自然に出口はわかるだろうと思っていろんな道を試してみたのだが、抜け道はわからなかった。体も冷え、疲労も深まる。妄想も沸いて来た。あの男は本当に狂っていて、突然、後ろから大きな斧を手にニヤニヤ笑いでも浮かべながら現れてくるのではないだろうか？　そうなったらどうしよう？　私たちは、ここで出口への方向を占ってみることにした。平べったい石をひとつ選んで、その表裏を決める。道に近づいて、その方向に行くべきか、石にたずねてみる。表なら、行く。裏なら、行かない、と。石の導きにしたがってゆくうちに、ついに森から抜け出す道を見つけることができた。農道に出たときには農夫が怒って近づいて来た。彼は私たちが不法侵入をしている、と告げた。

後になって、私には、この占い行為が「不法侵入」へと私たちを導いたことを興味深く思うようになった。西洋文化においては、占いは嘲笑の的になっている。ユングが言うような象徴的態度は、セラピーやヒーリングの領域に見いだすことができる。しかし、その外側では、占いは言及されることはあっても、まじめに受け取られることはない。いや、セラピーのサークル内でも占いは私的に楽しむべきものであって、公然と話題にされることはめったにない。新聞の星占いや奇妙な偶然や心を動かすような夢の話にうなずく人は多くても、その兆しで自分の行動を律する人はほとんどいない。占いは公の政治の場ではとりあげられないし、戦争やそのほかの国家的計画を始める前に、予兆を取り上げるなどということはないと思っている。偉大な人物たちが私的な領域で何をなしていようと、合衆国大統領が易を立てたり夢告に従ったり、あるいは占星家に耳を傾けるなど受け入れることはできない。そのことは、ロナルドとナンシー・レーガンの占星術顧問の件が暴露されたときの騒ぎを見てもわかるだろう。ユングが、東洋の文化ですら、国家の事項については占いをやめたことを述べている。日本人たちは、

根無し草になった白人たちの狂気からあまりに多くを学んでしまったので、もはや戦争中でも易で占うことはない。が、第一次世界大戦のときには、日本人の政治家は国家の重要時にはいつも占っていたのだ。★11

ここには政治的な側面もある。占術の使用は権力や権威を脅かすこともある[12]。集合的に見れば惑星のおりなす予兆は、ヘロデ王のベツレヘムの星の発見のことを考えてみても分かるように、政治的には鎮圧できない自律的な権威をもっている。天は独裁者の手の届かない領域であり、天の現象の観察は、占星家に何千年もの歴史、人種、あるいは文化を越えた共通の言語を与える。バビロニアの見張り台、あるいはベツレヘムへの旅、あるいは、ワーテルロー橋の上から見る者にいたるまで、天を見上げる占星家は、たとえば、火星と木星のコンジャンクションを見れば、何か共通の感情を抱くのであろう[13]。

六〇年代のヒッピー・ブームや、少しセンチメンタルなニューエイジ意識も、占いを敬意をもって扱われるような領域へと移行させることに関してはほとんど何もできなかった。超常現象や心霊現象はいまだ一般には無意味であると見下されている。それは「ただ」夢なのであり、「単なる」偶然であり、かつ、思い込みに「すぎない」。しかし、その一方で、雑誌の編集者なら誰でも、オカルト記事は売上を伸ばすことを知っているはずである。私たちは、矛盾した状況の中に生きている。大衆はきわめて大きな関心をオカルトにもっている一方で、まっとうで知的な地位を与えないのである。占いが知的な思考にはあまり訴えかけない理由はわかる。それは、合理的な世界には存在しないリアリティを指向するものだからである[14]。占術家の世界は、めまいを起こさせるような、精神病状態に近い混乱や妄想に満ちている。占術家は、知的な明晰さで知られているとはとても言えない。多くは盲信のうえに行動しており、かつ自身の営みについて疑念を投げかけようとはしない。結果、オカルト本は一般的に言って哲学的には貧弱で教育不足が目につくようなものとなっている。実践者たちの間の、知的分析力の不足の結果、批判家たちはあらゆるオカルト現象を十把一からげにしている。夢、予兆、リバーシング、易、タロット、お茶の葉占い、占星術――そこに何の違いがあるのか？　それらはみんな大衆にとってのアヘンなのであり、雑誌を売りさばき、主婦に慰みを与える大衆カルトなのである。超常現象のまじめな学徒はアカデミズムの門に一歩足を踏み入れようと永遠に努力を重ねる。占星術界の中の、一握りの科学的な研究者たちは、占星術を科学の方法によって証明しようとするが、この「まじめな《シリアス》」なアプローチは、それが対象としている現象にはそぐわないものであるがゆえに、なかなか結果を出せない。★15

しかし、占術の排斥は、ただ、近代科学と合理主義だけの問題ではない。既製宗教もまた、占術の抑圧に手をかしている。イギリス国教会は公的に占星術に反対しているし、キリスト教根本主義者たちの反占星術、反オカルト・キャンペーンはずっと続いている。これは成人教育の領域から組織的に占星術を締め出すのに一役買っているし、また公的な場に占星術を入れないようにもしている。信じられないかもしれないが一九八〇年代のロンドン・ボローのタウン・センターで、私は大規模なチェーン店の印刷屋の主人に、占星術チャートのコピーを拒否されかねなかった。主人から、「占星術は悪魔の業」であると説明したパンフレットを渡された。

ユングは神話的思考や占術を科学にも宗教にも受け入れられるように、多大な貢献をした。中国の神託の書、『易経』のヴィルヘルム訳への序文といったような仕事★16によって、占いがさほどタブーではなくなるような知的な雰囲気をつくるのに一役かっている。彼の理論的な「心の構造」と、ある種の経験に新しい、心理学的な言語で名前を与えること——元型、シャドウ、魂《ソウル》のイメージなど——に加えて、彼自身も占いに従っている。ユングは、『易経』に心理学的な序文を書いてよいかどうか、占った。そしてそれが警告を発したときには、彼は書かなかった。また彼は新しい患者を受け入れるかどうかを決めるときにも、易を用いたことがあるらしい。[★17]

ユング自身は占術に対する西洋の偏見をよく知っていた。彼は、文通相手が易の研究所を創設しようと言いだしたときに、同意していない。もし易が西洋に紹介されるとするなら、それは科学の仮面を使ってそうすべきだと言っている。

そのようなことは、恐るべき誤解の洪水をさけるために最大限の注意を払ってなさねばなりません。もし西洋の知性からの破滅的な誤解を避けたいなら、科学の外衣をつけて紹介すべきです。[★18]

ユングが占いを比較的受け入れやすいものにした影響は、教会の中の一部にまで及んでいる。またユング思想は宗教とオカルトが出会う場ともなった。何年か前、「大衆宗教」としての占星術について議論があったときに、私を驚かせたささやかな出来事がある。占星家のリズ・グリーンは占星術の側に立って、ユング派の用語を使って論じ、また対する聖職者もユングにインスパイアされて、キリスト教の側に立って応じていたのである！[★19] 教会の公的な態度がどんなものであれ、宗教自体が心理学化されはじめており、聖職者と熱心なクリスチャンの両方が、ユングの思想をくぐり抜けた占星術的な世界観に対して、比較的オープンになってきている。もし何百年もの間続いてきた、キリスト教とオカルトの間の敵対関係を突破できたとするなら、ユングの業績は、けっして小さなものではない。この世俗的な時代において、占星術のようないわゆる「大衆宗教」は、宗教的だとかスピリチュアルだとか主張しづらくなっている。その営みの中の宗教的な哲学の表現は貧弱であることが多く、カルマや魂の進化、あるいは輪廻転生といったもののごたまぜの中に人を落とし込むことになる。ユングは、占術家の視点から見た占術もよく理解していたし、「夕闇の領域」の中でユングと出会えば、それが真実だと告げる声や恐れる事なくそこに「豊かな戦利品」を見つけると宣言する声を聞くことができるだろう。心理学の用語をまとうことによって、ユングは超常現象や「運命」の感覚、あるいは私たちの人生の中で働いているオカルト法則の正当性を主張しても、見事に受け入れられた。

では、ユングの象徴的態度に対する視座は、占星術とその実践の方法、そしてその象徴理解のしかたとどのような関係にあるのだろうか。その複雑な象徴体系は占星家に、ユングの定義に沿う、高度に発達した「象徴的態度」を与えている。占星家は、象徴体系を通して世界を見て取り、そしてそれに「耳を傾ける」。たとえば、ある相談者がこのところずっと重い責任を負わされて苦しい、しかも父親はずっと病気で仕事でも失敗したと言ったとしよう。またその相談者は孤立していて、しかも空しく感じていて、昨日はカギを忘れたために自宅から締め出されるというバカなことをしてしまい、裏の壁をよじ登ろうとしてひざを痛めたとも言ったとしよう。相談者にとっては、このような出来事と感情はただ人生の中の不幸な状況にすぎず、全く象徴的なものではない。しかし、この男性が二十九歳であることを知っている占星家にとっては、これらの出来事はすべてサターン・リターンを示すものとなる。占星家は、占星術のシンボルを通じて世界に耳をそばだてるといった象徴的態度をとっている。そして、占星家はこのシンボリズムを世界そのものにまで広げて行き、すべてを占星術の枠組みの中でとらえるようにもなってゆく。「翻訳」というこの営み――世界のシンボル化――の目的は、それ以外の方法によっては不可能な、世界と占星家とのつながりをつくりだすことである。そして、このつながりの上に、新しい行動が生まれたり、あるいは新しい洞察が生まれてくることがある。

象徴的態度をもつ者は、予期せぬかたちで奇妙な出来事や意味のある偶然が起こることに気づく。占星術は、このような「予想外の予兆」を考えていくときに、秩序立った、そして洗練された参照枠を与えることができる。天空そのものの直接の体験も、そんな場合に含まれるだろう。何週にもわたって夜に見える、火星と木星のコンジャンクションのような印象的な惑星配置は、集合的なレヴェルで、「時の兆」の感覚を強く与えるだろう。このような現れは、特定の個人の状況とも符合するかもしれない。あるとき、友人と私は講義を終えて退出しようとしていた。外に出ると、晴れた空に浮かぶ月と火星のコンジャンクションが目に飛び込んで来た。この同じ瞬間、叫び声が聞こえてきた。路上で口論が起こっていた。そして、それはすぐ歩道にいた人を巻き込んで殴り合いのケンカに発展していった。当時、私たちの仲間の一人は家庭内の暴力（月－火星）に悩んでいたのだが、あとで振り返って考えてみると、この出来事は、私たちのうちの何人かがその後巻き込まれることになる、争いの時期の予兆ともなっていた。月と火星のコンジャンクションは、毎月起こる。それが見えることも多い。そのときに毎回路上でケンカが起こるのではないかとおびえる必要はない。私たちにとって鍵となる要因は、占星術家たる私たちによって、このコンジャンクションとケンカが目撃されたということであり、しかもその二つが連鎖的に起こったことが重要だと見なされた、ということである。このようなかかわりなしには、月－火星も路上のケンカもそれ以上のことは何も「意味」などしないのである。★20

象徴的態度は、すべての日常の試練や出来事に持ち込まれることはない。すべてを象徴的だと考える者は、狂ったラジオのようなもので、雑音を奏で、うなり、ついたり消えたりする。どんなささいなことも「何か意味がある」と信じる。ユングは、このような病的状態を「無意識との伴走」と名付けている。占星術では、ホロスコープ術（ホロスコピー）は象徴的態度を導くばかりではなく、その一方で、規範を与え、人をこの無意味な「伴走」から守る境界を与える。

少しでも占星術を知っていれば、さまざまな日常の状況に象徴的なもののもつ超越機能を見いだすことができる。たとえば、土曜の朝、友人の一人が、その前の一週間、仕事が大変だったと愚痴の電話をかけて来た。その友人は、次の月曜に開かれる会議のための、ヴィジュアル資料を作るように締め切りを設定されていたのだった。ところが、先週、印刷機のランプが壊れてしまい、それが直ったかと思うと今度はロンドン西部で停電が起きた。その友人はスケジュールをすべて組み直し、金曜になってやっと締め切りに間に合うメドがたった。彼女はその日、仕事場を離れ、上司に四千枚の透明シートにパンチ穴を空けるやっかいな仕事を頼んでいた。しかし、その上司は秘書に透明シート用の機械をセットしたと告げて、早引きしていた。その親切な秘書は、穴を空ける仕事を手伝おうと考え、友人が六時に戻ってきたときにはかなりの数の穴空け作業が終わっていることを、うれしそうに告げた。しかし、調べてみると、機械のセットの仕方を間違えていて綴じ穴の位置が狂っていた。月曜の会議に間に合うようにそれを直すためには、その友人は週末ずっと働かねばならなかった。

このとき、忍耐強い牡牛座の中の、雄牛が現れていた。彼女は怒り狂い、文字通りオフィス内を荒々しく歩きまわり、物にあたり、誰彼となく大声を上げた。彼女を落ち着かせるのに、たっぷり二十分はかかった。その夜、彼女は誰かと夜遊びにでかけてしまった。しかし、彼女の不幸な一日はそれでもまだ終わらなかった。家に戻ってみると、アパートの通路の灯りをルームメイトが消してしまっていた。これで彼女はまた怒った。彼女は何度か泥棒に入られたことがあって、留守のときにはいつも灯りをつけておくようにしていたのである。ルームメイトが戻ったときには、議論は収拾がつかず、不愉快な激論になってしまった。そして土曜の朝がきて、彼女は今自分の仕事をしていて、せっかくの週末がだいなしになってしまった。彼女は、午後には別の友人とベトナム風の日よけ《ブラインド》を買いに行く約束をしていて、その約束は変更できず、結果として日曜まで事務所に行かねばならなくなったのである。そして、今でも彼女は深く、暗い牡牛座的な気分のままでいる。

この話を友人がつらそうに語っているときに、私はこれらの出来事を別な——占星術的な——視点の枠組みでもって見始める。不思議なことに、これらの出来事は金曜の夜に起こった月食によって見事に描写されている。その月食は事務所での彼女の激昂と四時間と違わず起こっている。★21 この月食は、仕事を表す、彼女の出生の第6ハウスの木星の上で起こっており、このシンボリズムがその週の彼女の出来事を表している。太陽と月という二つの偉大な創造的な力は、天の「光」であり、この二つが食となったときに、光が消えたのだった［印刷機のランプ、および停電］。天の大きな竜が、創造の力である太陽や月を飲み込むのが食だとかつては考えられており、伝統的には食は不吉の予兆だった。何か悪いことが起こる。何かが闇に引き込まれる。視力を失い盲目《ブラインド》になる。では、私の友人には何が起こったのだろうか？　彼女はその週をヴィジュアル資料作りの計画で始め、そして日よけ《ブラインド》を買うことで締めくくるつもりでいた。その間、機械は明滅し、停電があり、パンチ穴の配列間違いがあり、盲目的な怒りがあり、かつ灯りをつけておくかいなかでの口論が起こった。その友人は占星家ではない。牡牛座の彼女はそこに何か意味があると納得するためには、説得力のある証拠を必要としていた。それでも、彼女の事務所での激昂のときに月食が起こっていた、というのは彼女にとっては、かなり心揺さぶられる証拠であった。

では、このような日常的な悲劇に対して、象徴的態度を持ち込むと、どうなるのだろう。占星家である私は、この一片の象徴をさらに深く考察してゆくことができる。そしてこの不快な出来事をより広い文脈で捉えることができるようになる。彼女は、第6ハウスの表す、糊口をしのぐための仕事をしていた。本当はそれを止めて法律の勉強を修了しようとしているところであった。木星の食――法律の惑星――は、私にはこの転身はそう簡単にはできないことを暗示しているように見えた。食から得たこの小さな予言は、のちに的を得ていることがわかる。学校でのポジションは与えられたものの、経済状況のためにその勉強を後回しにし、さらに一年間仕事を続けなければならなかった。彼女の出生の木星――法律の勉強――は、まさに食されたのだ。しかし、予言の可能性などよりずっと重要なのは、この象徴的な態度と占星術によって私たちが、彼女の今の人生の岐路についてオープンに話せるようになったということである。彼女はそのみじめな一週間を、ただただ不愉快な出来事の意味のない連続と見るばかりではなく、自分のもっと大事な関心事と結び付けて考えられるようになっていた。月食について話し終えるころには、自分では気が付かなかったようだが、ずっと気持ちが「明るく」なったともらしたのだった。

こうなってくると深層心理学からはずいぶんと離れてきてしまったように思える。しかし、占星術と結び付いた象徴的態度は個人を宇宙と結び付ける。私の友人のケースでは、月食という大きな宇宙的要因が、彼女自身にとって直接重要な意味をもつと考えられるようになった。彼女は、彼女を越えた何かと結び付き、そしてこれは、意味の感覚を彼女に与えた。月食の物語そのものは彼女の物語ではない。しかし、それはいまや彼女の物語となった。このプロセスは、ラーの物語を神殿で聞くのと、どこか似ているように感じられる。必ずしも占星家は、神官だという訳ではない。しかしこのことは、占術家と象徴的態度をもつ者は私たちを聖なるものと結び付けるということを示している。

ここで、占星術は占術なのか、という疑問が浮かび上がってくる。ほかの占術とは違って、占星家が使うのは石でもコインでもカードのパックでもない。占星家の占いの営みは天にまで伸びている。象徴的な重要性を読み取る対象は、最も畏敬の念を払うべき、不可侵の、そして全く個人的ではないもの、つまり惑星や星々そのものなのだ。しかし、ほとんどの占星家は自分たちのシンボルが意識状態を変え、その態度や心の状況を引き起こす不思議な力を認めていても、すべての占星家が占星術を「占い《ディヴィネーション》」だと認めているわけではない。占星術を占いだと認めている者は、彼らが誕生の瞬間やホラリーの質問や出来事《イベント》のホロスコープを作るときには、自分たちがある予兆を「招き入れている」こと、つまり占いをしているのだということに気が付いている。しかし、惑星を「エネルギー」だと考え占星術を科学だと見なす占星家のほかにも、占いという概念そのものを嫌っている者も多い。占星術界の内部においても、たとえば、デニス・エルウェルのような尊敬されている実践家が占星術を「手相やタロット、まじないごと《ウィッチクラフト》、易、その他のばかげたジプシーの技」から分かたせようとしている。[★22] 占いとしての占星術は、オカルトとのつながりを暗に示しているために、プロフェッショナルな現代占星家には不愉快なイメージなのであり、占星術を「正業化」させようとする人々には排斥されてきた。自分たちの活動に敬意や社会的認知を得ようとする占星家が、オカルトを逸脱と見なし、自分たちを科学や心理学を通じて一線を画そうとしたがるのも、理解はできる。

しかしこの葛藤の背後にはもっと深い理由が隠れている。もし占星術が占いの一種であるならば、私たちの関心はシンボリズムの性質へと向けられる。それは解釈の営みとは別のものとなる。ほとんどの占星術関係の著者たち——心理占星術であれ、それ以外であれ——は、占星家とシンボルとの出会いについて疑問を差し挟まないし、また解釈にまつわる諸問題についても議論しない。いくばくかのキーワードが与えられ、少しばかり実際にやってみて、そこに永遠に謎のままである直感が加われば、シンボルを解釈する営みは、難しいことを考えなくてもしてゆけるものだと考えられている。そして、シンボルについてのユングの警告を無視して、単なる「絵ことば」、つまり生きている象徴を殺す説明に落ち込んでゆくことがあまりにも多い。すでに、その意味が開示されているなどと信じ込めば、土星を制限の原理だと見なそうがシャドウと見なそうが、さほど違いはない。象徴は記号ではない。たとえ、習慣によって、その歴史的な「核となる意味」があるにせよ、一人一人が、それぞれの個別な状況に応じて意味が新しく「生まれる」ように格闘しなければならないのである。それには、象徴に命を吹き込む観察者の意識、態度が必要となる。

感受性の豊かな占星家なら、この真実をいつも直感的に知っていたはずである。しかし、ユングはそれについて議論する方法論を与えた。リンゼイ・ラダマーカーは、この問題を取り上げた数少ない占星家の一人であり、解釈の本質として、「生きている象徴」を体験することと「死んだ象徴」を体験することの違いを述べている。あるとき、彼女はキツネを見た瞬間のホロスコープを作成した。その瞬間を彼女は重要だと思ったのだが、しかし、その意味は理解できず、象徴から生命力は感じられなかった。チャートが「死ぬ」こともあるということを示す例として、彼女はこのチャートを公のレクチャーで用いた。しかし、驚いたことに、聴衆はこのチャートの中に極めて納得のゆくキツネのシンボリズムを読み取りはじめ、チャートは生命力を帯び始めた。さらに、このチャートは聴衆たちをも描写し始めた。しかも、これでもかといわんばかりのことがさらに続いた。リンゼイがその夜、家に帰って象徴辞典を引くと、キツネは、狡いとある。獲物をとるために、キツネは「死んだふり」をするのである![★23]

これは典型的な狡猾《フォクシイ》な占星術の化かし《トリック》である。象徴はそのもともとの性質からして無意識を開示する。それゆえ、私たちを繰り返し驚かすのであり、また意識の上でとっていると思っている方向とは違う方向へと私たちを導いてゆく。占星術はけっして行儀よくふるまうことはない。さらに、シンボリズムのいたずらは、占星術家に、シンボルの解釈とのかかわり方について考えることを要求する。もしユングの理解に従うとすれば、占いとしての占星術にはシンボルを解釈する人間の参与が不可欠である。すでに見て来たように、これは象徴的なるものにとって定義の上からして不可欠だからだ。象徴は、「それを吟味するものの意識」によって立っている。この見方に立てば、占星家が占星術を占いとは見たがらない理由もわかるだろう。占星術や出生図に何か客観的、いや「科学的」な立場を与えておくほうがずっと安全である。そうなれば、占星家は観察者の立場がとれるわけで、参与のジレンマを避けることができる。

実践においては、ほとんどの占星家は、解釈によってチャートに命を吹き込むのは自分たちなのだから、自分たちが完全に客観的な立場にはいないことは、「ある程度は」理解している。しかし象徴的な態度をとる者には、二重の複雑さがある。セントラル・ヒーティング・システムが「語りかける」ような世界では、その人は精神病的に境界が崩れ、全能志向に陥る危険にさらされる——つまり、あらゆるものがただただ「私」の反映となる。象徴的態度をとるものは、それゆえ誰でも意味の枠組みを与えるための合理的な言語を必要とする。占星術の体系的な枠組みとユングの合理的な心の構造は、ともに、それぞれのやりかたでそのために役立つ。しかし、このような合理的な言語をもつことは、安全な港を提供する保証とはならない。どんな象徴体系の中にも、ジャングルの中の爬虫類が這い込んでくることがあり、人を暗い領域に結び付けている。象徴はただ本人を反映するものであるにはとどまらず、象徴それ自身がいたずらで、狡猾で、そして無意識的な流儀で働く。占星術を占いではないと言うのは、象徴のもつ難題にかかわることを避けようとしているからである。占星術に客観的なスタンスをとるのは、不愉快な、魂のナンバー2の世界をナンバー1の声に押し込んで矮小化することにほかならない。

ユングの占いや超常現象についての研究が示唆したことを、占星術家たちはずいぶんと無視してきた。占星術がユングから借りたほとんどのものは、彼の秩序をつくるための構造——シャドウ、ペルソナ、などなど——か、あるいはユング自身が神話と錬金術から借りた豊かなイメージのどちらかである。しかし、惑星や星座をギリシア神話や錬金術の過程と結びつけることは、象徴的態度を占星術に適応して役立たせるということとは、全く意味が違う。ユングを救った「科学」はまた占星家を荒々しい領域からも救い出した。それが占星家がユングに魅せられる理由である。しかし、ユング自身は、心理学が占星術に何かをもたらすことができるかどうか、疑問に思っている。

明らかに、占星術は心理学に多くの貢献ができます。しかし、後者がその姉にどんな貢献ができるかは、それほど明らかではありません。[★24]

次に見るように、心理占星術の言説から明らかになるのは、ユングの心理学が占星術に対して発した最も重要な問題が無視されてきた、ということなのである。この心理学の姉は、ユングが母親の声で歌った子守歌に、聞こえもしない耳を傾けてきたのである。

5

心理占星術——深層の意味を求めて

占星術は一体、何のためにあるのだろう？　占星術におけるシンボルは、何を見せてくれているのだろう？　理論の上では伝統的占星術は、出生ホロスコープを魂の出発点を象徴するものと見なす。そして学生時代のユングを魅了した、出生と死の瞬間に認められるあの「奇妙な何か」を開示することができるという。多くの場合占星術家は、魂の受肉の瞬間がわかれば、出生図の中に人生の旅を表すシンボリズムを手にすることができることを前提としている。この野心は高貴なものではある。しかし、現実の問題となるとなかなかうまくいかない。シンボルは、世俗的で、出来事を中心に据えるかたちで解釈されることがほとんどで、占星術を予言的、宿命論的なものにしてしまっている。占星術の本の中では、占星術の意図とシンボル解釈の性質についての議論は、あまり見られない。出来事と性格分析を中心に据えた一般的なホロスコープ鑑定法のための、具体的で実践的なシンボルの利用を越えて、議論を深めてゆくような著者はほとんどいなかった。

歴史の上では、占星術の哲学的基盤を深め、象徴を精神的《スピリチュアル》な次元にまでつなげようとする動きが存在したことはある。マルシリオ・フィチーノを先駆者とするルネサンスの新プラトン主義者たちは占星術を聖なるものの啓示だと見なし、当時のオーソドックスな占星術のもつ不毛な決定論を批判していた。この運動は、ある意味で現代の人間性占星術《ヒューマニスティック・アストロロジー》の先駆となるものである。[★1]

二〇世紀の初めの占星術復興運動期には、フィチーノと同じようにアラン・レオが占星術の霊的次元を深めようという望みを抱いた。彼は、当時無数の求道者たちに「深層の意味」を与えていた全盛期の神智学と占星術を結び付けることで、部分的にではあるがその望みを達成している。神智学のバックグラウンドをもっていたレオは、出生図は輪廻を繰り返す魂の発達を示すものと信じていたのである。

> それぞれのホロスコープは、栄光に満ちた進化におけるステップを記すものであり、魂の性格と環境を表す。そのことによって自我が、今回の誕生によって到達する階段を示している。[★2]

レオの占星術は、一方できわめて実践的なものではあったが、しかし、もう一方で彼はオカルト哲学を導入して、霊的な次元をも占星術に与えた。とりわけ、彼のお気に入りの教説の一つ、「性格は運命なり」は、あるオカルト法則と深くかかわっている。すなわちホロスコープの中の厳しい星の配置が示す未解決の性格や心理は、外的世界の不幸な事件として現れると言うのである。たとえば、火星の凶兆は、他者から暴力を「ひきつけ」たり、暴力事件として現れたりするということである。このオカルト法則と無意識の働きを同定するのは、後の心理占星術にとってはたやすい一歩であった。つまり、火星の凶兆は抑圧された怒りを表し、それは投影され、外在化する、と。

アラン・レオは、占星術に霊的真実を直接反映させようとしていた。「秘教的」占星術体系を作り上げようとする彼の望みは、この探求心によって説明された。しかし、神智学という重荷をひきずっていたため、この体系は象徴のもつ生命力や、彼のほかの著作には見られる生彩を欠いている。結果あまり魅力的なものにはならなかったし、大きな影響力も残すことはなかった。チャールズ・カーターは、このテーマについてのレオの著作を「読むに値しない大冊」と言っている[★3]。アリス・ベイリーの類似の著作は、いくばくかの影響力は持った[★4]がしかし、それでも、「秘教的占星術」は現実には興らなかったというのが事実だろう。ひるがえって、神智学者の手にかかろうと、世俗的な実利主義者が使おうと伝統的占星術は実践的な面ではさほど以前と変わらなかった。カーターやデイヴィソンのような、一世代前の英国の指導的占星術家たちの著作もまた、霊的な価値観を重視し、また新プラトン主義や神智学にヒントを得ている。彼らはまた、世俗の事項に象徴を応用する生き生きとしたセンスを持ってもいた。しかし、彼らの哲学とそのホロスコープ術は、アラン・レオと同じように、一つの統合された形には結実しなかった。この点では、ジョン・アディのハーモニクスに関する仕事が、現代占星術の中では、哲学と解釈の融合という点でもっとも成功している。占星術の「方法論」が、新プラトン主義の理論やピタゴラスの数理論を直接反映していることを示して、この二つを統合しようとした。そしてこのエレガントなアプローチは、相当数の支持者を得たのである。

アラン・レオの時代以後、個人の心理は重要なテーマとなっていった。しかし、英国の古い世代の占星術は無意識についての精神分析的思想には影響を受けてはいない。カーターの『心理占星術のエンサイクロペディア』[★5]は、人間に対する洞察に満ち、豊かなシンボリズムを内包しているが、それでもおおむね以前の伝統の中に位置づけられる。無意識についてはときおり言及されることはあるものの、テキストからは表面的な「性格」の下に働く無意識のダイナミズムへの洞察は見られない。つまり、英国の占星術は、多くの長所は持っていたが、時代の雰囲気からは取り残されていたのである。

現代の心理主義の時代においては、占星術には単なる性格描写や来るべき現実的な出来事の予言以上のものが求められている。無意識の存在があたりまえになっているような時代においては、占星家のクライアントは自分たちの深層にある何か、その心理、その心、そしてその魂について知りたいと思っている。現代の深層心理学は、人生の「深い意味」の担い手になっている。そして、それが占星術に影響することになるのはもはや不可避であった。最近のまじめ《シリアス》な占星術の発展は、疑いもなく、深層心理学を取り込んだ成果である。

ユングの思想が占星術家に与えた影響は、しかしもっと広い文脈の中で捉えるべきである。現代心理学の理論の中でも、深層の意味を求める占星術の願いに即座に答えることができたのは、ユングのアプローチであった。そもそもイメージやシンボルと取り組むユングの分析心理学は、シンボリズムがいかに魂を開示することができるか、そして伝統的な占星術が陥りやすい、陳腐な問題への埋没を越えて重要なことをもたらすことを占星家に教えた。そこで多くの占星家たちは、古典的な占星術から受け継いだ、シンボリズムへの瑣末なこだわりや決定論（少なくともそう見えた）に背を向け、ユングへと向かったのだった。またユングが、占星術も含めて伝統的な叡智には敬意を払っていることも、当時勢いを増しつつあった新しい心理学を自分たちの領域に取り入れようとしていた占星家にとってユングを魅力的に見せた一因だ。無意識の心理学の光を当てて解釈をすれば、伝統的な実践家が考えていたよりも、自分たちのシンボリズムはさらに意味深い啓示となることに、占星家も気が付いたのである。

英語圏での占星術においては、ユングから直接影響を受けた二つの潮流が存在する。それはディーン・ルディアとリズ・グリーンという、極めて違ったスタイルの二つに端的に表されている。アメリカにおいては、一九三〇年代に、最初の一歩を踏み出しその世代のすべての占星家の想像力をひきつけたのが、ルディアであった。神智学を深く学んだオカルト哲学者であったルディアは、ユングに自分と共通する新プラトン思想を見いだした。彼は喜んでユングの個性化過程の理論、つまり個人が全体性の感覚と人生の成就に向かって動いているのだという考えに共感を示した。ルディアが推し進めた「人間性《ヒューマニスティック》」占星術は、いわゆる「心理学の第三の潮流」、つまり人間性心理学と並行関係にあった。この心理学は、行動主義の欠点やフロイトの無意識理論の還元主義のもつ欠点に対抗するものと見なされていた。人間性占星術は、とりわけ、出生図が魂の旅を表すとする古い観念とよくかみあった。ここで好まれたメタファーは、「青写真《ブループリント》」である。

出生図は、一人一人の人間の構造を決定する。つまりある意味では、完全に成熟し完成した人間という、完成した「寺院」となる可能性をはらむ何かの青写真なのだ。わたしはここで「かもしれない」と言っている。出生図は、ただ可能性を示すものだからだ。★6

もうひとつの、しばしば用いられるアナロジーは種子で、それはときおり、「種子の詰まった袋」とされることもある。出生図に示される、個人の生まれつきの潜在的可能性は、ちょうど種子の入った袋に描かれている絵のようなもので、種子は、袋に描かれているのと同じ種の植物として育ち花を咲かせることはできる。が、それ以外のものにはなれない。ルディアは、このように言う。

この種子のパターンは、もしそれは宇宙的な枠のなかで、いや神のプランに従って、といってもよいのだが、その能力を十全に発揮したときに、件の有機体（あるいは活動の有機的な場）があるべき姿を決定する。★7

天空の庭師である占星家に導かれて、いつ播き、刈り、横枝を落とすべきか時の兆しを知る者は、成長して自分の可能性を認識してゆく。また、この健康的な園芸のメタファーは、自然のサイクルを思い起こさせ、喜びに満ちた宇宙とのつながりの感覚を与える。また、人はいかに自分の生来の可能性を発達させればよいのか選べるのだから、運命と自由意志という古代からの問題もかなり回避できる。しかし、自由意志に力点を置いているとはいえ、種子のパターンのアナロジーは、個人の運命を形成する、決定済みの変数《パラメーター》があるという点では変わりはない。もしホロスコープで土星が重要な位置にあったとしたら、その解釈がいかにスピリチュアルなものになったとしても、その人物の可能性は何らかのかたちで特定のテーマによってあらかじめ決定されている。さらに、種子の袋の絵はすべて美しいものなのだろうか。それが、ハエジゴクのようなものだったら？　あるいは、ヒトラーの宇宙の袋には、どんな絵が描かれていたのだろうか？

リズ・グリーンは、新世代の旗手である。彼女は、また別な、そしてもっと野心的なかたちで、ユング思想を占星術の中に導き入れようとした。その仕事はルディアのものとは違う色調をもっており、魂の成長というセンチメンタルな見方を削ぎ落としている。それは、ずっとユングに忠実なもので、彼女は運命のジレンマに向き合い、「可能性、種子のプランと青写真のエレガントな矛盾」を酷評している。★8

人生には意味があり個人には道と目的があるという前提は保持されているが、しかし、そこには暗い側面もある。土星、冥王星、シャドウもあるのだ。さらに、神智学や新プラトン主義とのつながりの感覚はもはや見られない。そのかわり、力点はユングの分析心理学のいう力動性と、それを応用した、無意識のプロセスの理解におかれている。占星術は、出生図を個人の「心《プシュケ》」と見なすことによって、心理学の一部となる。心《プシュケ》という言葉は、ただ「魂」という意味で使われるのではなく、ユングの後期の理論にのっとった意味で用いられる。つまり、それは個人の全体的な心の構成要素、すべての心的過程の全体、意識と無意識を指している。

このような違いがあるにせよ、ディーン・ルディアとリズ・グリーンに代表される対照的なスタイルは、双方がある共通の主題の上に立っていて、それが伝統的占星術に対してくっきりとコントラストを示している。つまり世界の象徴化という点である。古典的な占星術では出生図は魂ばかりではなく、世界そのものも開示する。それに対し心理占星術は、占星術が示す「外部」のものを「内部」領域に引き込む傾向がある。その焦点は、個人の内的な成り立ちにおかれている。心理占星術の一つの決定的な性格は、個人の行動を構造化し決定づける無意識の内容があると見なすことにある。したがって最重要な課題は、占星術のチャートを使って、無意識的な動機や感情を発見することである。また、それに加えて「投影」という精神分析的な概念が用いられる。つまり、無意識的な心的内容は他者や外的な事件に置き換えられるという信念が強調されている。これは、占星術家にとって、心理学的還元主義という問題を引き起こす。そうなると外的世界は、内的世界の反映となり、占星術自体が、ちょうどグレート・エイジについての占星術のように集合的レヴェルでか、あるいは個人のレヴェルでの心的内容の投影物となる。

しかし、無意識の心理学を取り込むことによって、現代占星家は、宗教的あるいはオカルト的解釈に立ち戻ることなく、伝統的占星術が失ったと思われていた深い意味を回復することができた。分析家と同じように、魂のもつ宗教的なニュアンスを扱うことなく、「世俗的な心」[★9]に精神分析のようにして接近できるようになった。ユング思想とのつながりによって、分析的言説とカウンセリングの世界への道も開かれた。多くの占星家にとって、このことは不幸な人間状況――鬱、不安、絶望、喪失感など――を豊かな精神分析的思考――分裂、投影、抵抗、転移、投影による同一視、など――によって表現できるようになったという点で、占星術をより強化するものでもあった。そしてそのことが、今度は心理学界から人を引き寄せることになる。占星術の象徴、神話のイメージ、分析概念の組み合わせが、運命への深い問いかけに対して、意味や真理の感覚をしばしば与えることにもなったのである。この心理学の時代においては、たとえユングの概念はほとんどの人々にとってさほどなじみのないものであったとしても、「シャドウ」だとか内なる男性ないし女性のイメージである「魂のイメージ」といったメタファーを否定するためには、相当抵抗する必要があるだろう。これらのパワフルなイメージは占星術の深みに入り込み、また占星家をユング派の陣営に引き入れた。ありきたりの性格描写やホラリー判断は、このような色彩豊かな意味のタペストリーを前にしては無意味な、色あせたものに見えてしまう。一握りの伝統的占星家は、精神分析の暗い潮流が自分たちの仕事の中に入り込むことに対して反発し警告しているが、彼らが抵抗すればするほど、その立場は極端なものに見え、逆に占星術を退屈なものにしてしまう。

ユングから心理占星術に直接的に輸入された鍵概念は、「元型」である。被分析者《アナリサンド》が、夢のシンボル、モチーフを提出したとき、ユング派分析家の第一の仕事は、個人をシンボルの背後に横たわる元型に結び直すことにある。マリー・ルイーゼ・フォン－フランツは、こうコメントする。

解釈は、意識を、エネルギーの源泉すなわち元型と再度結び付けること以外には目的をもたない。この力の源泉は、そこから個人の意識が、よく、「それ自身を分化させてきた」と言われる原初の精神《スピリット》なのである。★10

『変容の象徴』で、フランク・ミラーの素材の中の「太古の残滓」に初めて関心を寄せたころから、ユングはしだいに元型の概念を発展させ、定義に定義を重ねて来た。医学、精神医学、文学、哲学、そして宗教など、極めて幅広いユングの思惟を前にして、ユングの中核的な概念は、どの文脈から読むかによって相当異なる意味合いを帯びてくることがある。ここでも、彼の定義の中の、異なる意味合いをどのように解釈するかという問題に直面することになる。

元型は、物質的な存在ではない。原始的な心性や神話的な思考にとっては、元型は精霊だと考えられた。フィレモンのように、それらは「生きている心的な諸力」であり、それが集合的無意識の内容を作り上げている。元型が自律的なのはこのためで、この自律性によって心全体に対して決定的な影響力を奮うのである。しかし、元型はその一方で、より抽象的には心を構造化する「秩序づける原理」としても把握されている。ユングは、液体から結晶構造を生み出す結晶の軸体系とそれを結び付けた。それは永遠に知覚はできないが、集合的無意識から流れ出てイメージ、プロセス、あるいは態度として現れる。そしてとりわけメタファーを通じ、その表現を得るのである。セルフや母のような元型は、イメージやメタファーによって、自身の「自画像」を描く原初的な衝動である。太陽／ライオン／王／黄金などのイメージは元型的モチーフである。それらは一つの元型、この場合にはセルフから現れて来ている。これらのイメージは元型の周囲に散らばるが、「知性にとっていらだたしいことに」けっして「公式の中にはおさまらない」[★11]。ユングは何度も、元型から元型的イメージが出現するのは、個人が深く動かされることによって認識できる。元型は単なる概念ではなく、情動を強くはらむヌミノース経験だと強調している。

それらはイメージであり、また情動でもある。その両者が同時にあるときにのみ、元型ということができる。単なるイメージだけのときには、それは単なる絵文字で、何らの結果ももたらさない。しかし、情動を担うことによって、イメージはそのヌミノース（あるいは心的エネルギー）を獲得する。したがってそれは力動的となり、何らかの結果がそこから生じてくるに違いない。[★12]

王や女王のイメージは元型的であり、それゆえ、情動を引き起こす。それはイギリス王室の地位の高さを見てもわかる。王室に賛成であれ、反対であれ、王室のことを話して感情的にならない人はまずいない。王室はセルフの元型的イメージを担っているからであり、そしてしばしば夢の中では王室はセルフの象徴としての役割を果たしている。したがって、元型は秩序をもたらす原理であり心の力動性の構造ではあるが、しかし元型は「機械的に学ぶことができる、メカニカルなシステムの一部であるかのように」扱うことはできない。元型は、

……生命そのものの部分――情動という橋によって、生きた個人に統一的に結合されているイメージ――なのである。……それらのヌミノース――生きている個人に対するそれらの関係――を考慮する場合においてのみ、元型は生命力と意味を獲得する。名前の意味などどうでもいいことで、肝心なのは元型が個人にいかに関係するかということであることがわかるようになる。★13

占星家にとって鍵となる問題は、元型が占星術のシンボルと互換性があるかどうか、ということで、この二つのつながりは、ユング自身によって認められているように見える。彼は占星術は「元型(神々)の解釈★14」とかかわっていると考えており、このように述べている。

占星術は、心理学が関心をもつ集合的無意識のように、象徴的なものの組み合わせでできています。「惑星」は、神々であり無意識の力の象徴なのです。★15

ユング思想と占星術を結び付ける占星家はすべて、神々と元型、そして惑星のシンボルのつながりを基本前提として共有している。神々の物語、とりわけ西洋占星術と結び付いているギリシア神話の

パンテオンの物語は、たやすくこのつながりを生み出す。占星術のシンボルはそこで、元型そのものを担うメタファーとなる。カレン・ハマカー＝ゾンダクは、そのユングと占星術を合致させようとする包括的な試みのなかでこう言う。占星術のシンボルのそれぞれは、

……必ずしも元型と完全に合致するというわけではないにしても、象徴としての資質をもつためには、元型的基盤を持っていなければならない。★16

一見すると、このようなアプローチには何の問題もないように見える。太陽／ライオン／王／黄金の間に黄道十二宮の獅子座を見ない占星術家などいるだろうか。もし、老賢人の元型的父親像を示されたときに、即座に土星を思い起こさずにはいられるだろうか。またユングが、「母親元型」について語るときに、すぐに、月や蟹座を思い起こすのではないだろうか。

しかしながら、伝統的占星家は占星術のシンボルをそれ自身として受け取り、元型の一つの表現として見たりはしない。占星術のシンボルには、元型と同じように、核となるシンボルの周囲にあるイメージの一群《マザリング》がとりまいている。たとえば、月は多くの意味を持っている。そして、そのひとつに母親や母親の働きが含まれる。また、月は、そのあまたの可能な意味のなかには、流動や変化、子供、普通の人々、夜、左、家庭用品、銀、キャベツ、風呂や胃などもある。占星術実践がもたらす楽しみの一つは、この終わりのない、豊かなシンボルの性質の内にある。

ユングの「母親元型」についての議論では、象徴の一連の表現は、占星家には、月をめぐる象徴に非常に近いものに見えるが、しかし、それはほとんど無限に多様な側面も持っている。

第一に重要なのは、個人的な母親および祖母であり、継母であり、義理の母親である。次には、かかわりのあるすべての女性……次には、比喩的な意味での母親もあるだろう。このカテゴリーには、女神、とりわけ神の母、聖処女、ソフィアなどが属する。[★17]

実際の母親をとりまくこの中心的な核、ユングは可能な限り遠くにまでどんどん比喩の連鎖を広げてゆく。教会、海、地下世界、月、岩、洞窟、樹木、かまど、雌牛、ウサギ、などなどにまで広がってゆく。

しかし、ホロスコープ術と元型的占星術の象徴群が、ゆるやかに互換可能であったとしても――それでさえも、無条件に受け入れてはならないが――元型と象徴の間には大きな違いが残っている。ユングにとっては、ここに述べたような象徴群はその本質的な意味である「母親元型」から出て来たもので、そこに還元することができる。しかし、それに対して、占星家にとってこの象徴群が現れる核は、ただ「月」なのである。母親（あるいは「母親元型」）は、それ自体意味を持たない、ただその顕現形であるだけの、月の一つの表現にすぎない。つまり、月は「母親元型」よりも、ずっと多くの意味をはらみ、よりオープンで、限定されていないものである。これらの象徴群が向かう、唯一の最終的な意味は「月」なのである。ユングの意図が何であれ、ユング派の「理想的な意味《イデア》」（たとえば母親元型）は、古典的な占星家の「理想的な意味《イデア》」（たとえば、月の天球）より心理学的、あるいは生物学的な還元主義に陥りやすい。ユング派のアプローチでは、占星術の月は母親元型を表現する元型的イメージであり、占星家によってそこに投影されている。

　このことは、元型と象徴のつながりについて、もう一つ考えるべき問題を引き起こす。元型は、イメージであると同時に情動でもある。ユング派の分析においては、分析家は被分析者《アナリサンド》の状況の中で働いている元型を、夢や言語連想、イメージ、言葉などを通じて見いだそうとしたり、耳を傾けたりする。元型的イメージは被分析者によって作り出される。それが元型的イメージだとわかるのは、それが情動をはらんでいるためである。それに対して、占星術のシンボルはクライアントによってではなく、占星家によって作り出される。そのシンボルは、クライアントに属するものであり、セッションにおいてはクライアントに手渡される。占星術のシンボルが、誰にとって情動をはらむものなのか、そしてそれはどのようなかたちにおいてなのか、という点はこれまでユング派の用語を応用している占星家によっては考慮されたことがない。これは重要かつ微妙な問題なので、後でもっと論じることにしよう。元型（あるいは元型的モチーフ）と占星術象徴のつながりは、見かけほどには単純な問題ではない。ユングを使おうとするほとんどの占星家は、「生きている心的な力」としての元型を正当に受け入れ使おうとはしない。むしろ、元型の、安易に客観化された定義――秩序をつくる原理や本能や衝動の自画像――などを取り上げているのである。

驚くべきことに、古い占星術には元型とホロスコープの象徴の違いについて議論しているものがある。一七世紀にモリーン・デ・ヴィルフランシェは、惑星の象徴を解釈する二つの方法を区別している。惑星は、「普遍的《ユニバーサル》」にも、あるいは「個別的」にも受け取ることができる。たとえば、母親としての月、コミュニケーションとしての水星などは、普遍的な意味である。このような惑星のシンボリズムは、すべての男女に、いつでも、どこでも適用することができる。しかし、特定の人物のための、特定の時刻と場所のホロスコープを作成したなら、これらの「普遍的」な惑星はホロスコープのハウスの中に配され、そこで個別の意味を持つようになる。惑星が配されるハウスや、その惑星が支配するハウスは、普遍的な主題がその個人にとっていかに個別的な焦点を与えられるかを象徴しているのである。月は、たとえば、第4ハウス、第10ハウス（両親を表す）にあるか、あるいはこのハウスを支配しているとき以外には、母親を示すとは限らない。ホロスコープによっては、母親の指示星《シグニフィケーター》は怒りっぽい火星でも冷酷な土星でも、愛にあふれる金星でも、どの惑星でもよいのである。

モリーンの、普遍的、個別的シンボリズムの区別は現代も意義がある。とりわけ心理占星術ではそうだろう。ユングの元型の概念は、占星術のシンボルを「普遍的」なものとして見たときには、占星術のシンボルと非常に似ている。しかし、個別のホロスコープに象徴が場を持ったときには、それは特定の意味を持つようになり、解釈の方法の一部となってゆく。心理占星家に向けられる主要な批判は、つまり、象徴を普遍的（元型的）なかたちでのみ用いているという点であり、そのため固有の意味を担うことを見損なっているという点である。伝統的な解釈の方法に見られる、個別的なハウス・ルーラーへの認識の欠如は、貧弱な「ハウス技術《クラフト》」につながり、ホロスコープへのおおざっぱで曖昧なアプローチを生み出す。ハウスを強調しないことは、具体的な占星術を強調しないことでもあり、心理占星術の「内的」世界への引き籠りを反映しているのである。

ユングから元型を借りることは、したがって、いいかげんで修練不足のアプローチと関係があり、それが伝統的な方法論と現代の心理占星術の違いへとつながっていく。これはユング派の「拡充」の技術を取り込むことによって免責されているので、次には拡充について見てゆくことにしよう。拡充は、被分析者がもたらすシンボルやイメージや状況を発展させてゆくためにおとぎ話や神話的連想を取り込む、ユング派分析での方法である。

ホロスコープの象徴を拡充する試みは、ユングからのもっとも生彩に富みかつ人気のある借用である。リズ・グリーンはこのアプローチの先駆であり、数多くの占星家が彼女を模倣しようとしている。それは、これまで占星術が提供することのできなかった、深いレヴェルの意味への渇望に直接答えることができ、心理占星術に現在のステイタスを与えた。リズ・グリーン以前には、シンボルを通じヌミノースな感情を引き出す方法を持っていた占星家はほとんどいなかった。占星術は、神話や錬金術のアナロジーを使うことで、多くの占星家にとって新たに生命力を吹き込まれ、ここから、プエル（永遠の少年）やセネックス（老賢人）といった元型的イメージがいまや占星術の語句の中にも入り込んできたのである。神話を参照することに加えて、リズ・グリーンは心理学的な素材を使って、……占星術的な図を拡充し、断片的な性格描写のリストではなく、チャートの中で働いている生きている力動を見ようとする★18。

ユング派の分析では、神話的な連想はイメージを拡充し、クライアントに神話とイメージが担っている元型と関係をつけさせるために用いられている。しかし、この流動的でゆるやかなつながりの神話の領域は、伝統的占星術の解釈とは随分とその指向性が違っている。ホロスコープ術は、厳密で選択的で、精緻であり、うちには占星術の論理を内蔵している。そしてそれが、クライアントに適合する、はっきりした解釈を導くのである。もし、これらの指向性の違いを比べるのであれば、一方は木星的で無限に事項をつなげていこうとするものだと言えようし（拡充）、もう一方は、土星的で、厳密で、かつものを分けていくもの（判断《ジャッジメント》）だと言えよう。この二つのプロセスは、互いに補完的であれば実りは大きいだろうが、しかし、ユングに影響を受けた現在の世代の心理占星術家は拡充に特権を与え、伝統的なチャート解釈に見られる、象徴を読みわける方法論を無視している。拡充の陥りやすい大きな罠は、その中で進むべき道を見失いやすいことにある。一九〇九年に、初めて神話の世界に出会ったユングはまさにそうだった。すべての神話やケンタウロスたちを分析したあげく、ついには「全く混乱してしまった」。リズ・グリーンも、自分の方法を『宿命の占星術』の中で説明するとき、自分が思っている以上にそのことを認めている。

実際的な読者の方には不満に思われるに違いないが、占星術の解釈はおとぎ話、神話、夢やそのほかの奇妙なものと、どうしようもなく交じりあってしまう。[19]［マギー・ハイドによる強調］

伝統的占星術の形式的な構造が解体してしまえば、心理占星家は、その実践において枠組みや基準を何に求めればよいのだろうか？　ユング派の分析家にとっては、神話的素材の渦の中での錨は、一つにはユングの理論的構造と、もう一つには分析の習練によって与えられる。占星術においては、リズ・グリーンは、この同じ目的のために、ホロスコープ術ではなく、分析心理学を用いねばならなかった。これは、彼女がセラピーを受けたことがない占星家がホロスコープを読むのは「違法行為にも等しい」と言うときに、その極端な姿が現れている。[20]　これは、占星術界の人間の大部分にとっては大きな重圧となるもので、占星術の目的とその作法はサイコセラピーとは必ずしも同じではないと考える実践家は、当然のことながら憤慨した。伝統との衝突が起こるのは、占星術の実践と占星術の象徴が精神分析の――この場合にはユング理論によって媒介されるときである。ユングからの借り物に、伝統的かつ思弁的な占星家が精神分析思想に興味をもっていても抵抗するのは、伝統的なチャート解釈の、きわめて分化した、そしてものをはっきりと区別して切り出す実践に大きな価値を認めているからである。神話、イメージ、そして奇妙なものの途方もない混淆の中での導き手は、ホロスコープなのである。

リズ・グリーンのチャート解釈のこの例が、ここまで論じてきた問題を示している。『パーソナリティの発達』★21の中に収められた「プエル」についてのレクチャーの中で、グリーンは「プエル」と「セネックス」――永遠の少年と老賢人の元型について論じている。初めのうちは一般的な占星術のシンボリズムと並んで用いられる元型心理学の豊かさは、啓発的で好奇心を大いにそそる。しかし、ホロスコープの実例を見る段になって、大きな問題が出てくる。

リズ・グリーンは、セミナーの聴講者であった、ある占星家‐セラピストが扱ったクライアントのホロスコープについて論じている。そのクライアントは、「プエル・エテルヌス」、つまり「永遠の少年」の性格特性を示していた。プエルとは、大人としての責任、成熟を受け入れることを放棄する状態のことで、クライアント（プエルB）のホロスコープは、この元型的モチーフを開示するものとして用いられている。ここではまた、プエルBの母親が十七年間にわたって不倫の関係にあり、彼はそれを知っていたが、彼の父親には秘密だったことも語られる。二十四歳のときに、彼は宗教的な「身を震わせるようなピーク体験」をし「バラバラになってしまった」。その後、彼は鬱状態となり、自殺を試み、入院した。

彼の話を進めてゆく前に、この状況を表すであろう占星術のシンボリズムを見てみよう（図5・1）。プエルBは、MC／ICの軸に蠍／牡牛座をもっており、したがって、火星‐冥王星のトラインと木星‐金星のコンジャンクションが両親の個別的な指示星《シグニフィケーター》となる。伝統的には母親は第10ハウスであり、彼女の秘密の不倫は、天頂にある蠍座と、極めて接近した火星‐冥王星の火のトラインによってよく描写されていると言える。普遍的な象徴で言えば、母親の欺瞞はまた月‐海王星のスクエアであるとも考えられ、また彼が父親に真実を話せなかったのは、太陽と土星が双子座でコンジャンクションしていることに示される。後者のアスペクトのディスポジターは、「第4ハウスにあり逆行している、牡牛座の水星」である。これは、きわめて正確にプエルBの家族の中のコミニュケーションの問題、親の秘密のために父親と話せなかったということを示している。では、プエルBの宗教体験はどこに見いだせるのだろうか？ 彼はその時点では二十四歳であり、これは十二年の周期をもつ、宗教の普遍的象徴の惑星、つまり木星を思わせる。プエルBの木星はエギザルトの位置にあり、マップの上では強力なものとなっている。木星は第9ハウスの支配星《レディ》である金星と会合しており、このコンジャンクションを宗教経験の第一の指示星《シグニフィケーター》にしていると言ってよい。

さらに、占星家－セラピストとのセッションの中で、ある秘密、つまりプエルBが川で溺れている少年を助けたことも語られている。子供を表す第5ハウスの支配星であり、若さを表す水星は、死の第8ハウスにある、水を表す海王星とのトラインを離れつつある。そしてそれは、木星とコンジャンクションしている金星のセクスタイルに引き戻されつつある。ここには溺れている（第8ハウスの海王星）少年（水星、第5ハウスの支配星）を救うこと（金星－木星）のしるしが見られるではないか。さらに、ここにフィクションの要素があるとしても（双子座の太陽、逆行の水星が海王星にトライン）、溺れている少年の話は、象徴的にはよく合致する。プエルのセラピーで言及されている、主な時期測定法は、水星にオポジションになる天王星のトランジットである――つまり占星家による「談話療法《トーキング・キュア》」。プエルBに対するどんな判断も、海王星とトラインであり、木星－金星にセクスタイルである

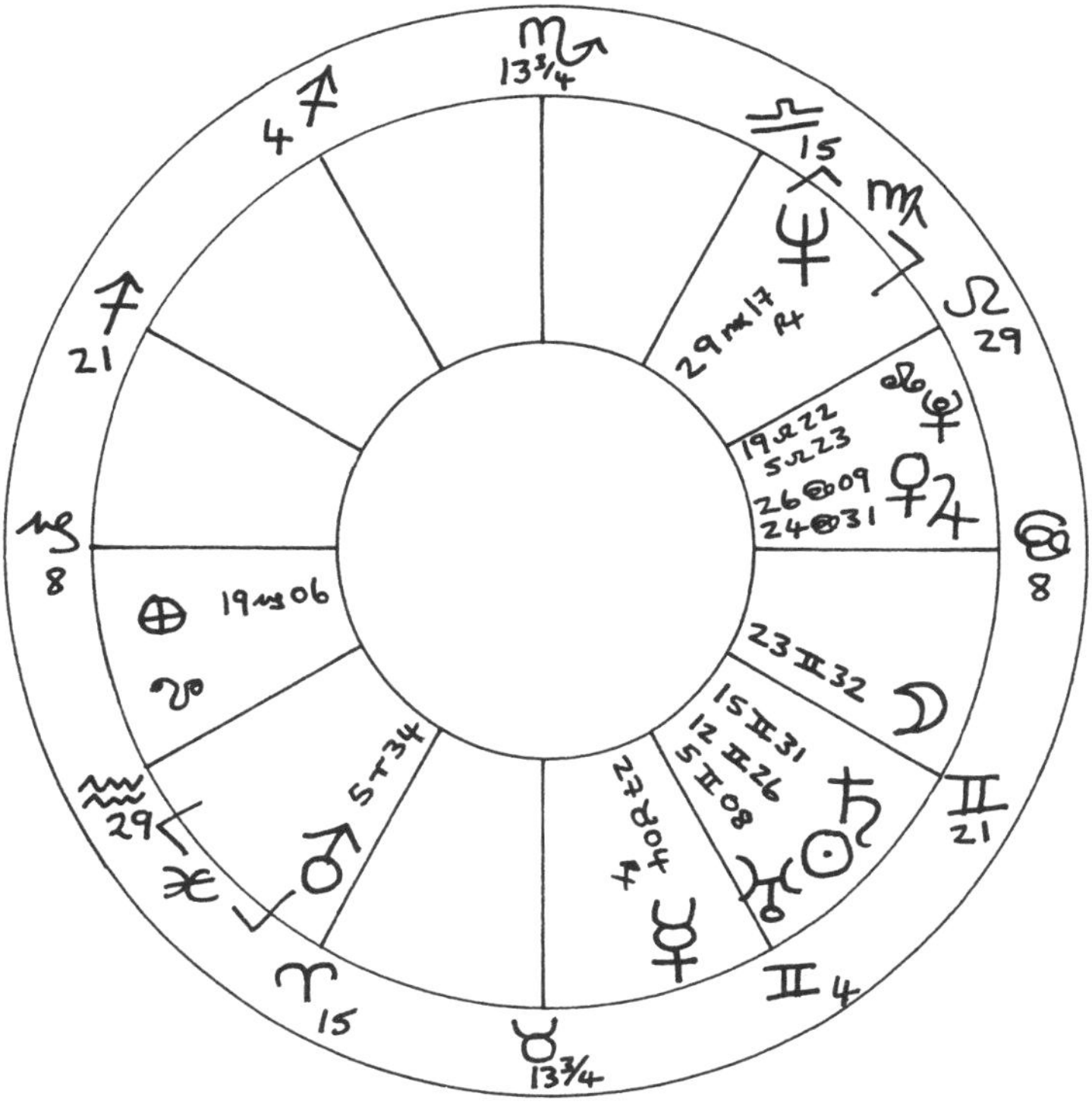

図5.1　プエルBのチャート

『パーソナリティの発達』第一版に収録された「プエルとセネックス」の講義録のデータより作成された。（付録5のチャートも参照のこと）

☉太陽　☽月　☿水星　♀金星　♂火星　♃木星
♄土星　♅天王星　♆海王星　♇冥王星
♈牡羊座　♉牡牛座　♊双子座　♋蟹座　♌獅子座　♍乙女座
♎天秤座　♏蠍座　♐射手座　♑山羊座　♒水瓶座　♓魚座
☊ドラゴンヘッド　☋ドラゴンテイル

この水星をめぐるものになるのは、明らかであった。

ここまでのプエルBのチャートの扱いは、何の解釈にもなっておらず、人生の出来事とシンボルをただ結び付けたにすぎない。いったん、指示《シグニフィケーター》星を見つけだす作業が始まったら、その後は、解釈の目的によってさまざまな進め方ができる。水星と海王星という、重要なシンボルをユング的な方法で拡充してゆくことは魅力的な可能性を開くものであり、水星をプエルの元型と見るのは、おそらく実り豊かな連想だろう。神話的拡充はホロスコープと人生の出来事の意味を両方豊かにする可能性をもっており、その限りにおいては伝統的占星家が批判する理由はない。

しかし、このプエルの占星家‐セラピストもリズ・グリーンも、ホロスコープのシンボルをめぐる道を見いだしているようには見えない。伝統的なチャート解釈の光に照らして出て来た要素は、重要なものとは見なされず、それはプエルBの人生や状況とは結び付けられていない。宗教体験は、天王星と冥王星の、土星へのスクエアが示すと見なされているが、しかし、私の考えでは、このような占星術的解釈は、あまり説得力を持たず前例でも確かめられていない。母親の秘密はただ双子座、山羊座のモチーフ、とりわけ、双子座の太陽‐土星のコンジャンクションで語られているだけであり、MC／ICの軸が表す両親への言及もない。

リズ・グリーンは、また別の現代的なホロスコープ術を採用しているのであり、そこでは普遍的象徴や外惑星を重要視して、ハウスやハウス技術はあまり使わないのである、という反論もできるかもしれない。しかし、もしそうだとしても、リズ・グリーンも、また私の知る限り彼女の支持者もチャートの中に指示《シグニフィケーター》星となる要素を捜し出す伝統的な方法を、心理占星術では採用しない必然性を説明していない。しかし、リズ・グリーンが伝統的なホロスコープ術を使っていようが、新しい緩やかな流儀に従っていようが、結果的にはどうでもよいのかもしれない。というのも、そこでは占星術は二義的にしか使われていないからで、「深い意味がある」と解釈された鍵となる出来事、つまり溺れている少年の救出を考えれば、それが明らかになる。リズ・グリーンは、「人々は自分たちの内側で起こっていることを具体的なかたちで行動化《アクティング・アウト》する」とコメントする。★22 そして、プエルBのセラピーが、無意識の中に溺れそうになっていた若々しい精神を救出したのだと、断言的な解釈をする。彼女は、彼を「埋もれていたプエル」であり、土星のそばにある太陽のように、セネックスに重荷を背おわされた「偽セネックス」であると見なしている。

しかしこのような理解は、どこから出て来たのだろうか？ おそらくそれは訓練を積んだ分析家の目によるものだろう。その目は、クライアントのもたらすどんな物語でも、占星術で説明できる。とくに、それが「セッションの途中で起こった奇妙なこと」であればなおさらである。また、レクチャーの文脈の中で使われたのだから、リズ・グリーンは最初からプエルを探していたのだろう。しかし、さらに重要なことには、この解釈はチャートのシンボルの中には見いだされていない。牡牛座にあり第4ハウスに入った、逆行の水星は、「埋もれたプエル」の完璧な描写であり、占星家に、解釈が正しく進んでいることを確認させる。それはこの男性の状況とチャートのシンボリズムが合致していることを示すものだが、リズ・グリーンは結論に達するのに、この一片の占星術を必要とはしていない。実際、彼女はこのシンボリズムには触れていないし、溺れた子供の救出のシンボルとして、水星－海王星のトラインも月－海王星のスクエアさえも、指示星として取り上げていない。具体的な現象とホロスコープを合致させる努力がここでは払われておらず、それでは占星術を通じて自分の理解を確認する方法はない。そして、さらに深く進んで行くこともできない。占星術を使う意味はあまりないのだ。せいぜいよくて脚注、最悪のときには分析の方法を惑わせるものにすらなる。

これが、拡充と判断の鍵となる差異を明らかにしている。心理占星家がプエルのような元型を頭においているときには、彼女ないし彼はそれをホロスコープの中に見いだそうとするだろう。伝統的な解釈法というガイダンスがなければ、自分が求める、拡充したい元型と一般的、普遍的に結び付くチャートの中のシンボルを見いだすのは、どんなものであれ可能である。しかしもしシンボルが無作為的に選び出されるなら、占星家はそのシンボルから「神話的自由連想」を始め、ユングの見方からすれば、この拡充は、占星家自身の無意識の内容を担うものとなってしまう。伝統的なアプローチの一つの大きな利点は、シンボルをくっきりと区別することができ、共通の方法論に照らして、その対応を試してゆくことができる、ということにある。

リズ・グリーンのような、心理占星家が用いている無作為で方法論の欠落したホロスコープ術は、実際には彼らの占星術の目的がユングの思想に内在する深い意味と結びつきを得ることにある、ということを反映している。心理の「底にある意味」は、ユングの視座を獲得すれば得られると思われている。このプロセスを通じて、リズ・グリーンはプエルをチャートの中に位置づけようとはしていない。

プエルやセネックスのような重要な元型的な力をとりあげ、それと占星術の要因とを緊密に、かつくっきりと同定することはできないと思う。[★23]

しかし、歴史的には占星術のアートは、この「緊密でくっきりとした同定」を行って来た。そしてそれはイメージとの同定ではなく、クライアントの人生の中での、報告された出来事との同定である。クライアントの世界とチャートのシンボルとの同定は、占星家が、自分が適切なシンボルと取り組んでいるかどうかを確かめるために行われる。もしある程度自信をもってチャートの中のシンボルと外的世界で起こっている出来事との同定ができなければ、未知の心的内容についてシンボルが暗示していることを推理するとき、どんなにか不安になることだろう。世界と心は、不可分なのだ。伝統的占星家は、シンボルが世界の中に現れるのを見て取ろうとし、占星術上の時期測定法によって人生の出来事と照らし合わせて自分の理解をテストする。シンボルのより幅広い暗示を汲み取るのは、その後のことである。

さらに、元型的イマジェリーを持ち込んでも、すでに抱えている問題については役に立たない。心理占星家は、ほかの占星家の例にもれず、チャート解釈に際して困難にぶつかることもあるのだが、それはユング思想の分厚い上張りをかけられていて気づかれない。心理学理論と占星術シンボルの間を行ったり来たりしているうちに、チャートから得られた知識の真偽は不問のまま正しいとされ、そのこと自体もおかしいと思われなくなる。シンボリズムを有効なものにするための葛藤や、それが回答と同じほど疑問を発生させることについても、占星家は疑問を持たなくなる。チャートがその相手とは合致しなかったり、人生の物語や出来事がシンボルに現れなかったとき、典型的な問題が生まれる。占星家は、そのとき、占星術が有効でない、あるいは何かの理由があってそのときには適切なものでない、あるいは、自分の解釈能力に問題がある、と認めねばならない。伝統的占星術のディシプリンをもたずとも、先へ進めると考える心理占星家は、しかしそこで占星術が当たらなかったときに適切な処置方法をもつことはできない。「種子の袋」仮説をとる占星家なら、チャートの中にこれらのいまだ生きられていない、そして潜在的な可能性を読み取る。そしてそれがある日、人生の中で結実すると予言するしかない。

すでに引用した似たようなケースで、リズ・グリーンはもう一人のプエル――プエルA――を取り上げている。彼の行動は、たとえ出生図にはその兆候がほとんど見られなかったとしても、この元型に合致しているのだ。少しでも占星術をかじっていれば、牡牛座のトリプル・コンジャンクションは、プエルの軽やかで空気のような、若い精神、いつも何者かになろうとはするが、けっして何者にもなり得ないものにはふさわしくないことがわかるはずである。あくまでも、そこにプエルを見ると言い張るなら、そこから引き出される唯一の結論は、今の彼のふるまいは「偽のプエル」のものであって、いつの日にか、彼はチャートの示す行動をとるようになるだろう、ということだけである。プエルA

のチャートでそんな事態に直面して、リズ・グリーンはこのように結論づける。

［彼も］恐らく、やがては破綻するだろう。彼の人生への適応は偽物であり、彼のチャートの多くの部分を切り捨てているからだ。★24

確かにチャートの多くの部分が切り捨てられてはいる。しかし、それはクライアントのしたことではない！このような切断手術は、あらゆるタイプの占星家によってこれまでずっとなされてきたことだ、しかし、元型や投影といったユングの概念は、このようななじみの占星術上のディレンマには何の解決の光も当ててはいない。このような対応は何も新しいものではない。占星術が失敗していることを、占星家とシンボリズムの関係性を問題として見るかわりに、ただクライアントのほうにおしつけて言い訳をしているだけである。まず第一にユングの思想、次にクライアント、そして出生図は第三番目で、占星家は引き籠ったきり、行き着くのは、埋没したプエル、偽のプエル、いつの日かプエルになる非プエル、あるいはその逆——そのどれも、占星家がチャートによって到達した診断ではない。

しかし、伝統的占星術も限界をもっている。もし、ただホロスコープ術だけに注目したら、たやすく私たちは「だからどうした」と言うほかない結論に滑り落ちる。占星術にとって常に問題であった、意味の欠如、深さの欠如となる。実践者が適切なシンボリズムを見いだし、見事に「指示《シグニフィカンス》星を決定して」[★25]も、その指示星を解釈できるのだろうか。チャート解釈の厳密な方法は、それだけでは十分ではない。それはただ、さらに解釈がなされたり目的があって初めて意味をもつようになる。そこに命が吹き込まれ、そしてそれが本当に重要だと思わせるほどの説得力をもたねば、シンボリズムは何の意味もない。

知的に用いることができれば、伝統的な技法はクライアントに対して占星術家が明らかにしなければならない重要な事項を指し示すことができ、そのほかの方法では発見が不可能なつながりを導きだすこともできる。たとえば、プエルBの宗教経験は、家族状況と結び付いているかもしれない。彼の金星は第4ハウス（家族）と第9ハウス（宗教）を共に支配しており、父親を示しているように見える。また金星は木星ともコンジャンクションであり、さらに父親が宗教感情ともかかわっていることも暗示されている。そこで、占星術に導かれてプエルBとの会話をオープンに始めることができる。それは水星が逆行して、金星と木星のコンジャンクションにセクスタイルを形成してゆくことに現れている。彼は自分の宗教的頂上《ピーク》体験を通じて、良心の秘密を語ることができるようになったのだろうか。占星術はこの二つのファクターをつなげて考えるように要請している。分析家には、そうはなかなか考えられないだろう。ただし、占星術は魂のこのように深い問題を明らかにしてゆけると長いあいだ主張はしてきたものの、ほとんどの実践家は心や人生の神秘と対峙したときには、謙虚に構えて来た。それに比べて、シンボルについて人と対話できるルールによって、自分の解釈を「証明」する必要などないと考える実践者の場合に、心理占星術には傲慢《ヒュブリス》さの罠に落ちる危険がある。彼らの営みは、精神分析の手続きによっても、占星術の厳密な技法によっても、正しく統制されてはいないのである。

占星術の分析の著述は、書き手のみならず読み手にも相当の努力を強いるものだ。おそらくそれがホロスコープが占星術の本の中では、注意深い研究の対象というよりも、一種の飾り物のように扱われることが多い理由だろう。またクライアントへの秘守義務も、さらにケース・ヒストリーの刊行内容を複雑なものにしている。占星術の本に出てくる例題のチャートをじっくりと検討する読者はあまりいない。それに対して、物語、神話、あるいは分析シナリオの盗み聞きのほうが読み物としてずっと面白い。心理占星術は多くの人にとって占星術書を生き生きとした読み物にした。それは、木星的である。そんな後でハウスのルーラーシップをこつこつ追いかけることなど、誰がしたがるだろう？しかし、皮肉なことに読書のあいだ、木星が経験される一方で、ホロスコープの中の木星のシンボリズムは、プエルBの例でもそうだったように、しばしば重視されない。心理占星術は、意識と無意識の守護者としての土星の役割を重視する。しかし、一方でこの占星術は時期測定法など土星の厳密な方法を無視する。出生図のプログレッションは、ほとんど使われることはない。

ここで、読者を驚かせるような話に移ってゆきたいと思う。木星と土星、拡充法と伝統的占星術の判断方法の違いについて思いめぐらすうちに、プエルBのホロスコープがまさにこの問題を表すものとして生き生きと立ち現れて来た。この種の大胆な転換、つまりさまざまな文脈に応じて一つのチャートを「リテイク（扱い直す）」することは、極めて示唆的である。[★26] 先に述べたリンゼイ・ラダマーカーのキツネのような悪戯な経験で見たように、占星術のシンボルは、予期せぬ方法で生き生きと立ち現れ、最初示すと思われた当の問題ではなく、別なコンテクストを示し、その中でシンボルを明らかにしてゆく。もしプエルBのチャートを拡充と伝統的占星術という方法で「リテイク」するとすれば、蟹座にある、神話的で拡大を表す木星と、占星術の第9ハウスを支配する金星のコンジャンクションは、占星術シンボルの拡充を示している。これは感情をかきたて意味をもたらす、極めて木星的な歌だ。しかし、どこへでも広がり収拾がつかなくなる混乱の危険は、そのディスポジターである月によって示されている。月は第6ハウスで海王星とスクエア、つまりハウス技法の欠落を表している。伝統的なホロスコープ術と判断の手続きは、第6ハウスの支配星で、双子座での太陽-土星のコンジャンクションのディスポジターである水星によって示されている。牡牛座の逆行している水星が示しているように、緻密にゆっくりとチャートの細部をたどってゆくのはずっと手のかかる作業で、またそれは同じように欠点ももっている。水星は逆行して乙女座の海王星から分離していっている。伝統的占星術は、その隠されたオカルトの遺産（第8ハウスの海王星）の性質について、明確に述べたり言及したりすることができない（逆行の水星）。そしてそれは、自らの技術について幻想をもたらす（乙女座の海王星）。ホロスコープ術が自ら担う秘密を表現してゆくためには、木星-金星のコンジャンクションへのセクスタイルを必要としているのである。

シンボルはいつもそうだが、ここでもこのチャートは態度の変化をもたらすことになる。プエルBのチャートの金星と木星のコンジャンクションを占星術における拡充の手続きだと見なすと、このシンボリズムがはらむ偉大さが――と同時に水星の弱さが――私にこの問題を再考させることになった。リズ・グリーンのチャート解釈における、技術《クラフト》の欠如に私は不満を持つのだが、それは、彼女の読者に対して拡充の目的を実現する彼女の能力を認めることで、バランスが得られたのである。彼女の著作は、明らかに占星術（金星、第9ハウスの支配星）に対して益をもたらしている。蛇に嚙まれることとラーの物語で、そしてユングの子守歌ですでに見たように、神話と物語は個人を元型のはらむ情緒的な力と接触させる。多くの場合伝統的占星術には、この次元が欠けていた。前の世代の占星家は、ホロスコピーの技術を持ってはいたが、彼らの著作は元型を活性化することはなかった。リズ・グリーンはホロスコープ術を欠いてはいるが、しかし、その最良のときには彼女は読者の元型、ヌミノースな感情を喚起するのである。

もちろん、これはユングに影響された心理占星家一般にはあてはまらない。多くの場合には、元型を「生きている心的な力」として捉える感覚が欠けている。ジェイムズ・ヒルマンが、指摘したように、

元型と紋切型《ステレオタイプ》は、たやすく混同される。★27

深層の意味を探求しようとして、そして占星術を「キーワード」や性格描写のリストから解放しようとして、心理占星術はしばしば、元型を紋切型《ステレオタイプ》にして終わっていることがままある。そのことが

最も明らかになるのは、心の「地図」を作る試みにおいてである。

6
心の地図

夜の航海をへて、ユングは自分の体験を精神医学の仕事と精神分析の実践から得られた知識に照らしてかたちにするという生涯の仕事を開始した。しだいに、さまざまな心理学的な状態やコンプレックスを分化させ、名付け、そして秩序づけるモデルを発達させていった。あらゆる成功した理論がそうであるように、ユングの心の地図は経験と実践によって確かめられ、修正され、そして磨かれてゆくものだが、ユング派の分析家にとっては、ものごとをその内側から知覚し、リアリティを分析する完結した参照枠であることには変わりない。このモデルは新プラトン主義思想にその根をもっている。そしてこの思想はすべての生命、そして人間の経験にアプリオリな秩序があることを前提にしている。これは、元型という、表に現れているリアリティの背後に存在し、人類に共通の集合的な基盤を与える、不可視の秩序原理として現れている。

ユングの心に対する捉え方は、集合的な心も個人的な心も双方認めるもので、このように定義でき

心

自己

リビドー

補償

意識	=	無意識
二つのタイプ	=	二つのタイプ
外向あるいは内向	=	内向あるいは外向
四機能	=	四機能
分化	=	未分化
二つの補償機能	=	二つの補償機能
自我	=	シャドウ
ペルソナ	=	魂のイメージ （アニマ／アニムス）

思考

直観　感覚

感情

表 1　心の構造

意識の根本的な内容は，ここでは，その無意識の要素のとなりに示される。集合的無意識の元型はその背後に横たわり，心の構造を通じて表れる。

る。

あらゆる心的過程の全体、意識と無意識……心は二つの相補的な、しかし対照的な領域から成り立っている。つまり、意識と無意識である。★1

この、意識と無意識という主要な区別に加えて、ユングはリビドー、あるいは心的エネルギーをいくつかのタイプ、機能、コンプレックスなどに分類する。ユングは、これらは元型から生まれて来ており、意識と無意識の内で、あるいはそこにまたがる領域でそれぞれが互いに固有の関係のパターンをもっていると言う。ここに挙げる表はユングの心の構造の主な内容を提示している（**表1**）。心の「補償」傾向についてのユングの考えは、ユング自身の出生時の第8ハウスの天秤座の木星によって表現されている。彼は、意識と無意識の相互関係を心的均衡をつくりだすものとして見ていた。たとえば、私が自分自身に高すぎる評価を与えていたとしよう。この心のアンバランスは、無意識によって是正されることになる。無意識の働きは、内的には低さや小ささを強調する夢のイメージとして現れるだろうし、外的世界で現れたり、あるいは「投影」の機能によって他者を通じて現れることもある。この最後の場合には、私のことを引きずり下ろそうとしていると私が感じる、小さくて狭量な人々と何度も出会うことになるだろう。

無意識の意識の態度に対する補償傾向は、ユングがリビドーに与えたさまざまな形の中に見いだすことができる。たとえば、「ペルソナ」、つまりパーソナリティや意識の仮面、あるいはそれによって世界を扱う流儀は、ユングが「魂《ソウル》のイメージ」と名付けた無意識、つまり女性の中の「アニムス」、男性の中の「アニマ」によって補償される。これらは、「四機能」――思考、感情、感覚、直感――の相互作用によって色付けられる。また同時に二つのタイプ――内向と外向――もペルソナとその無意識の魂のイメージの生成にも寄与する。もし、私の意識的な機能が「感情」タイプで、感情的な判断をもとにして世界を扱おうとしたら、無意識は、合理的な男性的な魂のイメージを通じて補償しようとするだろう。そこで女性の私にとって、「アニムス」は極めて論理的なものとなる。そしてそれは夢の中では男性として、あるいは鷲のような、男性的なロゴスを表すイメージで現れる。あるいは、アニムスは外的世界に投影され私が恋に落ちる男性、あるいは私が強く惹かれる知的な道具によって担われるのである。

ユングの、タイプと機能からなる体系はユング派の分析家にとっては本来実に複雑なものではある。ここではごく簡単に紹介しただけだが、しかし、まずは心的状態やイマジェリーの流動性や混乱に対抗するための秩序と類型論が用意されているのだ、ということを理解していただければと思う。ユングの心の構造は、相当分かりやすいカテゴリーをもつもので、私たちをつき動かしているものを理解するために好んで用いられる。たとえば、もし恋に落ちたとするなら、私の膨張した感情状態は、おそらく何か意識にのぼろうとしていて、恋人に投影されている無意識とかかわっている。私が愛しているのは彼本人ではなく、私自身の心の認められざる一面なのである。その一方で、もし隣りの凡庸

自我	ペルソナ	四機能	シャドウ	魂のイメージ（アニマ／アニムス）	コンプレックス	個性化過程
♄	☋（サウス・ノード）	四つのアングル		♃（☽と♄）	全ての惑星 逆行惑星	♄♃の位相（黄道）
☉および全惑星，特に☽☿♀♂♄	大半の惑星 特に☽☿♂	☉／Asc. 星座＝優性機能　♀＝感情	♇ しかし，他の惑星も関わる	☽☿♀♂ に加えて♅ も関わる		♄と☉
		四元素				
☉ 第１，５，９ハウス	10/4 軸 ☽	四元素	第８ハウス ＝個人的 第 12 ハウス ＝集合的	第８ハウス	第８ハウス ♄＝自我 ♇＝権力 父と母♄／☽	星座
☉ 自己への橋としての☿		四元素	♄	元素 Desc.／第７の惑星 女性 ☉♂／♃♅ 男性 ☽♀／♆♇		
☽	Asc.	風＝思考 地＝感覚	♄	アニマ＝♀ アニムス＝♂ または♄		

表2 ユングと占星術：各占星家との関連

ユングの概念／占星家	意識 －個人的	無意識 －個人的 p －集合的 c	元型	リビドー	自己
ルディア		逆行惑星 p 土星外惑星 c		♂	☉／アングル関係
メイヨー	惑星，特に ☽ ☿ と ♅ ♆	惑星 特に，♇	惑星		☉ また ♃ ♄ と ♆ ♇
アロヨ	☉ から ♂ ♃ と ♄	惑星 ♄ － p 土星外惑星 c	星座		
ハマカーゾンダク	☉ と ♃ 第 2，6，10 ハウス	惑星 土星外惑星 第 4，8，12 ハウス	第 12 ハウス	活動宮 不動宮 柔軟宮	ホロスコープ 全　体
グリーン	☉ と ☽ ＭＣ	☉ と ☽ ＩＣ 土星外惑星 c	惑星と星座		十二宮全体 自我への橋 としての ☿
モーレル		♅ － c			

な老婦人を私が嫌悪するとしたら、多分その婦人は私のシャドウの投影対象なのであり、私が避け否定しようとしているのは、私自身の凡庸さなのだろう。

このような投影は、実情を考えて度を超した感情的反応が起こっているときにのみ、働いていると言える。しかし、このような考えは外的世界の独立性、また他者のありかたについて不快な疑念を呼び起こすことになる。極端に推し進めればユングのアプローチは世界を内在化させ、他者が自分の延長としか見えなくなる危険がある。★2

ユングの心の理解の仕方は、このように整理に便利で魅力的な構造と類型をもっているために、占星家は自分たちの方法とこの構造を組み合わせたいという誘惑にかられる。ユングの語彙を取り入れた占星術たちの著作は、例外なく、惑星を元型に対応させるばかりでなく、前提として出生図を個人の「元型パターンの基本的な衝動」を示すと見なしている。リズ・グリーンは、この前提から出発し、こう言う。

実際、出生のときのチャートは、象徴的な意味で、個人を作り上げているさまざまなエネルギーのパターンないし心的内容である。★3

種子の袋やブループリントのメタファーは、ここで、出生図は「心の地図」であるというよく用いられる信念へと変わる。チャートがユングの定義した「こころ」「セルフ」あるいは「パーソナリティ」と一致するのかどうかについては議論があり、リズ・グリーンも、こう示唆している。

「人を自分の人生へと押し出すもの」が何であるかは、ホロスコープには現れない。……したがって、「セルフ」はホロスコープの全体であるばかりではなく、ホロスコープを超えたものでもあるのだ。★4

しかし、一般的に言って、心理占星家たちは自分たちが心的領域の「地図《マップ》」をもっているという点で一致する。さらにこの地図は、外的世界の出来事ではなく、「内的」世界と個人の世界の捉えかたの構造を描写するものであるという点でも同意しあうだろう。

ユングのモデルのある部分には、占星術のイマジネーションを非常に喚起したものもある。たとえば、四つのエレメントに結び付けられた四つの心的機能は、スティーブン・アロヨの仕事をはじめ、★5よく取り上げられている。またシャドウ、アニムス、アニマなど無意識内容もたやすく占星家の用語の中に取り込まれた。アニマ、アニムスはとくに占星家のツボにはまるものであった。ロマンスや人間関係は、占星家にとっても相談者にとっても最も関心の対象になるものだからである。これはユング理論の中でもセクシーな部分であり、当然のことながら、占星家を興奮させた。すでに見て来たように、占星術自体が魂《ソウル》のイメージを求めていたのであり、分析心理学との愛情関係に陥る機は熟していた。

それでは、一体どのようにして、そしてどの点でユングの心のモデルは占星術と融合されたのだろうか。六〇年代にマーガレット・モーレルはユングの概念と出生図の対応関係について詳細な議論をしている。これは占星術と現代心理学にとって重要な評である。[★1] 彼女の仕事は、とりわけディーン・ルディアとリズ・グリーンに代表される、ユングに影響された占星術の二つの主潮流が生まれる間の時期に出たものであるという点で興味深い。彼女はユングの構造との間に対応関係を見いだすことに熱中したが、その一方で彼女は強い占星術の技法の洞察をもってユングに接近した。タイプと機能に関しては分析家によって確かめられている人々のホロスコープを研究対象にした彼女は、ユングのタイプと占星術の合致の仕方にはあらゆるパターンがあることを見いだした。ルディアのものも含めて、彼女の知る占星術は、一貫した一致を見せることはなかったのだ。ある人々の場合には、類型化はうまく合致するが、しかし、それは

……チャート全体を考えた場合であって、惑星の星座やハウスへの配分に基づくルールはない。[★7]

多くの占星家がこの種の対応関係を模索してきたが、しかしチャートのどの部分が心のどの部分を指すのかという点に関して共通意見は出ていない。表2のリストは、さまざまな占星家が示した、占星術シンボルと主要なユングの理論要素との対照である。このリストは、完全なものではないが、しかしただ、いかに一致が見られないかは示している。たとえば、ルディアはリビドーを火星と同一視

し心の相補性を木星に帰属させている。カレン・ハマカー＝ゾンダクは、さらに細部にわたってユングの理論と出生図とを合致させようとしている。彼女は元型を理論的構図の各部分だと見なしており、その構図全体をホロスコープの一部分、つまり第12ハウスにおいている。すべての占星術シンボルが元型であるという彼女の信念とこの定義がどのように両立するのかは明らかではない。マーガレット・モーレルと同じく、リズ・グリーンも対応の特定のルールはもっていない。その場に応じてチャートの中でもっともふさわしいと彼女が思うものを指示《シグニフィケーター》星としている。

このリストからあぶり出されるのは、心についての占星術モデルについて言えば、単一の「心理占星術」学派は存在せず、ユングに影響された占星術家たちの間に意見の一致はほとんどないということである。元型と集合的無意識を天王星、海王星、冥王星の外惑星と見なすのは共通しているが、しかしそれではこの三つが集合的無意識と類心的《サイコイド》層すべてを指すのでなければならない。心的機能との対応においてさえ、どのエレメントがどの機能に対応するのか意見は一致をみない。ロバート・ハンドは、モーレルと同じく水が感情機能であるという意見に対し説得力のある反論をしている。★8 モーレルは、また、感情と不動、直観と柔軟とのつながりは示唆しているものの、火を直観と見なすのは受け入れない。太陽と自我のつながりについてはある程度の同意は見られるが、しかしさまざまなほかのファクターも自我を示すと考えられている。モーレルは、月を自我と見なす。月は、記憶、過去とのつながり、そして火は自分に属していると見なすものと関係がある。ルディアは、その一方で、このファクターを土星と結び付ける。自我を境界、内包する力と見なす神智学の教義にのっとっているのである。

このリストは、魂のイメージ、シャドウ、あるいはセルフといった主要なユング派の概念においてすら、意見の一致が存在しないことを示唆している点で興味深い。これらに関するユング自身の定義もしばしば把握しづらいものではあるが、しかしこれらの言葉は占星家の間では広く一般化している。それでも意見の一致がないのは重要である。ことに著作物において難しいのは、著者のほとんどがほかの著者の仕事を参照していない点だろう。新しい本が出るたびに新しい対応関係が生まれる。自分の見方を正当化しようとする人がいないところで、すべてが個々の判断にゆだねられてしまう。この主題に関する、カレン・ハマカー＝ゾンダクの著作を見ても、彼女は対応関係を実践に移すためにたった一枚のチャートも示しておらず、またユングの影響を受けた現代の同僚たちの研究についても言及していない「最近の著作では、チャートを扱うようになっている」。

例として、ホロスコープの中に「魂《ソウル》のイメージ」を位置づけてみることにしよう。このために、ユング自身はホロスコープ術的な方法ではなく、普遍的な象徴を用いている。

月はそもそも男性の無意識的女性性の反映であるが、月はまた、太陽が男性の心の原理であるという意味で、女性の心の原理でもある。これは、太陽と月の占星術上の解釈において明らかである。★9

それでは、占星家はどのように魂《ソウル》のイメージのシンボルを出生図の中に位置づけるのだろう。著者にしたがって、これは木星（ルディア）にも、月、水星、金星、火星、あるいは天王星（メイヨー）にも、第8ハウス（カレン・ハマカー‐ゾンダク）にも、なる。あるいはリズ・グリーンに従って、伝統的占星術において人間関係を指すシンボリズムなら何にでも――エレメント、ディセンダント、第7ハウスの惑星、女性のチャートの太陽‐火星‐木星‐天王星、男性のチャートの月‐金星‐海王星‐冥王星――に対応することになる。ユングに忠実なルディアの場合には月をアニマにもアニムスにも見なす、よくできた議論を提供している。したがって、個人の性別によって、月は男性的なかたちも女性的なかたちもとることができ、意識の態度に対しての、反対《コントラセクシュアル》の性の相補性やバランスを表すものとなる。したがって月は本人の性別によって男性のかたちも女性のかたちもとることができ、意識の態度に対して反対の性の相補性ないしバランスを表すものとなる。[★10] モーレルの観点に立てば、占星術家は、この点に関しては文化的、社会的な差異を考慮にいれなければ過ちを犯す可能性が高くなる。彼女は、グレーテ・バウマン‐ユングがアニムスを表示する占星術シンボルを広く調査した結果に基づき、アメリカ人女性のチャートの場合には火星がアニムスを指示するが、ヨーロッパ人女性の場合には文化的に父親イマーゴによって強く支配されているためか、土星がアニムスを指示することを発見したと報告している。[★11]

そこで、心理占星家はユングの心のモデルを二通りの方法で用いていることになる。第一のものは、カレン・ハマカー‐ゾンダクに代表されるもので、体系的な象徴を求め、占星術象徴とユングの構造の間に多かれ少なかれ決定的な照応を作り上げようとする。このアプローチは、普遍的な対応関係を作ることによって心を「地図化」することを志すもので、たとえば太陽と月の関係は常に自我‐ペルソナ関係を表すものとなる。しかし、モーレルとハンドが指摘するように、占星術はその中に独自の心理学を内包しているのであり、決定的な照応関係を見いだそうとするのは楽観的どころか望ましいものでもない。ハンドはこの種のユングへの接近を、

一つのシンボル体系（ユング心理学）を別な体系（占星術）へと一対一の翻訳しようとする多くの占星家たちの一つの例である。それは占星術を正当化するために行われることが多いが、しかしこれは不幸なことだ。それ自体、独自の心理学の体系として占星術を理解すれば占星術は正統的などんな心理学よりもずっと強力な象徴的参照枠となるのだから。★12

リズ・グリーンに代表される第二のアプローチは、決定的な照応を求めようとはしないことから、より繊細なように見える。実践的には、彼女のアプローチは、「地図《マップ》」と言うよりも「心の開示《ショウイング》」と言ったほうがよいだろう。よくすれば——彼女がプエルを取りこぼさないときには——リズ・グリーンは個々のホロスコープを、個人の心的パターンをユニークな方法で示すものにしようとしている。しかし、「地図」であれ、「開示」であれ、これらのアプローチは両方とも、出生チャートから「深層の意味」を見いだすのにユングの構造によって立っているのにはかわりはない。

ユングの影響は、狭義の「心理学的」占星術をはるかに超えて及んでいる。ユング心理学や深層心理学一般のさまざまな鍵となる概念はホロスコープ解釈を覆うようになった。たとえば、シャドウ、ペルソナ、投影などといった言葉はユングの心理学全体という文脈の中で深層の意味を見いだそうとする占星術家たち以外のところでも、出生占星術の言葉として入り込んでいる。現代占星術は、ユングの用語をあちらこちらから借用し、脈絡なくあちらこちらで安易に使うようになっている。その結果、ここ数十年で起こった、ゆるやかな占星術の心理学化が進んでいった。このプロセスで一般的に起こった、そして多くの場合マイナスの結果となったのは、さまざまな占星術家が、退屈な性格描写を同じようにつまらない、自我とかアニマの描写にすり替えたことであり、また「背の高い色の黒い見知らぬ人」との出会いという占いが「シャドウとの対決」と変わった、ということである。

伝統的占星術をおとしめることなく、ユングの洞察とホロスコープのシンボリズムを結婚させることは可能だろうか。ここに挙げる例は、その問題点と可能性を両方示している。**図6・1**は、一九八〇年代にグリーンハム共有地の、合衆国空軍基地に反対していた女性活動家のものである。当時、彼女は五十代であった。その政治的信念は実に堅固なものであったために保険局の助産婦という定職をやめ、グリーンハム基地のゲートの前に、キャンプをして居すわり続けることにした。彼女は、ビニールテントで二年間暮らし、その間何度も逮捕されたり投獄されたりした。ただそこに居座ることに加え、彼女の重要な抗議行動は、周辺の防護柵を破り、基地の偵察機を赤いペンキで汚すことであった。

伝統的占星術のアプローチにしたがって、グリーンハムの女性と、私たちの知る人生記を説得力をもって対応させることができるだろうか。彼女の助産婦としての仕事は、天頂にある蟹座、母親の星座によって示されている、その支配星である月は、誕生と死を表す医学の星座、蠍座にいる。それはまた新月であり第9ハウス、蟹座の冥王星とミューチュアル・レセプションとなっている。この月 - 冥王星の組み合わせは、ただ彼女の仕事がたどった転覆を表すだけではなく、グリーンハムにいる間の劇的な経験も示している。メインゲートの外で、ある女性がテントで出産するときに、彼女の助産婦としての仕事が必要とされた。これは、はっきりと、第10ハウスの支配星である月が蠍座にいることでチャートに示されている。つまり、子供の分娩であり、またミューチュアル・レセプションである冥王星が、核兵器基地の外で、という状況を示している。[★13] 彼女は、出産のときに女たちを覆った静寂を、「まるで聖霊が降臨してきているようだった」と言っている。(沈黙の星座、冥王星、宗教の第9ハウス)。しかし、グリーンハムの助産婦の破壊工作活動の象徴はどこにあるのか。彼女は秘密主義者の蠍座であり、蠍座の支配星は、赤く怒りに満ちた火星であり、それは太陽と一緒にある。冥王星がトランジットしてこの水面下の組み合わせを横切ったときに、彼女は真夜中に鉄線を切り、偵察機を赤く塗ったのだった。シンボリズムは、精密で、見事、こっけいなほどに。

このチャートは、また六つの惑星が水の星座に入っている、水優勢のチャートであることからも印象深い。天秤座のアセンダントをのぞけば、風のエレメントは欠落しており、グリーンハムの女性が論理と物事を客観視する力が欠落していることを示している。ありていに言えば、彼女の行動は全く

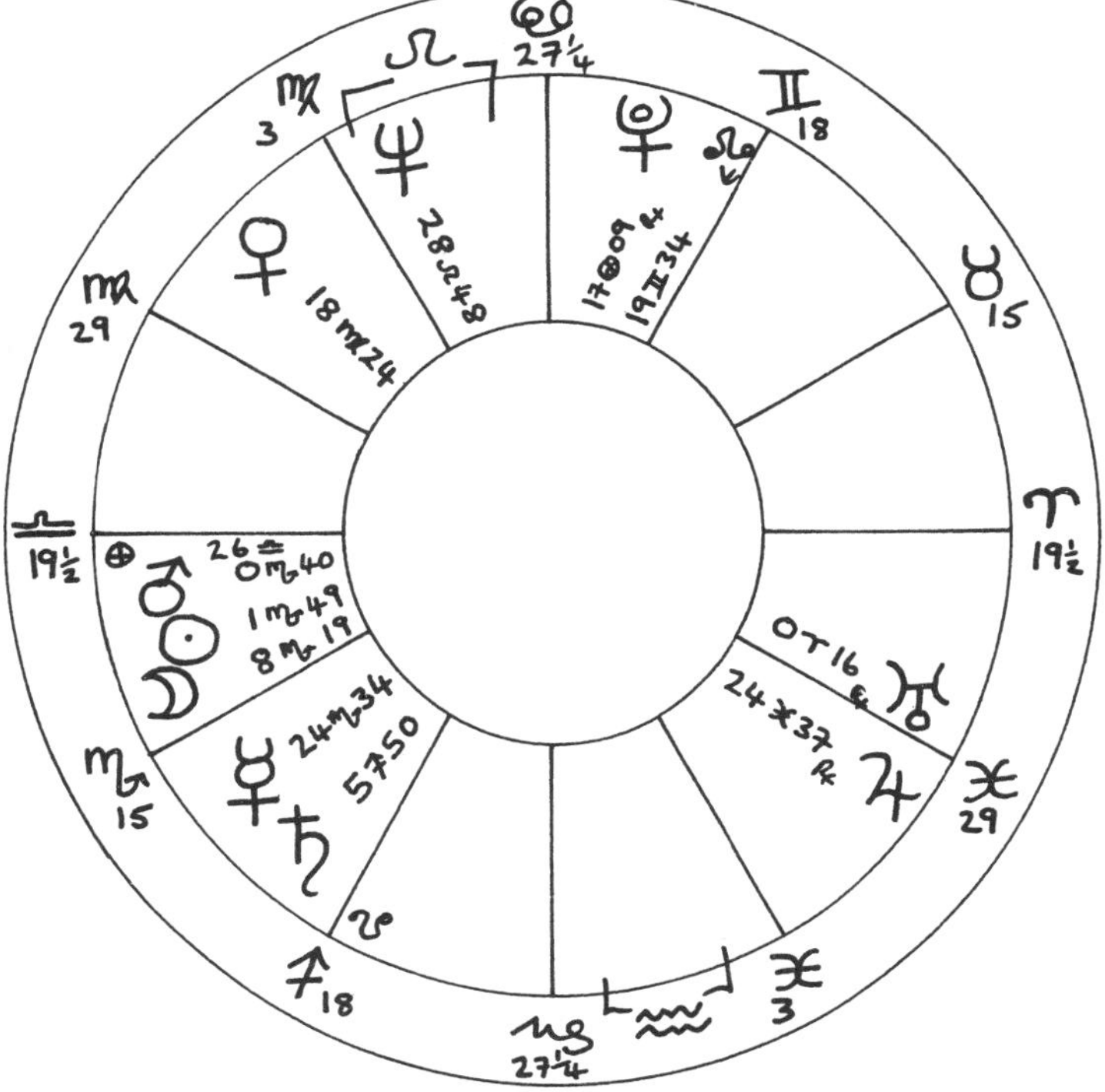

図6.1　グリーンハムの女性のチャート
1927年10月26日，06.00GMT，55N53，4W15.

☉太陽　☽月　☿水星　♀金星　♂火星　♃木星
♄土星　♅天王星　♆海王星　♇冥王星

♈牡羊座　♉牡牛座　♊双子座　♋蟹座　♌獅子座　♍乙女座
♎天秤座　♏蠍座　♐射手座　♑山羊座　♒水瓶座　♓魚座
☊ドラゴンヘッド　☋ドラゴンテイル

理性的ではないということだ。彼女は快適な中流のライフスタイルを苦労の多いテントでの生活と交換しそのライフスタイルで厳しいイギリスの冬を二度も越したのだ。その尋常でない感情の深さは、水の強調によって示されている。彼女は、この禁欲的な生活を続けなければならないと感じていた。ほかの人の目にいかにそれが理不尽に写ったとしても、彼女の観点に立てば、巡航ミサイルより理不尽なものはほかにはない。

このチャートに、ユングの心の構造を適用すればどうなるだろうか。四つのエレメントとユングの四機能の「適合」具合は、よい。すべての占星家が同意するわけではないが、風と水は一般的に思考と感情の機能を表すものとして認められている。この二つはユングの類型論では互いに対立しあっているものであり、その一つが意識の上で優勢であれば、他方は必ず無意識的であり、本人には接触しづらいものになる。このように水の星座に多くの惑星があることは、この女性にとって感情がもっとも意識的で、分化した機能であることが示されている。また、風の欠落は彼女の未分化な、無意識的な機能は理性であることを暗示する。ユングの理論にしたがえば、アニムスのイメージ――「内なる」男性イメージ――はこの最も無意識な機能によって想像され、色付けられている。したがって、グリーンハムの女性のアニムスは、彼女の無意識的な思考機能によってかたちづくられることになる。思考タイプのアニムスを示す典型的な兆しは、強い確信を抱いて、何かの意見を持ち出す女性だ。アニムスは無意識的なので、知らず知らずのうちに男性、物体、あるいは、「主義《イズム》」などを含む、ほかの適切な担い手に投影され外在化される。グリーンハムの女性が空軍基地の外にキャンプを張ったという事実は、これらのユング派の概念に照らすと、全く別の姿を見せ始める。空軍基地《エアー・ベース》は、彼女の風の基盤《エアー・ベース》だったのだ。男根的な巡航ミサイルを搭載した、飛行士《エアーマン》がいる軍事基地よりも男性的知性の優位性を示す強力なイメージがあるだろうか。グリーンハムの女性はアニムスを空軍基地の形に外在化させた。彼女の強い確信は、「アニムスに支配された女性」の「黒い太陽」の一つなのだろう。[★14]男性的な惑星は、太陽とコンジャンクションしたディグニティの火星もあって優勢だ。それに比べて、月と金星という女性の惑星は、両方とも、フォールの星座にあって、弱い。

　こうしてユング派のスタイルによるチャートの描写を手にしたわけだ。この女性のアニムスとの関係がどこまで「健康的」なものであったかは、一対一でのセッションによって判断すべきものとなる。劣勢機能は、集合的無意識に近いために、意識と共同して働けば、創造的なものとなる。この女性のグリーンハムでの突飛な行動は、彼女自身の劣勢機能に対する憎悪に向き合うための道であったのかもしれないし、また心全体へ、アニムスを統合するための、大事な方法だったのかもしれない。こうしたことをくぐり抜けた後に、彼女は自分の生まれを乗り越えることができるようになる。

　しかし、ここで急いで彼女のチャートから心の中のほかの要素を見つけだそうとする前に、占星術が滑り落ち始めていることに気をつけよう。ユングの四機能と四つのエレメントの興味深い比較として始まったものが、はずみとなって、いつの間にかこの女性をユングの構造の言葉でしか捉えられなくなっている。そうすると当然のようにペルソナを捜し求めるようになり、次いで、シャドウ、自我、と続いて行くことになろう。ユングの思想へのかかわりは、実り豊かなものではあろうが、私たちを占星術チャートに描写された女性から引き離して行く。もしこの路線にしたがって進んで行けば、すぐにチャートとシンボリズムは失われ、私たちはシンボルをすべてユングの心の内容物へと変えてゆくことになろう。

そうすると問題は、ユングの類型論ではなく、分析の試みそのものにおける還元論だ、ということになる。グリーンハムの女性の信じていたすべてのこと、彼女がとった勇敢な行動のすべては、彼女の、内側の、心理学的なディレンマと彼女の無意識的な動機に還元されてしまいかねない。これが本当に、蠍座における太陽‐火星のコンジャンクションから読み取れる最終的な「深層の意味」なのだろうか。

ユングの構造を持ち込む過程において、私たちは占星術のシンボルを豊かに見せてくれていた伝統的な占星術が与えてくれている方法論をあやうく見失いかけている。伝統的占星術と心理占星術の相違の鍵は、前者が本人の行動、この世界での行為に徹頭徹尾こだわることと、意識的、無意識な潜在的な動機などを勝手に推測しなくてすむ、ということだ。ユングのアプローチを応用すると、必要であるとは限らない、補足説明を必要とするパラダイムを導入することになることは避けられない。心理占星術の視点を応用すると、グリーンハムの女性は、たまたま巡航ミサイルが悪いものだと考えたために、偵察機にペンキを塗ったのだ、というのでは不十分になってしまう。そのかわり、彼女の内的な心理内容、心的機能やタイプをもちだして行動を「説明」したくなる。ここには論理の大きな飛躍がある。そしてその推理は、どんなにそれらしく見えたとしても、実際には何も説明してはいない。

現代という心理学の時代においては、私たちは、ただ心理学的な説明を得たときに、何かものごとの「真実」を知ったと考え、満足しているにすぎない。

また、現代の心理占星術は、個人の心にわけいってゆく段において、さらに不必要な仮説をもうけて自らに限界をつけている。物事、出来事への関心を失い、個人の内的世界を強調するために、心理占星術は、個々人の心を表す占星術的象徴は出生図だけだと信じ込んでいる。これが心理占星術と占星術におけるユングの思想の発展の双方を妨げている。心と世界は別々のものではない。心理学的還元論から抜け出す最初のなにより重要なステップは、出生図からの脱却することである。出生図は、心を理解するために必要な唯一のホロスコープではないし、心を理解するために最適のものとも言えない。投影のメカニズムが働いているのだという心理学的な洞察を得たとするなら、心的内容は個人の「内」と同様に、外的世界の出来事にも見られるはずである。どんな出来事、どんなホロスコープを通しても占星家は心と向き合うことができる。頻繁に「人生の断片」たる元型の現れを見ることができるのは、出来事《イベント》のホロスコープの中においてである。

そのことを示す例として、友人の占星家に起こった事件についてお話ししてみよう。ある意味では、それは些細な出来事に見えるかもしれない。しかし、それが起こったとき、彼は、ホロスコープを作成してみようと思う程度には好奇心をそそられた。ただ、彼はチャートを解釈することができず、私の見解を求めてきたのだった。私には、ユングの思想を取り入れること抜きにしてはこのチャートの意味を読み取ることはできなかった。が、ここではまず、彼自身の言葉で、その事件を綴ってみよう。

読者の方はこの話を読みながら、そしてチャートを見る前に、占星術のどのシンボリズム、あるいは「ユング派」の解釈が適切なのか、思いを巡らせることができるだろう。

私は、ハイストリートにあるレイマンズ文具店に立ち寄った。仕事に使うカーボン紙を買うためだ。私は誰かが人に呼びかけているのに気が付いたが、それが私に向けられたものだとは思わず、無視していた。と、こんなふうに話しかけてきた人がいた。

「どこでその傘をとってきたんです?」そしてその人物は私の腕をつかんだ。振り返ると、小さな子供を連れた魅力的な有色人種の若い女性がいた。彼女は、私の傘が自分のものかもしれないので、検分してみていいかと言う。私は断った。それは彼女のではなく、私のものだからだ。彼女は、セインズベリー(スーパー)から彼女の傘を私が持ち出したと言って責め始めた。私は穏やかに、もしあなたが傘を盗んだと思われるなら、どうぞ警察を呼んでください、と言った。そこで勢いはそがれたようだが、それでも彼女は持ち物を盗んだと言って、私を糾弾する。そこで私は言った。

「ですがね、証拠もなく人を泥棒呼ばわりして歩くことはできませんよ」そしてそれは名誉毀損だ、とも。

彼女は言った、「誰の名誉ですって?」私は答えた。

「私のですよ」

彼女はそれを無視して、傘が自分のものに似ているなと言い張り、それを検分させてくれと言い張った。私はそれを穏やかに断り、こう言った。間違いなく、これは私のですよ。彼女は身をひいて、自分が男でよかったわね、と言い放った。そこで私は、身をひるがえして、女性を大切にする姿勢を見せて、もしそれで気が済むのなら、と傘を検分するよう差し出した。が、それでも、傘はしっかりと握っていた。私は、この傘が自分のものであると証明することができると言い、彼女は彼女のものだと証明できると言った。私は、傘には泥の汚れがあると言ったが、彼女のにもあると言った。

彼女はまじまじとその傘を見た。そして私は言った。

「これでご満足ですか?」それに対して、彼女は「いいえ」と言ったが、それ以上彼女にできることはなかった。彼女は振り返って、子供にこう言って店を出て行った。

「さあ、いくわよ」

私はあぜんとしていたが、ずっと平静な態度でいられたこと、そして彼女がそれでも魅力的に見えたのには驚いた。

このような記述を見ると、この時のホロスコープには、所有の星座である牡牛座と議論の星座である双子座が強く見られるのではないかと予期される。また、窃盗の嫌疑をかけられたことは、水星が強調されていることも示されている。極端なステレオタイプ思考だということはわかっているにしても、もしユング心理学を持ち出せば、多くの白人男性にとって「有色の」証拠は、アニマを表す人物像であるある可能性が高い。★15 この出来事は公けの場で起こっており、かつまた男性は自分の名誉について考えているのだから、この話はペルソナ－アニマ関係があることを示している。店でのやりとりは、心の外在化として読み取ったとすれば、男性のペルソナがアニマの所有物を奪ったのだと見ることができる。彼女はばかにされたと感じて不満を抱いていたのであり、彼女のものを取り返そうとしていた。この出来事は、あるタイプのペルソナを維持しようとする意識の努力によって抑圧されたこの男性の無意識の内容が、分裂し、分断され、そして投影されて起こった。少女は彼の無意識のうちのアニマ、彼の魂《ソウル》のイメージなのであり、彼は心の中のアンバランスを取り戻そうとしていたのである。また彼女は、セルフのシンボルである子供を連れていた。

レイマンズ文具店の男性は道を外れてどこか迷い道に入り込むところであった。無意識は、そこで、彼の意識の一方方向への偏向を補償しようとしていた。彼は、仕事で使うカーボン紙を買おうとしていたときに、迷い道に入ろうとしていたわけだが、この状況にはどんな二重の意味があるのだろうか。答えはたやすくはないが、ユングの考えを占星術と結び付けるなら、この出来事とシンボリズムの解釈は可能になる（図6・2）。彼が彼女と出会った瞬間のホロスコープは、彼を正確に位置づけている。乙女座が上昇しており、地平線とスクエアとなっているアセンダントの支配星《ロード》である水星が彼本人だ。彼は仕事の用をたすところであり（第10ハウス、双子座の水星）、ハイストリートに来ていた（MCと双子座）。そこでカーボン紙を買おうとしていた（双子座）。水星はもの書きの神であるばかりではなく

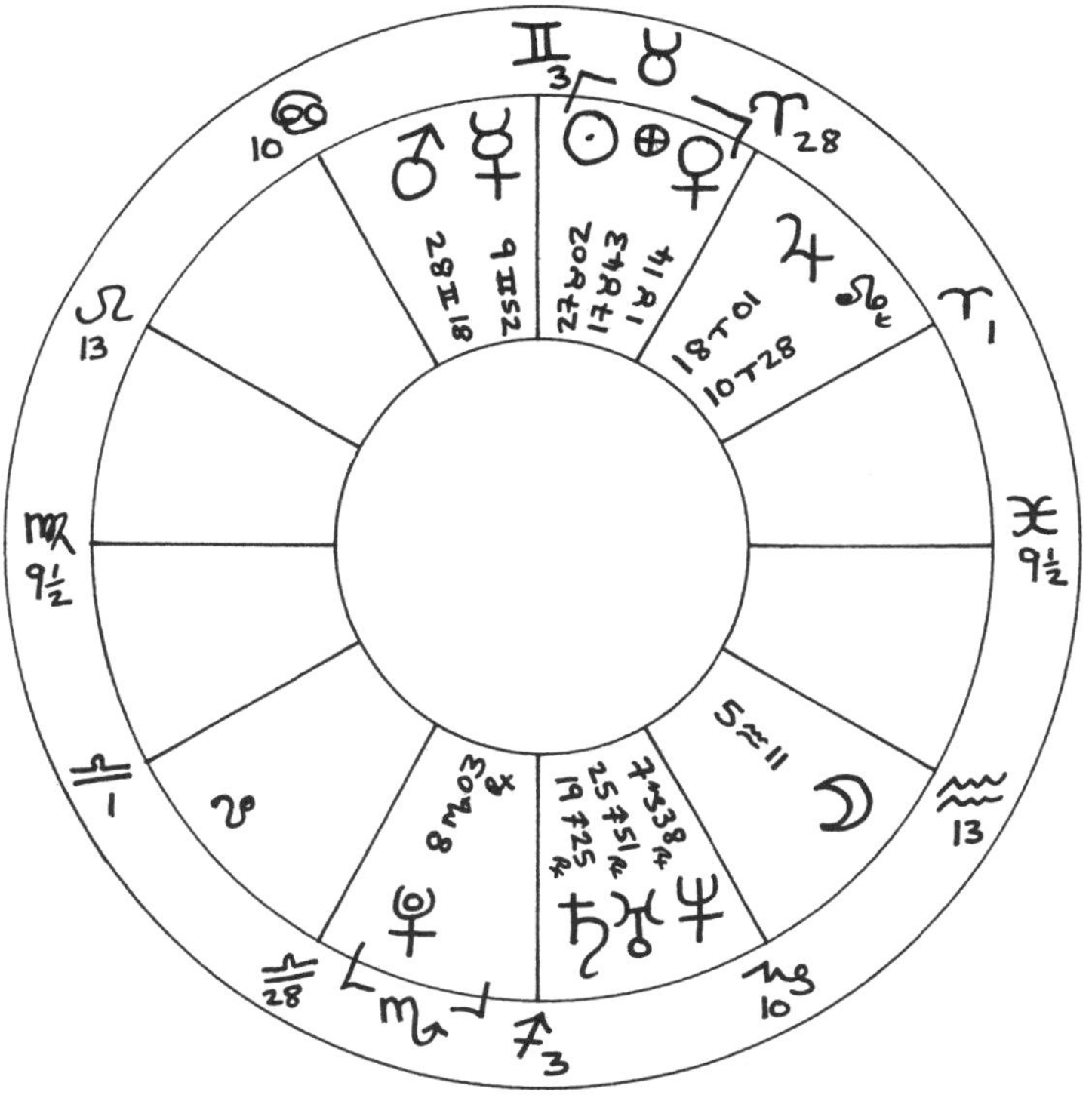

図6.2　傘事件のチャート
1987年５月18日，13.22BST＝12.22GMT，ロンドン，51N28，0W13

☉太陽　☽月　☿水星　♀金星　♂火星　♃木星
♄土星　♅天王星　♆海王星　♇冥王星
♈牡羊座　♉牡牛座　♊双子座　♋蟹座　♌獅子座　♍乙女座
♎天秤座　♏蠍座　♐射手座　♑山羊座　♒水瓶座　♓魚座
☊ドラゴンヘッド　☋ドラゴンテイル

泥棒の神でもあり、第10ハウスにあることから、公衆の面前で、窃盗の容疑で告発されたことを示している。

アセンダントの支配星で地平線にスクエアとなっているこの水星はこの男性のペルソナを表している（第10ハウス、アセンダントにスクエア）。ユングの類型論では、ペルソナは四つの機能の中でも最も分化した機能によってできあがっている。この男性の優勢機能は、水星が強い位置にあり、しかも風の星座にあることから、思考機能であると考えることができる、したがって彼の最も未分化な機能は感情であり、これは占星術的には水の星座と結び付けることができる。そこで、この未分化な感情機能によってできあがっている彼のアニマは「水のような」性質をもっていると考えられる。その女性が彼に傘のことでつっかかってきたのも、だから驚くに当たらない。傘は人間を水から守るために作られたもの、つまりアニマから守るものである。「その傘をどこで手に入れたんです？」と、彼女は詰め寄った。彼女は傘が彼女のものであったかどうか、つまりどの領域から彼がそれを手にいれたのか、確信をもてたはずはない。傘はただ水を防ぐばかりのものではない。傘はまた日影をつくることができる。それは「影《アンブラ》（ラテン語の umbra＝影）」であり、自我を補償する「影」なのだから。この女性は彼のアニマを表していたが、しかし、傘はたぶん、彼女だけのものではなかったのだろう。アニマのイメージは、影に属する要素に溶け合っていたか、あるいは「色づけられた」のである。

この女性はホロスコープの中でどのように現れているだろうか。見知らぬ人との出会いは、他者を表す第7ハウスによって表される。そこには水の星座である魚座であり、その支配星たる木星は第8

ハウスの牡羊座にある。しかし、火の要素を体現するこの巨大な惑星はこの少女とその行動を示すにはふさわしくないし、このチャートでは男性を示す水星と木星の間にはつながりはない。私たちは、どこかほかの場所にこのシンボリズムを求めねばならない。このような状況の場合には、月が状況の全体を表す第一のシンボルであり、この場合には月は友人、希望、願いを表す第11ハウスを支配している。これは善き神霊《グッド・ダイモーン》のハウスであり、おそらく、この男性はこのハウスで自分を正しい道に導く、「導きの守護霊」を求めていたのだろう。月はまた、女性性と魂を表す普遍的なシンボルであり、アニマの指示星《インディケーター》である。しかし、ここでもまた、月は水瓶座——冷静で、合理的で、客観的な——にあって、少女をうまく描写してはいない。彼女を指す星をまだ別のところに求めねばならない。チャートの中の、所有を表す牡牛座が強調されていることは、所有権の問題を示しているが、太陽も月も彼女を示してはいない。同じように、この女性の第2ハウスの支配星であり、また水星（男性）をディスポジターとする火星だけが、傘の描写にかろうじて近づいている。これではこのチャートは細部まで正確に読むことはできず、この若い女性と同じように、占星家も満足はできない。

しかし、ホラリーの方法によって星を動かすと印象的な解釈ができるようになる。それは月を応用する方法だ。月は第3ハウス、蠍座の冥王星とスクエアに接近《アプライ》しているところであり、このスクエアは月を水星、つまり男性の指示星《シグニフィケーター》へのパーフェクションとなるトラインに割って入っている。この重要な星の動きは少女との出会いのすべてを物語っている。冥王星は地下世界、ハーデスの神であり、影の世界の門番、シャドウ、この傘がつくる影なのである。月‐冥王星のスクエアはアニマのイメージであり、無意識的で元型的な女性像である。冥王星からのスクエアは月が水星（男性）にトラインを作るのを妨げており、これは男性が無意識の感情機能とつながれなくなっていることを象徴している。月‐冥王星‐水星の間で起こるような占星術的な星の動きを指す伝統的な専門用語は、「否《デイナ》認《イアル》」と呼ばれ、ホラリー占星家には一般的に用いられている。この言葉そのものが男性の心理的状況を示しているではないか。

このチャートの中に、私たちは無意識の内容が意識の態度を補償しようとするための出現が描写されているのを見ることができる。この男性の最も分化した機能は思考であり、彼の無意識的な感情機能は投影され、女性のかたちをとって外的世界からやって来た。この出会いは、見事に現実化している。そこにいるのは、スーツを着込んだいい男、慎みのある男、自分のふるまいに意識的で、この出来事を冷静に対処したことをどこかで誇りに思っている男である。まちがっても下層階級の人間ではなく、敬意を払われる種の人間である。彼の憤りは、ほかでもない、自分が公の場で有色人種の女性に、ささいな持ち物である傘を盗んだなどといって告発されたことにある。彼はもちろん、怒ってはいたが、しかしまた彼は「ずっと穏やかな態度でいられた」ことにも驚いている。そんなふうに驚いたこと、またそれに魅了されたことは、無意識の内容につかまれたことの証拠でもある。この状況に向き合うとき、彼が礼儀正しく、適切な行動をとろうとしたときに、彼の論理がいかに非論理的になっているか、注意してほしい。彼は、魅力的に見えたこの女性を「マダム」と呼んでいる。また彼は「どうぞ、警察を呼んでください」とも言っている。さらに法律用語、「名誉毀損」を持ち出し、ついには傘を「検分」するよう差し出している。そして最後には、所有者を示す証拠として、泥の汚れを持ち出している！　シャーロック・ホームズが出てくる幕はない。まったくの、初歩の問題。

このアニマとの出会いの目的は何であろうか。彼はカーボン紙を買いに行く途中で泥棒呼ばわりされた。おそらく、彼のペルソナは、自我とあまりに同一化しつつあったのだろう。魂を破壊する仕事についている人の多くの例にもれず、彼は自分自身を失い、カーボン紙のようになっていた。論理、風の要素の表す理性に捕らわれ、この女性を思考以外の方法で扱うことができなかった。これが彼のペルソナで彼が習慣的に世界を取り扱っているマスクなのである。では、多くの方法がある中で、どのように彼女と話し合うことができたであろう。彼はこの状況を楽しんで、ユーモアをもってかわしてしまうこともできたはずである。あるいは、この傘をつかって彼女に恋をしかけたり誘惑することもできたかもしれない。あるいは彼女をかわいそうだと思えたかもしれない。さらには、たとえこの傘が彼のものであったとしても、それを彼女にあげてしまうこともできたかもしれない。しかし、もちろん、彼はそんなことはいずれもできなかった。彼のペルソナは思考によって支配されており、感情的な反応には触れることができなかったのだから。そうするとなぜ月が水瓶座にあるのかわかる。彼の本能的な反応は合理的なものとなっていたのだ。そしてこの女性が彼にとって何であったかを示す最後の確証は、月が接近している冥王星が、この男性の出生時の月にオーブ内にトランジットしてきているという事実に示される。この女性こそ、否認されている、あるいは彼の中にはない感情機能であり、彼の出生時の蠍座の月のように、無視されているものなのである（フェミニスト・クラップ）。

この話の中には、占星術の視点からもユング心理学の視点からもまだまだ多くの点を指摘することができる。たとえば、泥の汚れは、もう一つ、別のエレメント、補助機能となっている地の要素を表している。もちろん、このような解釈は経験を積んだユング派の分析家が見いだすであろう、ユングのタイプ論と機能の微妙なつながりに比べれば、ずっと単純である。しかし、占星術の実践とのかかわりという点で重要なのは、ユングの心の構造がときに、占星家が、人とチャートとのあいだで何が起こっているのか、意味を見いだす際にとても大きな力を発揮する、ということである。このチャートと関連づけられた四つの機能は実に印象的であり、この時点でこの人物にとって啓示的である。元型は、「人生そのものの断片」としてここに現れており、それを通じて抑圧され、統合されていない心的内容が外的に現れているのである。外的世界の人間や世界を個人の「内的」世界、投影された内容に還元してしまうという問題は残っているが、これは現代という心理学の時代の問題であって、とくにユング心理学だけの問題というわけではない。

ユングの心の構造がいかに占星術と結び付くか、検討してきたが、その中で出生図を唯一の重要なものと見なす姿勢から離れていくことは占星家にとって極めて重要になってきた。その態度は、「心の地図」というアプローチが生み出すいくつかの難題を避けることになるからだ。この男性は占星家から、彼の心について語られたわけではない。彼が占星家に自分の経験をもってきた。これは、その経験についての占星術にそっても、ユング理論にそっても検討することができる。このアプローチと「心の地図」のアプローチの差異は、占星家が一種の占い手《ディヴァイナー》として活動しているかどうか、この世界ですでに起こっていることを受け止め、分析心理学と占星術を持ち込めるかどうかにある。これは、出生図の分析から、誰かの心の「中」で起こっていることを理論的に説明しようとするのとは全く違っている。私の知る限り、心理占星家は心を出生図以外に見ようとはしていない。トランジットについて触れられることはあるが、しかし、出来事のマップを作ったり、ホラリーチャートを持ち出すことはない。出生図のもつ限界から解放されれば、ユングの象徴理解についての、もう一つの、そしてずっと重要な次元が開かれる――それはこれまで占星家によって、ほとんど無視されてきた次元である。

心の性質は永遠に、ある意味で不確定、不安定である心理-物理的リアリティとして、永遠に私たちに挑戦してくる。この経験をさまざまな言葉、さまざまな体系で名付けることができよう。ハイストリートで男性が傘のことで糾弾されたとき、象徴的態度はこの出来事が実際の見かけ以上の意味をもつと考える。そこでユングのように彼女をアニマと呼ぼうが、ただ彼女を「精霊」と見なそうが、私たちはそこにもっと分化した意味を見いだそうとするだろう。そのとき、占星術はその意味を「占う《ディヴァイン》」のを助ける。しかし、このときに私たちはジャングルを這う生き物に出会うことになる。心の性質そのものと同じように、占術は常に姿を変えるキツネのように狡猾なものの領域なのである。占星術の場合にはほかの占術に比べれば、あまりそうは感じられないかもしれない。占星家は惑星や星座、ハウス、そして他者の心という客観的な現象を扱っていると信じているからである。しかし、占星術の素材の性質も、それは予測不能でカオス的で、突発的で、あなたが予想もしないところから現れてくる。客観性という幻想は敗れ、全く驚いてしまうのだが、そこで占星家は自分自身と出会う。占星術を研究しているときに、これがユングに起こった。そのとき、ユングは、これから見て行くように、全く当惑してしまうのである。

7

シンクロニシティ——共時性

上なるもののごとく、下もかくあり(As Above, So Below)。ユングは、研究の初期の段階で、すべてのものは有機的な統一体であるという古代のマクロコスム－ミクロコスム信仰に出会った。神秘的なウヌス・ムンドゥス(一なる世界)という考えが、ユングに大きな影響を及ぼした。元型についての心理学を推し進めていくうちに、ユングは多くの奇怪な偶然の一致を体験し、これらの経験を説明できる自分なりの理論的な言葉を探すようになる。彼はまた、占術がどうして当たるのかの説明も探すようになった。ユングは、占術が何らかのかたちでウヌス・ムンドゥスとかかわっていると信じていた。それは精神分析の用語で言えば、元型につながりのある無意識内容の投影であるはずであった。

「意味のある偶然」の研究は、シンクロニシティの概念に帰結する。この概念は、しばしば、占星術がいかに作用するかの説明として用いられている。しかし、この概念を用いるほとんどの占星家はユングのアプローチを単純化して適用しており、シンクロニシティ理論の占星術への意味は、今まできちんと検討されたことがなかった。ユングがシンクロニシティの例を説明する鍵となったのが、結婚に関する占星術上の表示体を統計的に研究した有名な「結婚実験」であったことを思えば、これは実に驚くべきことである。占星家がシンクロニシティ理論の検討を避けてきたのは、間違いなくユングの議論の組み立てのもつ曖昧さのためである。ユングは、統計という方法論を使うことに対しての批判を受けて、出版にあたり編集者と相当の葛藤を引き起こしている。[★1]

ユングはシンクロニシティを何を意味する言葉として用いたのであろうか？　一九五二年のエッセイにおいて、「シンクロニズム（形容詞形はシンクロナウス）」と、ユングがその言葉の裏面として使った「シンクロニシティ（形容詞はシンクロニスティック）」を区別することが理解の助けになると言っている。

……シンクロニシティとは……同一の、あるいは類似した意味をもつ、因果的には無関係な二つないしそれ以上の出来事が同時に起こる一致を指す。それは、ただ単に二つの出来事が同時に起こることを指す「シンクロニズム」とは、対照的である。[★2]

「意味のある偶然の一致」は、三つのかたちをとる。第一のものは

ある心的状態が、同時に起こっていると見なされる客観的なプロセスに対応する一致である。[★3]

これがふつう偶然の一致と見なされる。ちょうど思っていた本のページが開かれる。まさにその瞬間、考えていた友人からの電話が鳴る。第二のかたちのシンクロニシティは、

幻視（夢やヴィジョン）を伴う主観的な心的状態が、後になって大なり小なり「共時的」であったことが分かるもの。しかし、ここでは客観的な出来事は、ほぼ同時に起こっているとはいえ、離れた所のものである。[★4]

第二のタイプの例として、ある女性が夫の出張中に恐ろしいハルマゲドンの夢を見たとしてみよう。彼女はそのことを知らなかったのだが、夫はヨーロッパ行のスケジュールが変更になり、彼女が夢を見ていたときには、広島の市街を歩いていた、というような場合である。

第三のシンクロニシティのかたちは第二のものと似ているが、知覚されたものが未来の出来事であって、現時点においてはそれに対応する夢やヴィジョンでのみ現れる、という点が違っている。このかたちは、水晶玉を通じての予言、予感、あるいは予知夢やこのようなすべての透視現象に代表される。ある種の占星術の予言も、このカテゴリーに収まるだろう。

この女性の夢のような、第二のかたちの意味のある偶然は、一般的にはテレパシーないしは「思考

の転移」として理解されている。ユングが特にテレパシーをシンクロニシティの一形態として分類しようとしたのは重要である。この分類は、テレパシーやオカルトを精神分析の文脈の中で捉えようとしたものである。さまざまなオカルト現象の中で、フロイトは唯一テレパシーを分析の対照として受け入れる心積もりがあったし、さまざまな説明できない出来事をこのカテゴリーに還元しようともしていた。[★5]また、この説明は現象をある程度まで心的「エネルギー」として合理化し、自然科学の説明からあまりに掛け離れて見えないようにすることもできた。フロイトは、そのほかのあらゆる説明――「黒い潮流」――に近づかないようにしていたが、この点に関しては、フロイトはこの現象を無視するようにしていた。占術や予兆のもつ客観的なリアリティの問題は、彼にとっては自分の理論の範疇には収まりきらないものだった。[★6]ユングにとっては、占術の問題は検討の余地を残すものであった。彼は占術のもつ現実味に向き合う知的な勇気をもっていた。これがユングが占星術にとって重要となる大きな理由である。

ユングのシンクロニシティに関する三つの定義にはすべて、感情的、心的な内容、ある出来事の意味に対する不思議な感覚をはらんでいる。三つの定義にはうまく適合しない経験も数多くあるが、しかし、それらもまた、シンクロニシティとして捉えられるのは、そこに不思議な意味の感覚が存在しているからである。たとえば、この本を書いている間に、私はユング、フィレモン、そして彼の庭に落ちていたカワセミの死骸の話を友人たちにしていたことがある。私は、彼らにカワセミの生態や、聖杯伝説の中の漁夫王のふるまいについて知らないかとたずねた。彼らは前者については全くの無知だったが、後者については細部にわたって多くのことを思い出すことができた。その数日後、私はこんな手紙を受け取った。

私たちは日曜の夕を大いに楽しみました。月曜の午後、私の母と私は湖の上をカワセミが飛んでいるのを見たのです。すると母は、すぐに五年前にカワセミの死骸を拾った話をし始めました。そのカワセミはプールの建物《コンプレックス》のガラスに当たって死んだのに違いなく、母はそれを持ち帰って孫娘に見せたのでした。

私の友人は、過去にカワセミを見たことがないという。これはユングを読んでいるときに起こる、典型的な種類の出来事である。カワセミについて話していると、カワセミが現れる。これがユングの言葉で言うシンクロニシティであるとすれば、そこには「意味」がなければならない。しかし、これは「意味」を持っているのだろうか？　死んだカワセミと、そして生きているカワセミの出現に関する二つの話が同時に奇妙なかたちで起こったのだから、そこには意味があるのだと想像する人もいるだろう。私も、当然のことながら、私の友人のように、なぜ彼がカワセミの死骸の話を聞いたのか、そして生きているカワセミを目にし、過去カワセミを見たこともなかったというのに、その二十四時間以内にもう一つのカワセミの死骸の話を聞かねばならなかったのか、理由を知りたいと思う！　そこでは「説明」として持ち出される多くの見方があるだろうし、思考の転移もその中で明確なものの一つである。私たちの会話の後、友人の心の中にはカワセミのことが残った。彼の母親はこれを潜在意識で、田舎を歩いているときの周囲の環境の中から拾い上げ、湖の上を飛ぶカワセミに目がいった。彼女は、無意識的にカワセミが息子にとって重要であるということを知っていたからそうなったのである。もしこのフロイトの考えに沿うなら、結局は私たちはこの出来事の意味を母‐息子という、なじみの深いオイディプス状況に見いだすことになるだろう。

もう一つの精神分析的解釈は、思考の転移の問題を必要としない。その出来事は、単なる日常の不条理な出来事の一つであり、私たちの意味の探求は、何かの説明を求める単なる人間的な願望にすぎない、ということになる。「意味」は万能感を求める欲望の表現として見られることになる。私たちは、自信のなさや孤立を恐れ、世界から分離することが耐えられない。カワセミのような偶然の出来事によって、何か特別のことを求める「願望」が魔術的に成就する。このような状況は「無意識に沿って動く」。人々の間では自明のものであり、占星術や占術にかかわる人々は、これが多くの人にとってオカルト遊戯にふける人々にとっての駆動力になっていることがわかるだろう。しかし、私たちは、このような現象を神経症へと還元してしまう説明を採用することはできない。きわめて正気の、観察力のある、そしてバランスのとれた人々も、またあらゆる時代の哲学者も含めて、このような現象にはずっと出会ってきたのだから。神経症への還元はよく見られるが、しかし、これは知的には脆弱なものである。それは不快なリアリティに対しての防衛にすぎない。そこで、このような出来事を前にしたときには、思考の転移という生理学的合理化も、全能感説も、フロイトが書棚の騒音を「幽霊コンプレックス」と見なしたときと同じように、現象をきちんと見ていないことになる。ユングは、無数の人間にとって非常になじみの深いこのような現象を認めたという点で、二〇世紀の指導的思想家の中ではとりわけ注目すべき、そしてユニークな人物である。彼の記述は、これらの経験をまるごと認め、そしてそれ自身に語らせることを可能にする。彼が優れた現象学者であったと言うのはまさにこうした点にある。

カワセミに戻ろう。ユングとフィレモンについて考えていたときに起こったこの偶然の一致の場合には、カワセミの出現はまちがいなく、「ユングふうの」ニュアンスを帯びている。その出現は、典型的なユング派のメタファーである——「プールのある建物《コンプレックス》」は、集合的無意識、つまりコンプレックスや私たちの経験が集合的であり、かつ「貯蔵《プール》」されている元型の座の領域を表す実に印象的なイメージではないだろうか。カワセミは水から魚を引き上げる鳥である——それは無意識の内容を意識化しようとするものである。私たちは、この二番目の死んだカワセミの話を、無意識からの力を求める（水のなかに魚を求めて飛び込むこと）意識の飛翔（カワセミ）は、コンプレックスの目に見えないガラスの壁《バリア》によってせき止められている、と再度取り上げ《リティク》し、考え直すことができる。

しかし、これが「意味」をなすのだろうか？　そしてこれが、シンクロニシティの背後にある、一般的にも、そして私個人に対しても見いだすべき唯一の意味なのだろうか？　偶然の一致には、唯一の意味などおそらくないのだろう。その経験が起こった、それぞれ別の文脈を必ずシンクロニシティに巻き込まれた人は持っている。そして同じシンボルが別な人には別な意味を持つ。カワセミも、私と友人では違う意味になる。この偶然の一致があったことで、私はさらに深く、カワセミ、漁夫王、そして聖杯とユングの仕事について考えてゆくようになった。ユングについての私の考えは、そのとき、超越機能が活性化されたことで、このシンボルによってより強化された。それはまさに進行しつつあるプロセスであった。カワセミは「意味を孕んでいる」シンボルであり、多くの意味の可能性を秘めている。象徴的態度を有する人間にとっては、偶然の一致の「意味」はただ、ある形に収まるようなものではない。シンボルはぐずぐずといつまでも消えず、曖昧な領域へと入り込んでゆく。カワセミを見た瞬間のホロスコープでは、月が射手座にあって、獅子座の木星とトラインとなっている（二四／九／九〇、午後三時四〇分、ハインドヘッド）。しかし、いまだに私はこのチャートを解釈できないでいる。ユングの言葉で言えば、元型が意識の中に割って入ろうとしているのである。しかし、元型はけっして意識化されず、何か「深層の意味」を探ろうとして、私は永遠に悩まされるだろう。

第一印象としては、偶然の一致は、たとえば、言い間違いのようにささいなこと、重要ではないことに見えるかもしれない。そのお陰で命を救われるような災厄の兆しや予感といった大きな夢も起こることはある。しかし、それは実際にはまれなことであり、ほとんどの一致はそんなに劇的なものではなく、むしろ、一見したところ意味が「ない」ことに特徴があるように見える。しかし、そうした一致はとても奇怪な印象を与えるので、象徴的態度によってそこに重要性が生まれ、超越機能を発動させるのである。そうなったとき、情緒的な動きが起こって、一致に意味が生じる。そしてそれはユングの定義に沿うシンクロニシティとなり、元型的基盤が働いているのが見て取れるようになる。ユングは、元型が共時的出来事の基盤であると確信していた。

私が観察したり分析した自発的な共時的現象のうちの非常に多くには、元型との直接的な関係があることを容易に示すことができる。★7

実際には、この元型的基盤は見て取るのが難しいこともある。フォン＝フランツの本を読んだとき、★8私は、旅の途中では、物事が進行中であるために人々はよくシンクロニシティを経験するのだというコメントに興味をそそられた。そしてちょうどその次の日、通勤者で込み合う電車の中になんとか割り込んで、一つだけ空いていた席に座り、移動中の読み物としてフォン＝フランツの本を取り出した。ふと目をあげると、真向かいに座っていた女性が同じ本を読んでいるではないか。ウヌス・ムンドゥス、つまり一なる世界があるのだという不思議な感覚を覚えたが、とりたててそれで感情が沸き上がるということはなかった。もし、その女性か私が声をかけ、会話を始めれば、何かの意味が生まれたかもしれない。しかし、それだけでは全く意味のない偶然の一致に思えた。私も彼女も話かけることはしなかったし、私には、ただ移動中の偶然というかたちでフォン＝フランツが現れたばかりであるようにしか見えなかった。たとえそこに深い元型的基盤があったのだとしても、それはいまだ現れてはいなかった。

しかし、さらに深い基本的な問題がユングのシンクロニシティの描写の核心にはある。ユングの概念は、彼自身の非合理で実存的な経験を理論と適合させるための試みであった。ユングは理論を発展させるとき、つねに象徴的な知覚と理論構造の間の両極を揺れ動いていた。ユングの試みは、パラドックスに満ちていた。豊かな神話、魔術的な物語の世界に入り込んでゆくユングは、プロゴフが記録するように、科学を賛美し、相対性理論にも匹敵する理論を構築しアインシュタインと張り合いたいとすら考えていた。[★9] シンクロニシティの観念を発展させるうちに、プロゴフが「二重の概念《ダブル・コンセプション》」と呼ぶものが生まれて来てしまった。これはまたマリー・ルイーゼ・フォン＝フランツによっても指摘されている。

ユングが共時性の原理の仮説を推し進めるときには、共時的現象が実はある種の規則性をもっており、何かの法則に従っているのだが、その背後の法則を未だに発見していないのかどうか、ということが問題となる。……この問いに答えることは不可能であり、長年の思考と議論の結果、ユングは、私たちの合理的知性にとっては不快なことではあっても、共時性の出来事は「まさにぴったり」の話であることを認めねばならないと結論した。[★10]

シンクロニシティについて出版された最初のものは、一九三〇年のリヒャルト・ヴィルヘルムへの追悼講演であったようだ。ユングはその中で、占星術の問題をとりあげ、占星術の基礎が「偶発的で、純粋に概念的な時間体系」にあるとしていた。

もし占星術的診断が正しいことがあるとするなら、それは星座の影響力のせいではなく、ここで仮説にしている時間の性質のためである。言い換えれば、ある瞬間に生まれたり起こったりしたことは、その時間の瞬間の性質をもつのである。[★11]

この引用文は、占星術関係の著者たちに大いに好まれている。この文は、ほとんどいつも本来の文脈から切り離され、出生時の客観的な瞬間の重要性への信仰を支持するために利用されている。実際、ある時間の瞬間が客観的でオカルト的な性質をもつことを基盤とする、初期のシンクロニシティ観を、ユングは一九四九年になって『易経』に対しての序文を書くときにまでも捨てていなかった。

有能な星占い師なら、私に会っただけで、私の誕生の時刻に太陽と月がどの宮(星座)に入っていたとか、また私の誕生時の運勢を示す宮がどれか、といったことを教えることができる。このような事実があるのだから、ある瞬間が長く残る影響をもつのだということを認めねばならない。[★12]

しかし、この時点で、ユングはさらに想像的な可能性を目指す「仮説的な時間」の考えを発展させ始めてもいた。五年後、一九五五年のフランスの占星家バルボーに宛てた手紙の中で、ユングは、私たちにとって無視できない重要なことを言っている。ここで述べられているのは彼の初期の質的時間の考えを「無効」とするもので、シンクロニシティの概念と区別されている。

　これは私がかつて用いていた概念でしたが、今は私はそれをシンクロニシティの観念と置き換えています。……質的時間とは事物の流れにほかならず、それは空間と同じようにそれ自体では何物でもないからです。この仮説は、同語反復《トートロジー》以上のものではありません。つまり、事物と出来事の流れは、事物の流れの原因である、と言っているようなものなのです。……★13

ユングはどのようにして、そしてなぜこの立場に到達したのだろうか。答えは、初期の理解では、シンクロニシティに含まれる主観的な心的内容がうまく表現できないことにしだいにユングが気づくようになったため、である。定義の中では、ユングはしばしば心的内容の性質について曖昧さを残しており、それが「二重の概念」を生み出す結果になっている。これは『易経』への序文の中にはっきりと現れている。

シンクロニシティは、空間と時間における複数の出来事の間の一致を、単なる偶然以上の意味があるものとして捉える。とくに、客観的な出来事同士の相互依存的な関係、あるいは、それに

加えて単数または複数の観察者の主観的（心的）状況まで含めて考えるのである。★14

曖昧さは、「それに加えて」という言葉にある。客観的な出来事と主観的な観察者の心的状況の関係性は不明瞭である。これが、結果的に私がシンクロニシティⅠとシンクロニシティⅡと呼ぶ二つの形を生み出してしまうのである。最初のシンクロニシティは客観的な出来事の（意味のある）相互依存性を強調する（シンクロニシティⅠ）。第二のシンクロニシティは、観察者の心の主観的な参与に光を当てる（シンクロニシティⅡ）。ユングの記述は、二つの公式化を含んでいるのだと認識すれば、この概念にまつわる多くの複雑さがすっきりとするだろう。

最初のかたちのシンクロニシティ（シンクロニシティⅠ）は、客観的に観察された心と客観的に観察された出来事の間に関係があることを示す。もしそうなら、相互依存性は客観的に観察できることになる。これがユングの初期の希望であった。シンクロニシティⅠは、したがって質的時間を突き放して客観的に見ようとさせ、理論や法則を見いだそうとするものであった。しかし、第二のかたち（シンクロニシティⅡ）は、この法則が作用しているのを見届けようとする、観察者の心の主観的な参与を認めてしまう。これは占い手であるユングがよく知っていた、共時的な出来事の、法則の通用しない、不気味で予測不能な、「ただそれだけの」性質の中に現れる。これがシンクロニシティⅡである。

一九五二年のシンクロニシティについての論文では、ユングは作用している照応の「法則」を見い出そうとしていたのだが、自分の定義の中に含まれるこの二つのかたちを区別できていなかった。ユングは、西洋の哲学ではいつもどちらにも還元できずにいた主観‐客観の分裂に橋をかけようと、二つの間を行ったり来たりしていた。ユングは、心的状態から、共時的現象の本質である「意味」を切り離すことはできないと分かっていた。そこで、人間の意識に先立って、客観的な出来事と心の両方にまたがって深層に存在している、「類心基層《サイコイド》」を提唱せざるをえなかった。それは、錬金術的なウヌス・ムンドゥスたる、神秘的で統一的な基盤である。元型はここを通じて、外的事象として客観的に立ち現れてくる。しかし、観察者の参与によって立つ、シンクロニシティIIの場合にだけ、ウヌス・ムンドゥスは意識できるのである。そこでは、あなたは外部に立って「一なる世界」を観察することはできない。

占星術は「客観的な出来事同士の相互依存」を示す理想的な媒体に見えた。占星術においては、一連の対象――惑星の配置――が、別な一連の対象――つまり客観的な出来事と対応する。チェルノブイリの惨事の場合には、太陽が冥王星とオポジションをとっている、日食に近い日に起こったという、一見どんな観察者の心からも独立しているように見える出来事が、後から見ると明らかに意味があるように見える。同じように、これまでの章で私は、ユングのチャートの惑星配置を彼の人生や仕事と照らし合わせて来た。これが、「客観的な出来事同士の相互依存」と言われているものである。惑星と出来事の間には、認められた因果関係は存在しないから、占星術は、シンクロニシティによる説明を必要とするのである。ユングは、彼の結婚実験によってシンクロニシティを示し、「説明原理とし

ては、因果律にも匹敵する」「非因果的な連関原理」を見いだしたいと考えていた。★15

これは、占術に対するユングの葛藤を示す重要な表明である。七十代を迎えていた人生のこの時点においても、そして何十年も象徴的、オカルト的な世界にかかわってきたあとでも、ユングは科学的手法を適応できると考え、研究に乗り出そうとしていた。

> このような実験を進めるには、占星術への信仰は必要ではない。ただ、出生のデータ、天文学的な暦、ホロスコープを計算するためのロガリズムの表さえあればよい。★16

これは、明らかにシンクロニシティI、つまり、「客観的な出来事同士の相互依存」である。ここに、科学者と占い手の分断がある。一体どのようにして科学者が偶然や奇怪な「ただそれだけ」の話の性質をもった偶発的出来事の背後にある原理を発見することができようか？　あるいは、占星術で使われているようなシンボルが、参与している占星家にとって意味をなしていることを証明する科学的証拠を見いだせようか？　ユングは、サン・ルイ・レイの橋の秘密を解き明かそうとするファーザー・ジュニパーのようである。★17　ケストラーは、ユングと「共時性と」似た「連続性」の原理を提唱したカンメラーについて、このように言っている。

> 神の知性は人間の理解を越えているという仮定から出発して、いかに神の知性が働くか説明し

ようとする神学者たちのように、非因果律を提案しておきながら、それを偽因果律の言葉をつかって説明しようとする。★18

ユングの最初の仮定は、時間には客観的な性質があるという前提から出発している（シンクロニシティI）。この立場をユングは一九三〇年においても保持していた。彼は、このように確信している。

我々が求めている意味のある偶然の一致は、占星術の中ではすぐに明らかになる。占星家によれば、天文学的なデータが個々人の性格特性に照応するのであるから。★19

ユングがシンボルについての自身の定義に重きを与えなかったのは驚くべきことである。彼がそうしなかった事実は、ある意味では「客観的」なものに見え、ついにはその象徴的、占い的な基盤を覆い隠してしまう占星術の驚異的な力を反映している。ユングですら、古典的伝統的な占星術の客観的なスタンスに騙されてしまったのである。シンクロニシティIの観点に立つことによって、ユングは天文学的データの一片とシンボルとを混同してしまった。そこで天文学が性格描写に照応すると考えられるようになり、シンボルから意味を引き出す占星家の主観的な解釈は、この符合には含まれなくなってしまう。

個人の性格について語ることは難しい。そこでユングは、結婚を調査するようになった。結婚は特定の出来事《イベント》であり、結婚したカップルの相性をユングは調べようとした。愛と絆を示すさまざまな占星術的なコンビネーションのうち、彼は三つの伝統的なファクターをプイトレマイオスから選んだ。つまり、「太陽と月、月と月、そしてアセンダントと月のコンジャンクション」である。ユングは結果を分析することをあまりにせいていたために、データがすべて集まるのを待ちきれず、せっかちにも、協力者のリリアン・フレイ-ローンに、最初に集められた素材の合致具合を調べるよう依頼した。結果は、占星術を見事に証明するものとなっていた。カップルたちの組み合わせは、高い比率で「太陽と月のコンジャンクション」を見せていたのである。ユングは、残りのデータも同じ結果を再現しないかぎり、これは統計的には有効ではないことも気が付いていた。しかし、フォン-フランツは、ユングが庭でこの結果を喜んでいたことを思い出している。そして、そのとき、

石づくりの壁から、彼に笑いかけているいたずらっぽい顔が見えた。……こんな考えが、突然浮かんだ。自然の精霊、メルクリウスが、彼をからかおうとしているのではないか？★20

結果を疑うユングの本能は、残りの素材によって続いて引き出されたいたずらによって確証された。二回目の組み合わせは、最初の結果を補強するものではなく、むしろ高い比率で「月と月のコンジャンクション」を示した。三回目の照合は、「アセンダントと月のコンジャンクション」を多く示し、これが最後には、最初の結果の優位性を払拭してしまった。つまり、すべてひっくるめると、どの組

み合わせにも統計上の優位性はない、ということになる。しかし、ユングにとっては、ここにまた別種の秩序の優位性があると思われた。統計は、奇妙な結果を招いた。ユングが捜し求めた三種類の組み合わせは、三つのそれぞれ独立した照合に現れた。つまり、「太陽と月、月と月、そしてアセンダントと月のコンジャンクション」である。

ユングは出生時の天と結婚相手との間に統計的に客観的な照応関係を発見することに失敗した。つまりこれは、意味のある、「客観的な出来事同士の相互依存」（シンクロニシティI）を示すという意味では失敗だった。そのかわり、観察者としての彼自身の主観的な状態がそこにかかわってくるように思えた。実験結果は、彼が求めていたものを出して来ているように見えたのである（シンクロニシティII）。彼はそこで、科学というよりも占術に近い、一歩を踏み出す。ユングは同じ素材をつかって、シンクロニシティのトリックスターに自由にふるまえる場を与えた。もし、最初の実験でユング自身の主観的な状態がかかわって来ているのだとするなら、もし観察者が変わったらどうなるのだろう。彼は「心理的状態が正確にわかっている三人」を選んだ。[21] 三人はそれぞれ、結婚したカップルのホロスコープの山の中から、くじで二十組を選ぶよう依頼された。このときのカップルの相性が調べられた。最初の選択は、「強度の感情的興奮状態」にある女性によってなされた。彼女が選んだカップルの間では、

我々が先に行った実験の一般的結果と比べたとき、火星のアスペクトの卓越があり、これは被

験者の心理的状態と完全に一致している。[22]

第二の例では、ホロスコープを選んだ被験者は、「自己抑圧的な傾向があって自身のパーソナリティを認め、押し出すことができない」女性だった。彼女は、アセンダント／ディセンダントと月の関係が強調された結婚カップルを選んだ。ユングは「占星術的に考えれば、この結果は被験者の問題と完全に一致していた」と評価している。最後に、三番目の女性の被験者は、「強力な内的対立をもっていて、その二極化傾向の統一、統合が主な彼女の問題であった」。彼女は、太陽と月のコンジャンクションをもつカップルを選んだ。これははっきりと対立物の一致を示している。

ユングのこのゲームは、統計的にはほとんど無意味で、比較的注意深く組み立てられた主実験には似つかわしくない。しかし、これは占星術について注目すべき示唆となっている。彼のシンクロニシティの議論は、ESP現象とラインのESP実験への研究にともなって生まれて来ている。そこでは被験者の心的な状態の関与ははっきりしている。ユングは、占星術実験に取り組む自分を、最初は熱心であっても、だんだんと飽きてくるにつれて有意な結果を出せなくなってくるESP実験の被験者になぞらえている。さらに重要なことは、ほかの被験者がかかわってくることで、結果は被験者自身を反映する結果が生まれて来ているということである。意味のある一致は、もはやただ結婚という事実と天文学上の星の配列との間にだけあるのではない（シンクロニシティI）。結婚したカップルの相性は、選択をした個人の心的状態を反映しているように見える（シンクロニシティII）。この「科学的実験」の方法は、ここでは占術へと滑り落ちている。しかし、ユングはそれでも、科学的な立場を固持し、外側からの観察者の立場にとどまっている。彼は、超心理学の実験に含まれる「危険」について語っている。

これらのことがらの長年の観察から、自発的で共時的な現象は、どんなことをしても観測者をそこで起こっていることに引き込んでゆき、ときには、そのふるまいの共犯者にしてしまうことがある。★23

客観的な時間の内に横たわる原理を求める科学者として、ユングは占星術に「惹かれた」。しかし、占い手としては、彼はその場の外に立ったことなどないのかもしれないと疑い始めた。占星術と、いにしえの占星家は、

不安定な基盤によって立っている。しかし、私が想像するに、その場合でも、私の実験と同じように、物質と占星家の心的状態の間には、秘密の共謀関係が存在するのだ。この符合は、ほかのあらゆる快い、あるいは不愉快な偶然と同じようにただ、そこにある。しかし、私はそのような偶然以上に、それを科学的に証明できるかどうか、疑わしく思う。★24

この、感情に満ちた、心地よい、あるいは不愉快な照応こそ、共時的現象である。占星術における シンクロニシティは、天文学的な星の配列と世界における出来事、いや、天文学的配置と個人の性格の間の符合としてだけでは完全には理解できない。シンクロニシティIIでは、占星家とその情緒的、あるいは心的な状態がかかわってくるのである。占星術文献を見わたしてみると、そのほかの分野ではユングをよく研究し、進んでユングの思考を盗む占星家も、この結婚実験の結果を引用することはしない！

「秘密の共謀」は、占星家にとっても、科学者としてのユングにとっても、認めがたいものである。結婚実験において被験者は占星術を自分のイメージに合わせていった。投影がここで働いているのである。

「……心は、外的な事物を見ているのではなく、それ自体を見ているのだ[★25]」。

これは古代の古めかしい魔術的因果律なのだろうか。ユングはそうは考えなかった。彼は元型が共時的経験の基盤にあるという確信を手放さなかったが、それは因果律そのものではなく、因果律のプロセスに感染しているものなのである。それは感情の影響によって現れ、「集合的無意識の描写できない類心的要素《サイコイド》」を示している。こうして感情的に興奮状態にある女性は、火星を強調した相性関係を引き出し、統合を求める女性は、太陽と月のペアを選択する、ということになる。さらに参与者の情緒性や心的状態は、彼あるいは彼女の個人的な領域を越えてゆく。ある方法では、それは一見客観的な要素にとって重要なものとなり、天文学的データと結婚したカップルが合致するようになってゆく。参与する観察者と結婚したカップルと、天文学上の物理的事実は、自律的に働く集合的無意識の中の元型によって支えられていることになる。ユングは、元型と集合的無意識について語るとき、直接には観察者の心を含まない「超越的な意味」へと話を移してゆく。彼はシンクロニシティⅠへと後戻りし、人間からは独立した「並行する出来事の意味の同等性」に結論を求める。

シンクロニシティは、人間の意識に先立ち、かつ人間の外側に存在するように見える意味を想定する。このような仮定は、とりわけ、経験的事物に対して超越的イメージやモデルの存在を前提とするプラトン哲学に見いだせるものである。[★26]

人間の意識に先立つ意味は、客観的な出来事同志の相互依存たるシンクロニシティⅠを成り立たせる。が、プロゴフが見抜いたように、シンクロニシティの問題の一つは、それが理解される文脈なのである。

シンクロニシティとは、人間存在の経験にのみかかわっている解釈の原理なのだろうか。……とするなら、それは人間の生活の存在の場のみに限定され限界づけられた場だということになる。

他方の可能性は、シンクロニシティとは自然のあらゆる現象に適用可能な、理解への道を開く原理であるというものだ。★27

ユングの最終的な結論は、このシンクロニシティの二つの形を説き明かしてくれるものではない。ユングは深層にある原理と客観的なパターンを求めていたが、同時に経験から、シンクロニシティが起こるときには、それは全くランダム、予測不能で、法則など見い出せないかたちで起こるのだということを知っていた。彼は、詩的な響きをもってこう結論する。

この種の心的な秩序の形態は、時間の創造性の営みである。……我々はそれを創造的な営み、永遠の昔から存在し、散発的に繰り返し、そして何ら既知の先行するものからも由来したものではないパターンの、連続的創造と見なさねばならない。★28

シンクロニシティは時間における創造の営みであるのかもしれない。しかし、とすれば、創造者は誰なのか。

ここで、ユング自身のシンクロニシティ体験のうち二つを詳しく取り上げることにしよう。それは理論的な議論よりも、よりよく二つのかたちのシンクロニシティのディレンマを示せるであろう。ユングがシンクロニシティの概念と取り組んでいたときに、シンクロニシティのトリックスターは、さらにいくつかの冗談をユングにしかけていた。ユングは、それを論文の脚注に記録している。それは、ユングが『アイオーン』を書いていたのと同じ、六年の期間の間に起こっている。ユングは、魚のシンボリズムの歴史をキリストと魚座の時代との関連で研究していたが、ユングは、「考えのための糧」として、魚に関連する一連の出来事を思い出している。

私は、一九四九年四月一日に、次のようなことに気が付いた。今日は金曜日である。私たちは、昼食に魚を食べる。誰かが偶然に「四月の魚」にする習慣があることを述べる［「四月の魚」とは、エイプリル・フールに誰かをだますこと］。その同じ朝、私は次のような文句を書き記す。「人間は全体として、塵から生まれた中途半端な魚である（Est homo totus medius piscis ab imo）」午後、数ヵ月の間会っていなかったかつての患者の一人がやってきて、その間に彼女が描いたとても印象的な魚の絵を私に見せた。夜には魚のような怪物が編まれている一枚の刺繡を見せてもらった。四月二日の朝、別な患者が何年も会っていなかったのに、一つの夢を話してくれた。それは彼女が湖畔に座っていると、大きな魚が真っすぐ彼女のほうに泳いで来て、足元に上陸する、というものであった。私はそのとき、歴史の中の魚の象徴の研究に取り組んでいた。そのことを知っている人は、今述べた人の中には一人もいなかった。

さらに、ここに挙げるのは、ユングの脚注の中でも最も興味深いものである。

上に述べたことに関連して、私はこの数行を湖畔に座って書いたということを付け加えておきたい。ちょうどこの文章を終えて湖畔に歩いて行くと、そこに約一フィートの長さで、見たところ傷はついていない死んだ魚が横たわっていた。前の夜には、そこには魚はいなかった。(おそらく猛鳥か、猫が引き上げたのだろう)この魚は、一連のもののうちの七番目である。★29

これらの出来事は、ユングには深くヌミノースな印象を与えた。ユングが魚を研究し始めると、魚が現れ始める。それは何を意味するのか。彼はこの一連の出来事を自分の魚のシンボリズムの歴史への関心と結び付けた。『アイオーン』においては、彼は占星術上の魚は、「自己《セルフ》」の元型の象徴であると結論する。しかし、皮肉なのは、ユングが、それを自分とは切り離し、その意味を理論的、非個人的な「自己」の元型であると理解したことである。

彼に最後に魚が現れたのは、シンクロニシティについて書いているときであった。一連の魚は、シンクロニシティの概念についてのものだったのではないだろうか。最初の魚は、エイプリル・フールの日、人々がからかわれる冗談の日に現れている。ある資料によると、この日は磔刑の前のキリストに、歴史的には春分とも関係づけられる。これはユングがグレート・エイジと春分点の移動をキリストの誕生と魚座の時代と関係づけて研究していたことを思えば、実に印象深い。

しかし、客観的で普遍的な意味に直接向かうのは、一面的である。少なくとも、次のような疑問を差し挟むことは重要なことと思われる。ユングは、シンクロニシティの概念に関しては、からかわれていたのではないだろうか。彼は何か不可能なことをしようとしていたのではないだろうか。再びトリックスターが現れていたのではないだろうか。ユングは、最初の六つの魚を、見いだしたいと望んでいた深層の法則を示すものであるかのように見なしていた。六番目の魚、夢の魚は女性のほうに向かって泳いで来て、彼女が立っていた湖畔の足元へと上がって来た。湖畔に座っていたユングは、七番目の魚が陸に上がっているのを見るが、それがどこから来たのか当惑し、またどんなふうにして死んだのかもわからなかった。シンクロニシティは、この死んだ魚のようなものではないのだろうか。魚は水から、あるいは夢から引き上げられると、魚は空気中で、あるいは陸上では生きては行けない。魚は、それ自体の水の要素を必要とする。シンクロニシティ現象は、因果的な言葉では語ることはできないし、合理的な分析では支持されえない。それは、知覚可能な法則には従わない。七番目の魚は神秘的に現れた。七は神秘の数である。ユングは、この神秘を知っていた。彼はその神秘に心動かされ、そのために深い印象を与えられた。が、この魚のことを語っているときでさえ、ユングの中の半分は、合理的な説明を差し出すのである。

前の夜には、そこには魚はなかった。（おそらく猛鳥か、猫が引き上げたのだろう）

いや、引き上げたのはカワセミではなかったか。彼は、魚がどこからやってきたのか、あまり説得的ではない方法で説明しようとする。それは括弧に入れられた説明である。彼は合理的な説明を持ち込みたくはなかったのだが、それをしないわけにはいかなかった。これはシンクロニシティの概念といつもかかわる問題である。ユングが踏み出す愚者の世界は、魚を水から引き上げ、それを生かしたままにしようとする。それは、ユングのシンクロニシティに対しての格闘、葛藤を反映する不可能性である。ユングはシンクロニシティにかかわる深層の原理を探求する一方で、彼に起こってくる経験は、自分の参与、かかわり、秘密の共謀関係を指し示しているのである。しかし、彼は作用している法則を探すのに熱心だったあまり、魚を殺してしまうのである。前には魚がいなかったのを知っているのにもかかわらず、彼は先行する意味をさがし続け、それらの出来事は自己の「元型」についてのものだったという考えに固執する。しかし、それらはまたユング「自身」についてのものだったのではないだろうか。ユング自身が猛鳥、魚を求めて水に飛び込むカワセミ《キングフッシャー》、あるいは漁夫王《フィッシャーキング》だったのではないのか。

反対方向に泳ぐ魚座の魚たちのような、シンクロニシティのもつ「二重の観念」とのユングの葛藤は、ユング自身の二つの側面、つまり科学者と占い手を反映するものである。この魚はまた、霊と物質の二匹の魚でもあった。二つの結合は、春分点、黄道と赤道の完全な結合、プラトンの同一と差異の円の結合点、ダンテの偉大なヴィジョンにおける神の目にある。『アイオーン』において、ユングは魚座の時代についてのすばらしく神話的な観念をまねのできないかたちで作り上げた。それは現代

女性 ☉♌	女性 ☉♓	来客 ☉♉	女性 ☉♓
女性 ☽♌	女性 ☽♓	男性 ☽♉	女性 ☽♓

来客の座席順に現れた星座の配置

のもっとも印象的な占星術の一つでもある。それは可能な限り最も大きなスケールへの投影、人間の秩序づけの力の大いなる営み、「時間における創造」の営みである。しかし、このパターンがアプリオリな存在であると考えると、私たちは四月の魚にされ、からかわれてしまう。スコットランドでは、からかわれた人間は、しばしば四角い円を探しに行かされる。ユングは、その四角い円、つまり十字やマンダラのうちにそれを見いだしたと考えたのだろうか。

結婚実験についての研究の間、シンクロニシティのトリックスターは、もう一度ユングをからかった。別な脚注で、ユングは彼の同僚が夕食に招いた何名かの人々のために座席を用意したことを告げている。その最後の瞬間、予期されていない、そして「尊敬されていた」男性の客が現れて、「どうしても席を用意しなければならなくなった」。そして席順はすぐに直されねばならなくなった。ユングは、こう思い出している。

> 私たちがテーブルについたとき、来客の近くではこのような占星術上の配置が現れた。

四組の太陽と月の結婚が起こった。私の同僚はもちろん占星術上の結婚に関してのアスペクトに関する知識はもっていたし、ここの人々のホロスコープも知っていた。しかし、席が用意されねばならなかったその迅速さからして、考えている余裕はなかったし、ここでは秘密のうちに「結婚」を配置させる無意識の自由な働きがあったことになる。★30

ユングの牡牛座の月がエギザルテーションであることは、ユングの人生においての女性の力の強さや六人の女性に囲まれて夕食をとる喜びを表している。この出来事は、とても奇怪である。それは何を意味するのだろうか。ユングは、シンクロニシティは占星術的要因と座席順の間にあると信じさせようとしているようだが、そこにかかわっている人々にとっての意味を求めてもむだで、あるのは結婚実験とのかかわりだけということになる。ユングは、説明を始めようとした——無意識がそれを自由裁量で作り出した——が、このような説明は、元型的基盤を示すものではないし、加えて言うなら、ユングが描写しているような人間的な状況から、この説明は焦点をそらしてゆくものでもある。私たちはこう問うべきであろう。ここにはどんな個人的な符合の関係があるのか。誰の無意識が自由な働きをしているのか。テーブルをセットした同僚とは、リリアン・フレイ-ローンであることが明らかになっている。ユングが分析を指導したのは彼女であり、最初の結婚実験におけるホロスコープの組み合わせを分析するように指導したのも彼女である。その組み合わせでは、太陽と月の相性関係が

現れたのであり、ここでも、同じ宇宙的結婚を作り出しているリリアン・フレイ－ローンがいるのである。★31

夕食の席順の出来事は、シンクロニシティⅡが再び作用していることを示している。結婚しているカップルと占星術上の星の配置との間に働く深層の原理としてのシンクロニシティを探求している最中に、ユングは自分自身と彼をとりまくすべての人が、この宇宙的結婚のかたちに対になったことを見いだす。六人の女性、六匹の魚。遅れてやって来て、完成させる七番目の客——そしてユング。これらの話はいったい何についてなのか。ユングの人生と仕事全体の文脈の中では、もう一つの個人的な逸話に引き戻される。ここでもユングとフロイトの関係とその宇宙的結婚が思い出される。フロイトの太陽はユングの、牡牛座にある月と結合していた。これは、「尊敬されている男性の来客」、もう一人の牡牛座生まれの出現と呼応しているのだろうか。フロイトはこの出来事の何年も前に亡くなっていたが（七番目の魚のように）、しかし、この離婚がどれだけ長くユングに影響を及ぼしていたか、誰が言えよう。ユングは、占星術と結婚、結合の神秘を研究する間、無意識のうちにこの失敗した結合を求めていたのではないか。

ユングの「結婚」は、牡牛座にあった。そして彼は自身を月の側であると考えていた。彼は女性に囲まれていた。雌鳥の間の雄鶏である。しかし、彼はまた女性たちの言葉も知っていた。彼自身の月の性質は、まばゆい男性の太陽によって完成され、実を結ぶことを必要としていた。雄鶏と雌鳥、フロイトとユング、科学者と占い手、主体と客体、ナンバー1とナンバー2。ここには「決定的」な解釈などない。シンボルはつねに変転する。ユングの結婚実験は、その意味深長な脚注と合わせ見れば、解釈の神秘をもって象徴的言語の間を分け入ってゆくユングの冒険を映し出す小宇宙なのである。これは錬金術的《ヘルメス》‐解釈学的《ヘルメニューティック》神の領域なのだ。ユングは、シンクロニシティIとしての占星術に接近しようとした。しかし、その間の経験はすべて、ユングを秘密の共謀である心の働きへと導いていった。彼はトリックスターによって夕食への不意の来客と同席するようになり、そして彼自身の最後の大著でもある『結合の神秘』を実際に演じるためには、彼を「どんなことをしても」席に着かせなければならなくなった。

ここで、ユングが魚座の二匹の魚、キリストと反キリストのさなか、霊と物質の魚において出会ったテーマに戻ってくる。主観‐客観の分裂の神秘的な交差は、西洋の知性に葛藤をもたらした。そしてそれは、占星家が占星術を実践するときのどの段階においても現れてくる。占星術は、果たして科学（客観的）なのか、あるいは詩（主観的）なのか。私たちがホロスコープの中に「見る」ものは客観的真実なのか、あるいは主観的想像の産物なのか。魚座の時代の素材においては、ユングの描く西洋の宗教と哲学の観念の発達の道筋は、二匹の魚をぬっての春分点の移動に対して客観的に跡付けられている。占星術が主観‐客観の分裂を橋渡しする神秘的なやりくちは、私たちの接するどんな占星術の一片にも見ることができる。私たちはホロスコープを作り、認められた象徴体系にそって象徴を解釈する――そしてしばしば私たちも驚くことに、象徴が描写したとおりの人々の人生、性格、行動が、全く客観的に現れているのを見いだすのである。そして因果的な関係がないのだとすると、何か普遍的で超越的な秩序がここに現れているのだと考えがちである。しかし、魚座の二匹の魚、主観－客観の分裂は、私たちがどんな象徴的な営みにかかわっているのであれ、和解不可能な対立物なのである。私たちは客観的な事項を扱っていると思いやすい。しかし、ユングが占星術での結婚実験で驚いたように、私たちも自分たちが自分で信じているほど対象とは分離されていないことを知って驚かされるのである。

8

実際の占星術——偶然の一致の解釈

ユングの占星術実験から学ぶことができる一つの真理は、占星術的な材料は、奇怪な仕方で占星家自身を巻き込んでいるということである。占星術はその長い歴史の中でチャートを客観的に読むための比較的安全な方法をつくりだして来たし、そのためにこの奇怪な世界をわたり歩く道を提供することができる。しかし、夢やテレパシー体験など、奇妙な偶然の一致に直面したとき、拡充法はそれらを解明することもときにはあるが、分析のセッションという境界線の外側では、その方法は相互関係の混乱を引き起こし、結果、私たちを自分たちのところに引き戻すどころか、遠く引き離してゆくことになる。ユングは、初期のころの神話研究に沿って占星術の研究も始めた。おそらく、土星が彼の牡牛座の月の上を通過するときであっただけに、自身の「闇の領域」を踏破するための象徴的な構造を占星術に求めていたのだろう。占星術はそれ自身、非因果律的な可能性を示す領域ではあるが、しかし占星術は同時に、その実践者に高度に分化した焦点を与えることもでき、それによって占星術家はこの奇怪さを描写したり解釈したりできるようになる。

ここで一つ例をあげて、占星術の伝統的な方法が、ある種の客観性に立ちながらも、共時的な経験を明らかにしたり開示したりすることができることを示したいと思う。しかしながら、後に示すように、このプロセスで私自身の参与もその中で働くようになってゆく。ユングの出会った秘密の共謀関係はやっかいごととして切り捨てることも、また面白い脚注としても扱うべきではない。それは、占星術の象徴を解釈する力の重要な一部をなすものであり、またそうであらねばならない。

ここに挙げるのは、奇妙な偶然の一致を経験したある男性の話である。彼は、それが「何かを意味している」と感じたのだが、しかしそれが何であるかはわからなかった。ある忙しい日のこと、私は机に向かって仕事をしていた。すませねばならない事務処理がたくさんあった。ここでKと呼ぶ男性がオフィスにやってきて、うろうろし始め、おしゃべりを始めようとした。彼は時間の過ぎ方が変だということを話し始めた。まるで時間自体に質があるように、ゆっくりと過ぎる週もあるのに、早く過ぎ去る週もあることに気が付いているか、と。

私には、この男性は占星術に関する雑談をしたいのだとわかった。が、今はしなければならないことがあったし、占星術についての話にはかかわりたくなかったので、イライラしてしまった。失礼のないようにしようとは努めたが、仕事は続けた。おしゃべりには、都合のよくない時なのだと、わかってもらえるといいと思った。しかし、それにもかかわらず、彼は話し続けた。偶然の一致がときに人に起こること、そしてある日、奇妙な偶然が彼に起こったこと。その出来事を話し始めたときには、彼がそのことによって大きく影響されたこと、そしてその意味をいまだに解きたいと思っていることがはっきりとわかった。私は、しぶしぶ手をとめて、その話を聞くのに時間を割くことにした。もっとも、占星家がいつでも、このような出来事の意味に新しい光を当てることができるとは限らないということも知ってはいたけれども。

数年前のある朝、K氏は息子と仕事に対する態度について口論していた。彼は、息子の仕事への怠慢さをとがめていた。その息子は、何日も仕事を休んでいたし、また仕事熱心でもなかった。逆に息子のほうはK氏が仕事のことばかり考えていて、少ない報酬で一生働きづめだと責めた。息子は、K氏が本当は、使われているにすぎず、職場の人は誰も彼のことを気遣ってはいないのに、仕事が自分の双肩にかかっていると思い込んでいる愚か者だと言う。これはK氏を深く傷つけ、激しい言い争いになった。

その朝の遅い時間に、職場でK氏は同僚に古い冗談《ジョーク》を言った。K氏はその冗談を少し変えてまるで自分のことを語っているかのようにした。靴屋に一足の靴を送った兵士についての冗談だった。その兵士は、靴を取り戻すまえに、徴集されてしまった。何年かたって戦争が終わり、母親のマントルピースを探っているうちに、古い引換券が出て来て、靴屋に自分の靴を取りに行った。靴屋は券を受け取って、棚にあった靴を取り出し、つもった埃を吹き払うと、火曜には出来る、と言った。

その午後、K氏は、静脈瘤治療のために予約をとってある病院に妻を連れて行った。彼女が治療を受けている間、病院の待合室にあった『リーダーズ・ダイジェスト』をとって、その中に出て来た二つのものを見て驚く。最初のものは、ワーカホリックについての記事。二番目のものは午前中に同僚に話したのと同じ冗談だった。Kは、息子との口論や自分が冗談を語ったことなど、朝の出来事がはっきりと反映されていることに深い印象を受けた。

K氏がこれらのことを話し終えると、私たちはそれがいかに奇妙な偶然の一致であったか、そしてそれは世界が何かを語りかけようとしているようだが、その意味がK氏にはまだわからない、といったことを話しあった。占星術は、解釈をもたらす、構造のしっかりした、磨かれた伝統をもっているので、何かの助けになるかもしれないと私は言った。一つには、K氏の描写した出来事からして、占星家は、乙女座‐魚座のシンボリズムが見えかくれすると言うだろう、とコメントした。K氏は大きな衝撃を受けたようで黙りこんだ。そしてもし占星家がそう言うのなら、その占星家は間違ってはいないだろうと言う。彼は乙女座であり、息子は魚座生まれだったのだから！

私は、これを聞いて驚いてしまった。そのときまで、Kの話にいかに乙女座‐魚座のシンボリズムが再三現れてくるか、正しく理解していなかった。だが、いったんそのように言われてみれば、次々にそれがあらわになってくる。その日は仕事についての口論、乙女座にまつわることで始まった。乙女座と魚座の両極性は、Kが乙女座、息子が魚座であったことに示されている。冗談は何年も靴の修繕をしなかった靴屋についてのもので、職人は乙女座に支配されるが、靴と靴屋は魚座の象徴であり、時間の浪費も魚座の特性である。Kは、妻を病院に連れて行った。ここにも魚座の連関が見える。彼女は静脈瘤を患っていたが、これは立ちっぱなしの仕事をする人に多く見られるものである。ここに乙女座‐魚座のシンボリズムが、再び一つのもので現れている。待合室でK氏は、『リーダーズ・ダイジェスト』を読んだ。これがいかに乙女座的であることか！　最後に雑誌の二つの記事も、乙女座‐魚座を反映している。靴屋（cobbler）の冗談とワーカホリック（workaholic）についての記事は、語呂合わせでアルコホリックとなり、ここでも乙女座の勤労さと大酒を飲む魚座とつながる。

Kが、この出来事の中の乙女座‐魚座のシンボリズムの重要性を認めると、私はすぐに、ここには秘密の共謀関係があることに気が付いた。シンボリズムは、彼の話した出来事に関係しているばかりではなく、私たち二人の状況ともかかわっている。しかも、それは奇妙に逆の関係になっていた。まず、オフィスで忙しく事務作業をしている、魚座の私がいる。私は、しなければならないことがたくさんあったために、Kの存在にイライラしていた。乙女座の彼は、情緒に訴えかけ、その中に真実と洞察を求める話を語りながら、オフィスの中をうろうろしていた。とても興味深い逆転は、私たちの太陽星座に起こっている。最も重要なことは、Kは、私が彼の話に耳を傾けるよう「献身」するよう決心するまで、あきらめなかったということである。彼は私の中の魚座の性質を引き出した。私たちの話は、何年か前の、彼の妻の病院の予約の日付と時間を調べるように私が頼むところで終わった――乙女座らしい、ちょっとした仕事である！

何週間か、Kから連絡はなかった。彼との出会いの次の日、私は、乙女座‐魚座のシンボリズムについて気が付いたことをメモしておいた。ホロスコープには、それ以上には重要なことは出てこないかもしれないと思った。占星術は、しばしばそういうもので、すでに起こったことの中でシンボリズムは現れている。それが語られた時点でシンボリズムは経験されているのだ。Kと私の相互関係を考えれば、その時点でさらに占星術的な照応関係が出てくることを期待しても無意味であった。このような期待は、さらなる解釈を導くための選択を決定してしまうことになる。私は乙女座‐魚座のシンボリズムを中心においた。私はKの生涯やチャートを細かく見ずに、一つの出来事だけに興味を集中することにした。私は、Kとその息子の出生図に対してプログレッションではなく、トランジットが強くコンタクトしているだろうと考えた。また、最後に火星のシンボリズムが現れるのではないかとも思った。戦争に出る兵士、静脈瘤、靴は火曜日、つまり火星の日に出来上がる……。

Kは病院の予約の日付と時間を見つけてきたし、自分と息子の出生時間も調べて来た。すでに出ている乙女座‐魚座のシンボリズムは、二人の太陽が正確なオポジションからわずか二度だけ離れていることで強調されている。オポジションのもつシンメトリーは、さらに一方が日の出の時間、もう一方が日の入りの時間に生まれていることで強まっている(図8・1と8・2)。つまり、両者ともに乙女座‐魚座の地平線にいることになる。乙女座にあるKの上昇する太陽は、第12ハウス、つまり魚座の本来のハウスにある。息子の沈み行く魚座の太陽は、第6ハウス、つまり乙女座の本来のハウスにある。「第12ハウス、乙女座の太陽」と「第6ハウス、魚座の太陽」の違いに対しては、慎重に注意を払う必要がある。乙女座の太陽が実際的な仕事人で、他者に奉仕したいと思っている、というのは一般的な解釈だ。魚座の太陽は、奉仕は実際的な必要のためではなく、手の届かない理想を求めようとするものである。この出生時の太陽の違いは、牢獄のために働くものと、仕事によって牢獄に入れら

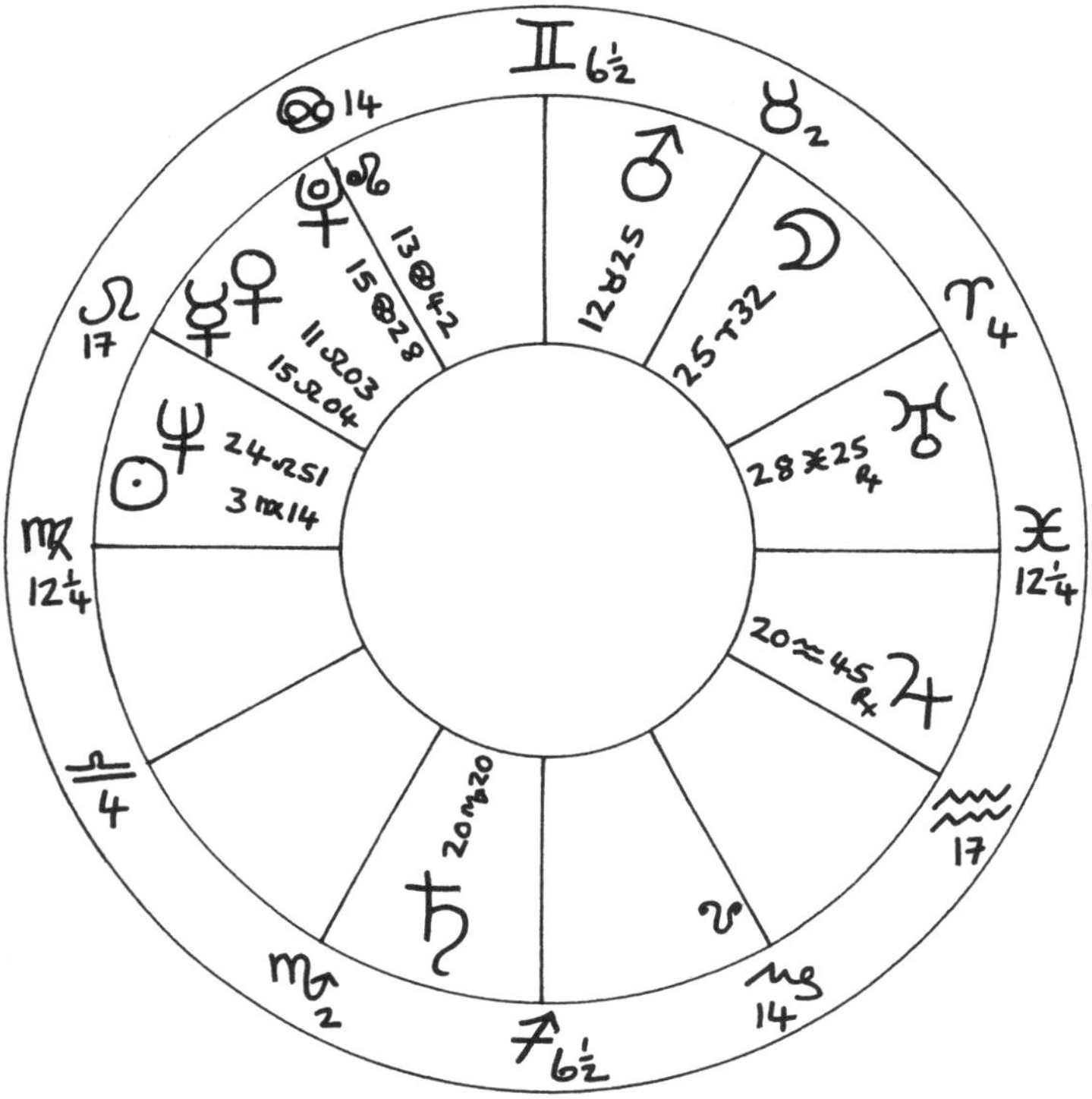

図8.1　Kのチャート
1926年 8 月27日，07. 00BST＝06. 00GMT，51N25，0W04

☉太陽　☽月　☿水星　♀金星　♂火星　♃木星
♄土星　♅天王星　♆海王星　♇冥王星
♈牡羊座　♉牡牛座　♊双子座　♋蟹座　♌獅子座　♍乙女座
♎天秤座　♏蠍座　♐射手座　♑山羊座　♒水瓶座　♓魚座
☊ドラゴンヘッド　☋ドラゴンテイル

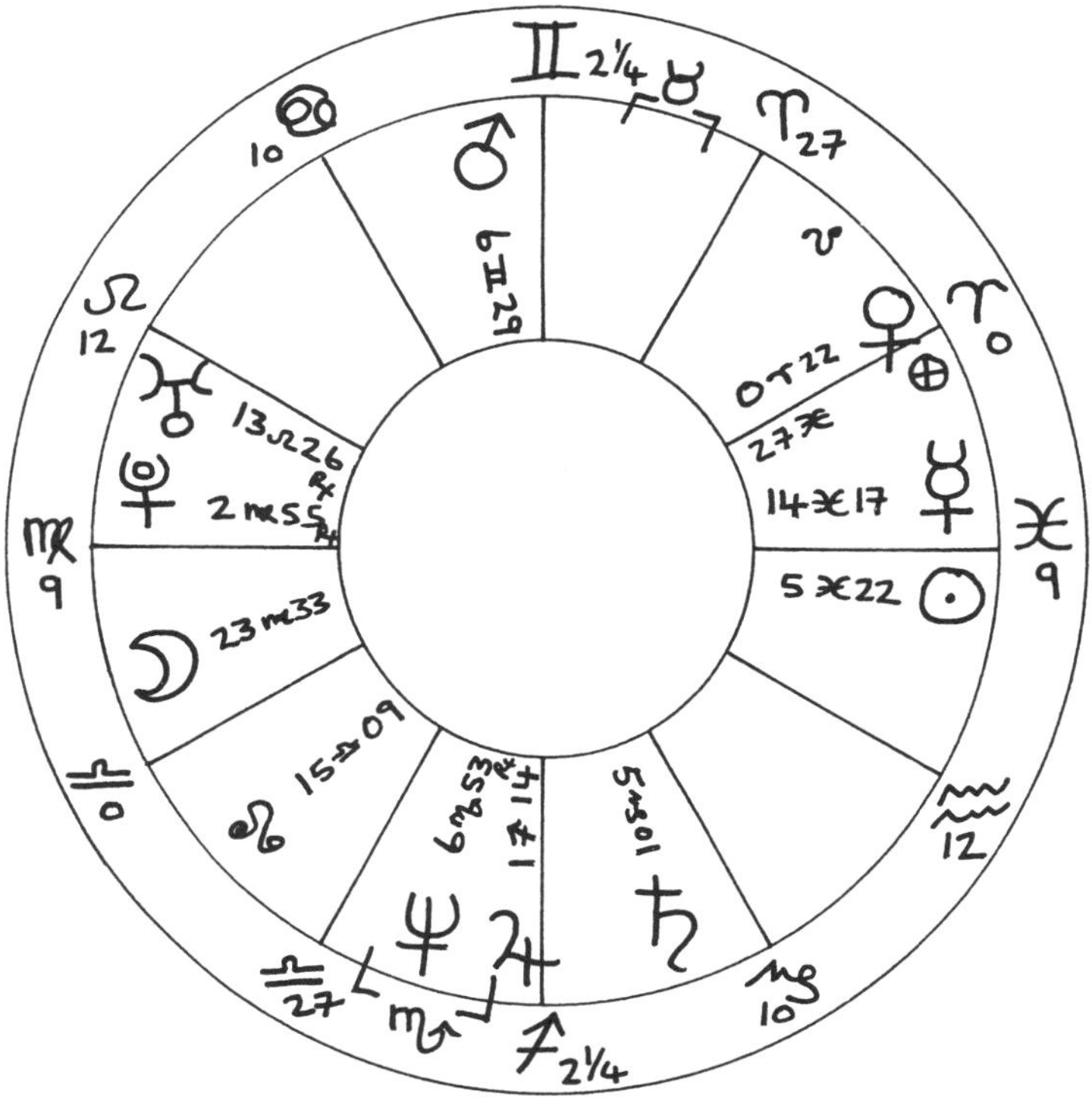

図8.2　Kの息子のチャート
1959年２月24日，17.45GMT，51N24，0W02

れていると感じるものの違いである。第12ハウスの乙女座の太陽は、過労によって自身を「だめにする」可能性を示している。これは「彼をワーカホリックの人の側にしている」。息子の第6ハウス、魚座の太陽は、仕事に対するフレキシブルで気楽な態度である。これは「彼が靴屋の側であること」を示している。

靴屋とワーカホリックの違いは、とりわけ乙女座‐魚座の両極性を考えたときに際立っている。乙女座であるワーカホリックは、良心とものを区別して考える力を表している。ロナルド・デイヴィソン★1は、乙女座は宇宙の大いなる計画を細部にいたるまで実行するための奉仕を欲するのであり、だからこそ実際性にあれほどこだわるのだと示唆している。乙女座は狭い視野をもってしまって、他者の欠点を見つけだす偏見や過度の批判精神をもつが、自分への批判を受け入れない。魚座である靴屋は、宇宙は額面どおりに理解してはならないということを本能的に知っている。奉仕は人生の意味を担うものでなければならず、将来の成功のための、高貴なる戦いという魚座の願いに答えるものでなければならない。この条件が満たされなければ、魚座は喜んで自己犠牲をすることができない。魚座は責任を放棄しようとして人生を踏み外すことがある。そして非方法論的で、混沌とした、自己と他者を欺く者になる。

ここまでは、出生ホロスコープは、最初の乙女座‐魚座の両極性を繰り返している。また、正反対にある太陽の星座の、本来のハウスからも、最初の見解が正しかったことを確かめることができた。では、火星のシンボリズムとトランジットについてはどうか。その日のKのホロスコープでは、「木星が出生の火星の上を通過していた」。これは、図の上でとくに焦点となるものであり、最初の理解では二次的なものにすぎなかった火星のシンボリズムを際立たせるものである。まず目立つのは、乙女座‐魚座であった。これは彼らの出生チャートの地平線上にあり、かつ太陽の星座であるという点でよく一致している。しかし、この出来事と兵士についての冗談《ジョーク》の意味はKの出生の火星に対する木星のトランジットによって理解される。Kに経験をもたらし、「彼の第9ハウス、牡牛座の火星」という出生時の状況を明らかにするのは、ジョーカーとしての木星である。この火星は、Kの実際的行動をよしとする哲学を表している。★2 この火星は牡牛座でデトリメントであり、不動の地の中に根付いたエネルギーと行動の原理を表す。最上のかたちでは、統制された、そして粘り強い力を表すものとなるが、しかし、それは独占的で頑固で、柔軟さに欠ける。それはハンマーのようににぶい刃先にもなる。Kのチャートのアスペクトの中では、火星はチャートのルーラー（支配星）であり、太陽のディスポジターである「水星とスクエアをなしている」。この獅子座の水星は極めて創造性の豊かなものであり、論理立った知性を示す。それは、おもしろい冗談も言うことができる星でもある。しかし、その不動性のゆえに、矛盾を許さない傲慢さをも与えることがある。水星と火星のスクエアは知性と肉体的なエネルギーの葛藤を表す。これは、なすべきことがあると考える人、すなわちオーバーワークを表す典型的なものだ。カーターは、このアスペクトについてこのように言う。

倫理的な面から言えば、原則として、自分のものとは異なる価値観や意見を認めることが最も

重要な課題となる。そして自分もときには誤ることがあるということを知るのも重要である。★3

これは、とりわけ乙女座には学ぶことが難しい課題である。乙女座は他者からの批判を受け入れることがなかなかできない。とくに、自分の正反対の星座である魚座の考えを認めることは困難であろう。そこで、魚座のルーラーである木星のトランジットはこの時期にふさわしいものだった。これが第7ハウスのルーラーであることからして、Kにその課題をもたらしたわけだ。木星は反対の立場、つまり靴屋の教えをもたらしたのである。

では、息子のチャートには、これらの出来事が起きた日には何が起こっていたのであろうか。私たちは、正確に「トランジットの水星が出生時の木星にオポジション」となっているのを見いだす。この木星は強力である。ディグニティの位置にあり、アンギュラーであり、かつ太陽のディスポジターである。それは、自由と何物にもコミットしない哲学を表している。この木星はICの上にあり、心地よくくつろいでいるかに見える。したがって、この木星はMC、すなわち人生の意味の探求に対して逆らっている。もし、MCを父親たる権威を示すものとするなら、この木星は権威に敵対していることになる。したがって、息子のチャートでは父親はMCのルーラーである水星によって示される。そして、この日に作用していたのは、出生時の木星に対しての、トランジットの双子座の水星のオポジションである。すなわち、父親が彼と家にいること、働きに出ないことについて口論をしている、という図となる。

出生図へのトランジットは、再び、乙女座‐魚座の二極を指し示している。「乙女座」の側にとってはそれは、魚座のルーラーである「木星」のトランジットであった。また、「魚座」の側にとっては、それは乙女座のルーラーである「水星」によるトランジットだった。Kと彼の息子が職業について口論する可能性は、また彼らのシナストリーにおいては、他に示している星もある。そのチャートにおいては、息子は太陽、冥王星、火星、そして木星を含む柔軟のクロスをもっている。彼の冥王星は、父親の太陽にコンジャンクションであり、これがオイディプスの領域に私たちを連れ出すものとなっているが、息子はまた、Kのワーカホリックを変容させる力をもっているものとも見ることができる。これは、「息子の出生図の火星」によって、刺激を受けている。権威に対して挑戦的であることを示す、双子座のMCへのコンジャンクションのみならず、この火星はまた「KのMCにもコンジャンクション」となっている。これは、怒りに満ちた口論を通じて、Kに自分のキャリアや人生の意味について考えさせるようになることを示している。火星のシンボリズムは、この親子のホロスコープにとってふさわしいものだと言える。

この状況や偶然の一致はしたがって、出生ホロスコープとトランジットを見ることによっていくばくかの理解を得ることができる。シンクロニシティが起こったときの、病院の予約の時間のホロスコープは、大きな重要性をもつチャートと見なすこともできる。しかし、乙女座‐魚座の再現を除けば、これは多くを明らかにするものではなく、また重要なものであるとは見えない。[★4]ある意味では、このマップは失望をもたらす。これはあまりうまく合致を見せていないのである。妻のチャートとは、近しいコンタクトがあるが、これは、彼女の病院の予約の時間であったから、それは当然かもしれない。★5 トランジットの非常にタイトなコンタクトによってチャートが示すものは、占星術は出生図に立ち戻って行くというものであり、その日のKの行動に特別の注意を払うよう、私たちを仕向けて行く。シンクロニシティの時計の上での時間は占星術的に重要な瞬間であるとは限らない。病院でのシンクロニシティの出来事は、すでに起こったことの連らなりであった。それらは朝の出来事の反映であり、したがって私たちが検討すべきなのは、この朝の出来事である。議論が何時に起こったのかはわからないので、ここにあるチャートは、Kが冗談を言ったときのもので、★6 神話、この状況の元型のドラマ、乙女座‐魚座の二極をここに見ることができる。Kが積極的に自分が正反対の存在である魚座の側と見なすようになったのは、靴屋の冗談を話したその瞬間なのである。

一目見ても冗談のホロスコープは、「有効《オン》」であることが見て取れる（**図8・3**）。エンターテイメントの獅子座が、友人を示す第11ハウスの太陽を伴って上昇している。しかし、すでに言ってきたことでまだ不明瞭なこともある。ウィットと当意即妙の才の、ナチュラル・ルーラーである水星は、双子座にあってマップの第3ハウスを支配している。しかしそれはコンバストであり、太陽とは星座を変えてのコンジャンクションであり、また逆行していて挾在のハウスにある。ここで、話された内容が本当ではないことがわかる。Kは冗談を自分のこととして話した。Kは自分が兵士であるかのように語った。火星の力のシンボリズムがここで動き始めている。冗談を意味する第5ハウスのルーラーである火星は、獅子座0度で上昇している。それは兵士についての冗談であった。Kが、自分が兵士

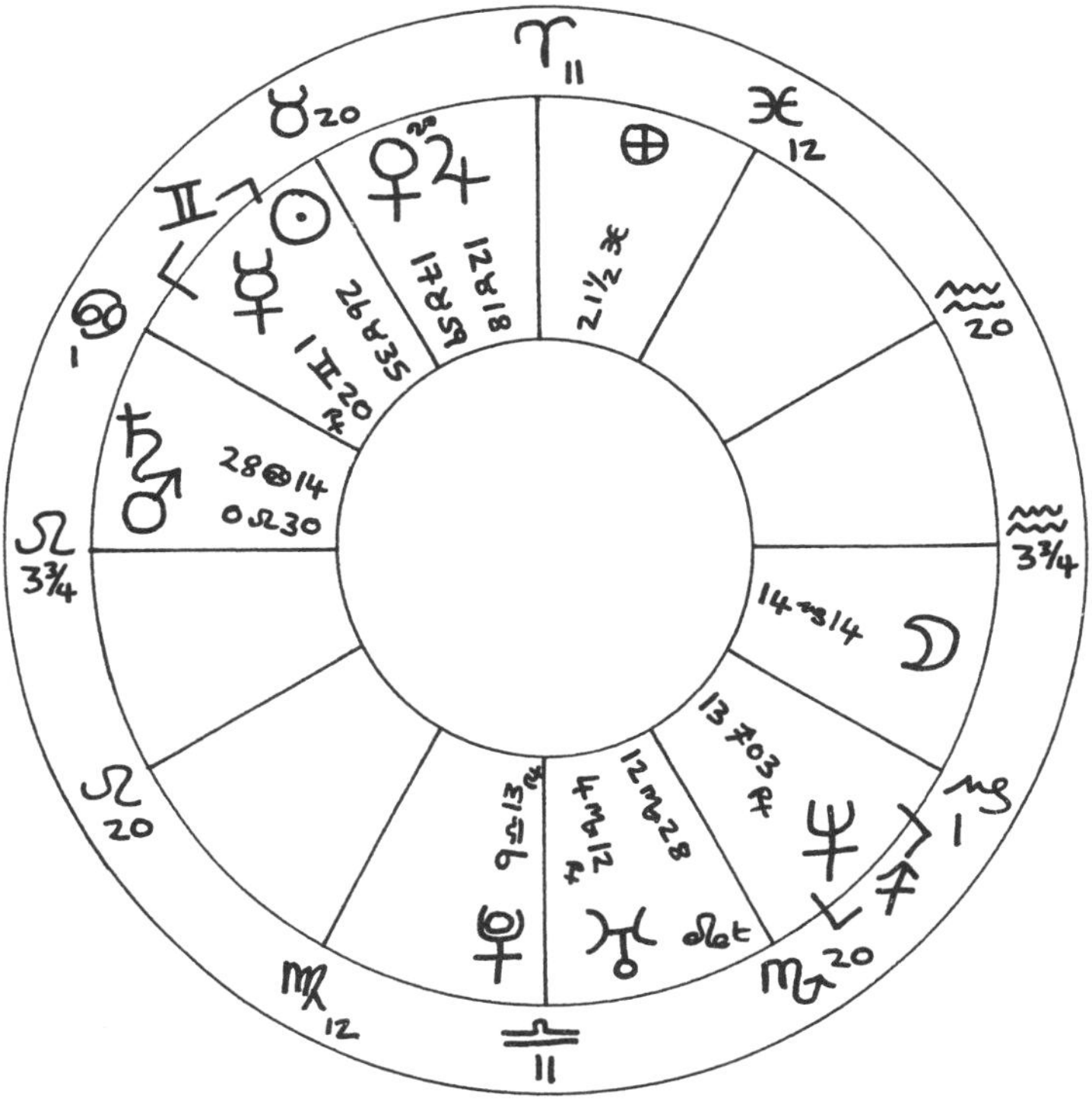

図8.3　冗談のチャート
1976年5月17日，10.00BST＝9.00GMT，ロンドン，51N30，0W10

☉太陽　☽月　☿水星　♀金星　♂火星　♃木星
♄土星　♅天王星　♆海王星　♇冥王星
♈牡羊座　♉牡牛座　♊双子座　♋蟹座　♌獅子座　♍乙女座
♎天秤座　♏蠍座　♐射手座　♑山羊座　♒水瓶座　♓魚座
☊ドラゴンヘッド　☋ドラゴンテイル

であるかのように冗談を語ったときには、彼の役割の交換は、彼のマップと冗談のマップの度数でのミューチュアル・レセプションによって示されている。[★7] 出生時のホロスコープでは、水星と太陽のミューチュアル・レセプションがあった。このレセプションがなされると、水星は乙女座の一五度へ、太陽は獅子座の三度へと動き、冗談のマップのアセンダントとコンジャンクションになる。つまり、「彼は自分についてのことであるかのように冗談を語った」。そうするときに、彼は友好的な光を放つ第11ハウスの太陽を動かすばかりではなく、乙女座一五度に水星を動かすことによって、出生時の水星と火星のスクエアをトラインへと変えたのだった。このトラインのおかげで、彼は自身を兵士と見ることができ、出生の火星を好ましいものと見ることができるようになったのである。冗談のマップのアセンダントの上の、獅子座でまばゆく輝く太陽の力で、今や彼は自身を「よき光」と見ることができるようになった。[★8]

さらに、この冗談は火星の上昇を見てもわかるように兵士にまつわるもののように見えるが、火星は星座を挟んで、第12ハウスの蟹座にある、デトリメントの土星とコンジャンクションしている。また、二つの光輝星《ライツ》は双方とも、土星とかかわっている。太陽はアプライのセクスタイルであるし、また山羊座の月はミューチュアル・レセプションである。Kの冗談について言えば、土星と火星のコンジャンクションが象徴するのは、遅れであった。つまり、何年か後に（土星）靴が火曜（火星）にはできるだろう、というのだから。この偶然の一致について言えば、第6ハウス（健康）の月を受ける、第12ハウス（病院）の蟹座の土星は、病院の予約をしている女性を意味している。仕事、骨折り、その労苦に対する因習的な態度もまた、これらの配置によって示されている。しかし、火星の前に位置する蟹座の土星はまた家族の中に受け継がれた抑圧、母親のマントルピースの埃を意味するものかもしれない（月－山羊座、土星－蟹座）。これは、アセンダントの獅子座の火星、すなわち兵士の冗談という勝ち気な衣装をまとって、巧みに隠されている。

冗談のマップへの鍵は、逆行している水星である。この水星は、息子の木星に正確にオポジションになっており、そこで占星術は確信をもって、冗談を語ることと、口論がかかわっていることを言えるわけである。このシンボリズムはまた、そのつながりの解釈に筋道をつけることもできる。水星の状態から、私たちは語られていないこと、明らかにはなっていないことがずっと重要であると考えることができる。そこで、私たちは、冗談を語ることでKがなしたことを理解することができる。彼の出生の水星と火星のスクエアを「トライン」とすることで、蟹座が示すように、スクエアでは難しかった価値観を受け入れることができるようになり、Kは靴屋が面白い奴だと思えるようになった。彼は靴屋の性質について洞察を得ることができたのであり、そのことを批判精神を振りかざすことなく受け入れた。仕事が完成できずとも、靴の修理が終わっていなくてもOKなのだ。彼は議論の間には息子に歩み寄ることはできなかった。水星の象徴するような、このような冗談は、上なる世界と下なる世界、意識と無意識を結ぶメッセンジャーたる神話上の役割にふさわしい。フロイトは、冗談とは意識によって認められない、無意識の自律的な現れであることを示した。冗談を語ることによって、Kはワーカホリックの牢獄から自身を解放することができたのである。

Kは象徴的な態度をもった人物ではなかったし、この偶然の一致を奇妙だとは思ったが、それを象徴的な態度、ないしは精神分析の言葉で容易に考えることはできなかった。もしこの出来事が彼に起こったのでなければ、この一致は彼には何のかかわりもなかったであろう。あるいは息子との口論にも関係がなかったはずだ。象徴的態度を有する人間にとっては奇妙なことであるが、ある出来事、いや夢のイメージでさえ、それが自身についてのものであるという単純な指摘をしただけで、人々がひどく驚くのに出くわすことがある。Kには、何であれ「忙しいふりをする《ソルジャー・オン》」彼のワーカホリックな性質とすべきだという、第9ハウスの牡牛座の火星のもつ強い思い込みの問題をつきつけるだけで十分であった。占星術と組み合わせてみれば、この逸話は、幾通りかに受け止めることができる。しかし、これらの問題について私たちが論じて来たような線にそって言えば、母親のマントルピースにあった引換券の埃を吹き払うのは、正しいこととは言えないであろう。

私は、この話を伝統的な占星術の技法が一つの焦点を与え、奇怪な出来事に意味を与え始めることができることを示すために披露している。また、これは占星術の性質について自己言及しているものでもある。乙女座のKは、自身の魚座を見いだした。しかし、この魚はオフィスで自分に割り当てられた仕事をこなしている乙女座の仮面となって現れた。だからこそ、彼はこの話を自分自身に似ている人間に話さねばならなかったのだ。

Kの話を、このように占星術のシンボルを使って見てきたわけだが、私たちは、ここでユングの方法にしたがって、Kのシンクロニシティ的な出来事に潜在する元型を捜し出す必要があるだろうか。

占星家にとっては、それが不可欠な作業であるとは思えない。ユングにとっては、起こっている出来事を考察してゆくときの参照枠として元型を据える必要があった。Kの物語の中のイメージ——靴屋、兵士など——はおとぎ話によって拡充することはできるはずだし、それによって元型的解釈にたどりつくこともできよう。しかし、この物語はイメージとシンボルにおいて、すでに実に豊かなものであり、これ以上イメージを付け加えても「占星家」には役に立たない。適切に用いることができれば、拡充法は一つの元型にたちかえってゆくことができようが、多くの場合には、このプロセスは占星家には必要ではない。そのかわりに、私たちは占星術の技法《クラフト》を使ってK自身が提示した、さまざまな共通点のないイメージから重要なものを選び出しより抜いてゆくことができる。占星術のシンボリズム——乙女座‐魚座、火星、水星、木星——などは、はっきりとした方向性を与えてくれる。さらにそれはKとその息子ばかりではなく、主観的参与者である占星家としての私をも指し示している。占星術は、Kとその息子のチャート、そのトランジットなどなど、の間の客観的な関係における、シンクロニシティIとして作用しているように見えるが、しかしそれに加えて、Kと私というもう一つの乙女座‐魚座のペアにとって、その乙女座‐魚座の二極の解釈が「正しい」と感じられる瞬間には、「占星術的」シンクロニシティも起こっているのである。ただしこれは、極端な形でのシンクロニシティIIではない。チャートはあくまでもKとその息子のものであり、それ自身客観的に研究することができるからである。Kは、冗談をそれが自分のものであるかのように語った。占星術における冗談とは、他者についての話をしていると思っているときに、それは実は自分自身の話になっていた、というものであろう。

9　天空を引き伸ばす

占星術はユングのシンクロニシティの観念を照らし出すことができるだろうか。ユングは、一九三〇年五月三十日にマインツでのリヒャルト・ヴィルヘルムへの追悼講演において、[★1] 初めてシンクロニシティの概念を提示した。それはヴィルヘルムがドイツ語訳した易に関連してのものであった。この出来事は、現代占星術の重要なエポックとも、ほぼ合致している——その二カ月前に冥王星が発見されている。[★2] ユング、シンクロニシティ、占星術は何かつながっているのではないか。その予感はユングのホロスコープを見れば当たっていることが明らかになる。この期間ずっと、冥王星はユングの出生時の金星の上を通過している。また非常に奇妙なことに、冥王星はそう命名されたとき、ユングの金星と度、分まで正確に同じ位置にあった（蟹座一七度三〇分）。[★3] まるで冥王星の命名とシンクロニシティの命名が関係あるかのようだ。

ユングの金星はすでにシュピールライン、そしてフランク・ミラーとして現れていた。そしていまやそれは金星として現れようとしている。さらに冥王星は黄道を進み、ユングの出生の月に近い位置から金星へと動いている。シンクロニシティの概念が、月‐金星の関連とかかわっていることを暗示していそうだ。シンクロニシティは、ユングのナンバー2の世界、オカルトと母親の声で歌われた子守歌の世界の一部をなしていることを示す。一九三〇年の追悼講演のときには、ユングの「水星」は出生の「金星」にスクエアとなり、そのときにこの世の神秘の一つが命名された。このときのユングのホロスコープは、「プログレスしたアセンダントが、月とコンジャンクション」になっており、ユングはついにナンバー2の世界を世に打ち出したのである。蟹座の金星とセクスタイルの牡牛座の月、そのミューチュアル・レセプションは、ウヌス・ムンドゥス、錬金術師たちの「一なる世界」を反映している。シンクロニシティにおいては、人はものごとが「一緒に起こる」ことを経験する。そしてそれは個人と世界の分断がない状態である。その意味では、それは子宮、母親に回帰したいというオイディプス的欲望にも類似している（月、金星のレセプション、蟹座、牡牛座）。しかし、ユングの『変容の象徴』における望みを読み返せば、それは個人的な母親を望むものではなく、グレート・マザー、ワールド・マザーへの回帰願望であったものであることがわかる。このプロセスは、個人の霊的な再生の始まりを記すものである。シンクロニシティの経験は、通常の空間と時間の境界が崩壊し、個人が分離したアイデンティティをもはや持てなくなるために、このような「子宮への回帰」と類似している。これはもちろん、精神病への一里塚でもあるが、しかし、多くの霊的伝統の中で人が越えねばならない境界でもある。さらにこの一歩を開く一なる世界《ウヌス・ムンドゥス》は、安全なものではない。ここで私たちは、ユングの月から金星へと動いて来た冥王星が働いているのを見る。冥王星は「深淵《ギャップ》」と「虚無《ヴォイド》」を支配する。それは形なきものの惑星である。一なる世界を暗示するシンクロニシティの概念は、また土星の表す時間の境界を無きものとし、すべてのものの居場所を奪う。一なる世界を経験するとき、人はユングが恐るべき母《テリブル・マザー》と呼ぶ存在と出会い、自分自身を独立した存在であらしめるために力を尽くして戦わねばならなくなる。ユング自身、夜の航海、冥王星の影の領域との出会いに際してはそうしなければならなかった。

ユングは一なる世界との出会いをシンクロニシティと名付けた。そのとき、彼は心に「同じ時にいること」を意識していたのだろう。彼はクロノス、土星、そして時間をめぐる言葉、概念を中心においた。これは、何か間違った命名ではないだろうか？　彼の出生時の土星は冥王星とスクエアで、地下の観念を押さえ込もうとしている。しかし一九三〇年には土星はトランジットでもプログレッションでも目立った兆しはない。ユングが一九五二年のエッセイの中で描写したシンクロニシティのうち、一つは「同時‐時性（same-timeness）」とまったくかかわっていない。ユングはなぜ時間における一致を強調し、またそもそもなぜユングは時間に質があると考えるようになったのだろうか？　その理由は、おそらく占星術の扉の前にある。ユングが最初にシンクロニシティに触れたのは、易に関連してであったが、そのとき、ユングは間違いなく占星術のことも考えに入れていた。それは追悼講演を見ても、『易経』への序文を見ても明らかである。ユングは、後者において、占星家の中には、出生のデータの詳細を知らずとも、太陽、月、アセンダントを正しく推測できるものがいることを述べている。そして「瞬間が長く残る影響の痕跡を記すことは認めねばならない」とも言う。ユングは一九一一年以来占星術を研究しており、彼の蔵書には一九二〇年代に出版された多くの技術的な占星術の書がある。そのうちいくつかは占星術における時期測定法に関するものであった。★4 しかしながら、ユングは占星術について広範な知識をもっていたものの、ホラリー占星術を実践した形跡はない。★5 易を通じてユングが占術《ディヴィネーション》に関心をもっていたことを思うと、もしホラリー占星術のよい解説に出会っていれば、出生占星術に特徴的なプトレマイオス式の、「種子としての時間」モデルにはこんなに惹かれることはなかったのではないだろうか。★6

一九三〇年のヴィルヘルムへの追悼講演で、ユングはまた、いつか統計的な方法が占星術を通じてシンクロニシティの概念を明らかにしてくれるのではないかと言っている。二十年後の結婚実験は、このときの希望にそったものだった。シンクロニシティと命名した時点で、ユングは土星の罠に落ちている。ユングは、占星術は客観的な、「種子としての時間」、すなわち出生時刻によって立っているために当たるのだ、という多くの占星家の考えに単純に従ってしまった。もし、占星術の仕組みについての、このプトレマイオス的な定義にこれほど影響されていなければ、ユングのシンクロニシティの概念は時間の性質を強調しなくてもすんだのではないだろうか。易を立てるためにコインを投げること、タロットを並べること、テレパシーによる通信、偶然の出来事――これらはすべて、時計の時刻にそって、「同時に起こっている」ことを言わなくても論じることができるのである。

占星術の領域の外では、日々の生活の「適切な時間《タイムリーネス》」は、多くの人々にとって詩的に理解されている。生まれるべき時、死ぬべき時、笑うべき時、泣くべき時――自然のリズムにそって、「適切な時」にものごとをなすことの、神秘的で聖なる次元の感覚を、私たちの多くは持っている。人間の出生時刻に関心をもつために、そして日、月、年など時間そのものが惑星の運行によって測定されるために、占星家は人々の生活の中の「適切な時間」の調節人として理解されているし、また自分たちをそう認識してもいる。財政占星家は、売り買いによい時を告げるだろう。また医学占星家はハーブを飲むべきとき、牧師を呼ぶべきときがいつかを告げる。心理占星家はもう解決できる時なのに、悩みにしがみついているのではないか、と問う。占星術は時間に基盤を持っている。そのことが占星家によって占星術が当たる理由として用いられている。しかし、一九七〇年代以降、私の同僚であるジェフリー・コーネリアスは、占術としての占星術の探究にあたって、占星術における客観的な時間概念について疑問を持ちかけて来た。[★7] この占星術の歴史、哲学の研究は、占星術の性質、およびそのメカニズムに対して最も大胆な現代的な見直しとなるものである。一九八〇年代を通じ、この研究は、占星家の小さなグループに影響を及ぼし、これから検討するような、占星術的な出来事の背後にある、客観的な時間への拘泥から占星術の解釈を解放することができたのである。

　結婚実験からわかるように、ユングは、占星術は出生時刻の惑星の配置には照応せずとも有効であることがあり、その何年も後に、シンボリズムにかかわるようになる占星家の参与がより重要なのだということを発見した。もしシンクロニシティが、時間と空間の歪みを含むものだとするなら、占星家と占星術の間の秘密の共謀関係ばかりではなく、そこには占星術の内部における時間-空間の歪曲もあるのではないかと考えることができる。

これらは占星家にとってありふれた報告であり、秘密の共謀は、私たちが占星術を始めるときにも起こるのかもしれない。最初に占星家が占星術の記号を覚えようとするとき、どうしても覚えられなかったり、難しかったりするものがある。そしてそれは自身のチャートからもれたりもする。ここに挙げるチャート（図9・1）は、ある占星術初心者が作成したものだ。彼女はまだ占星術には懐疑的であった。このチャートは彼女が初めて計算したものであり、これが正しいかどうかチェックして欲しいと言ってきた。彼女は、このチャートは非常に重要なことを示すもので、それは何か例外的なことを示しているはずだと言う。私はそこに何を読み取ることができるだろう？　もし、私がそこに何も特筆すべきものを読み取れなかったとしたら、占星術は何の役にも立たないものであるから勉強はやめる、と言う。新しい生徒からの典型的な難題だ！

では、このチャートは何を示しているのだろうか。山羊座が上昇しており、土星は双子座で第6ハウスに入っている。これは地平線より下にある唯一の惑星だ。ここで私たちはリリーのアフォリズムに従い、慎重にならねばならない。例外的なことは、何か不幸なことであろう。凶星の土星が第6ハウスを害していることから、健康問題がある可能性がある。私はその女性に、健康についての問題かと尋ねたところ、彼女はそうだと言った。次に私は、体のどの部位が悪いのかを考えてみた。それは双子座のからみ、コミニュケーションの問題ではないか――たとえば、難聴。これは当たってはいなかった。そこで私は次に水星を見てみる。第6ハウスのルーラーであり、第8ハウスの乙女座の、挟在惑星の一つである。太陽と月、そして水星が乙女座にいて強力であることからみて、乙女座の部位がかかわっているのではないか。つまり消化器官と腸である。その女性は、腸が大きな問題の部位だと認めた。ではこのチャートはこの問題を、より深く示しているだろうか。惑星群は第8ハウス、死のハウスにある。しかし、乙女座にある惑星グループの中での、最も近接したコンジャンクションを見てみよう。第8ハウスの支配星である太陽は火星とタイトにかかわっている。これは「カジミ」・コンジャンクション。わずか太陽から一七分しか離れていないコンジャンクションである。これは伝統的占星術では非常に強い配置とされる。それは、この配置では惑星が「太陽の熱のうちに」あるからだ。医学占星術では、第8ハウスは死のハウスであると同時に手術のハウスでもあり、乙女座の火星は外科手術用メスの鋭い刃先を示すものであろう。

このホロスコープは、その女性の子供のものであった。その子は合併症をもって生まれており、誕生後に生命を救うための手術を受けねばならなかった。この文脈をみれば、チャートは実に有効《ラディカル》なものであり、ほとんどの占星家は、私がしたように、目隠し解読によっても、同じ結論に達することができるだろう。当然、その女性は占星術が暗示したものに深く感銘を受け、それを学習すると、得るところがあるはずだと感じたのだった。彼女はチャートを作るのに非常に時間がかかったし、またそれは大変だった。というのも、彼女は数字恐怖症をもっていたからである。ここで、同じチャートが、それは別なテイクで語り始めたのを感じられるだろうか。山羊座の上昇、双子座の土星、第6ハウス。それは数学と技術への恐れである。秘密を表す第8ハウスの乙女座のすべては、間違いへの恐れを示して

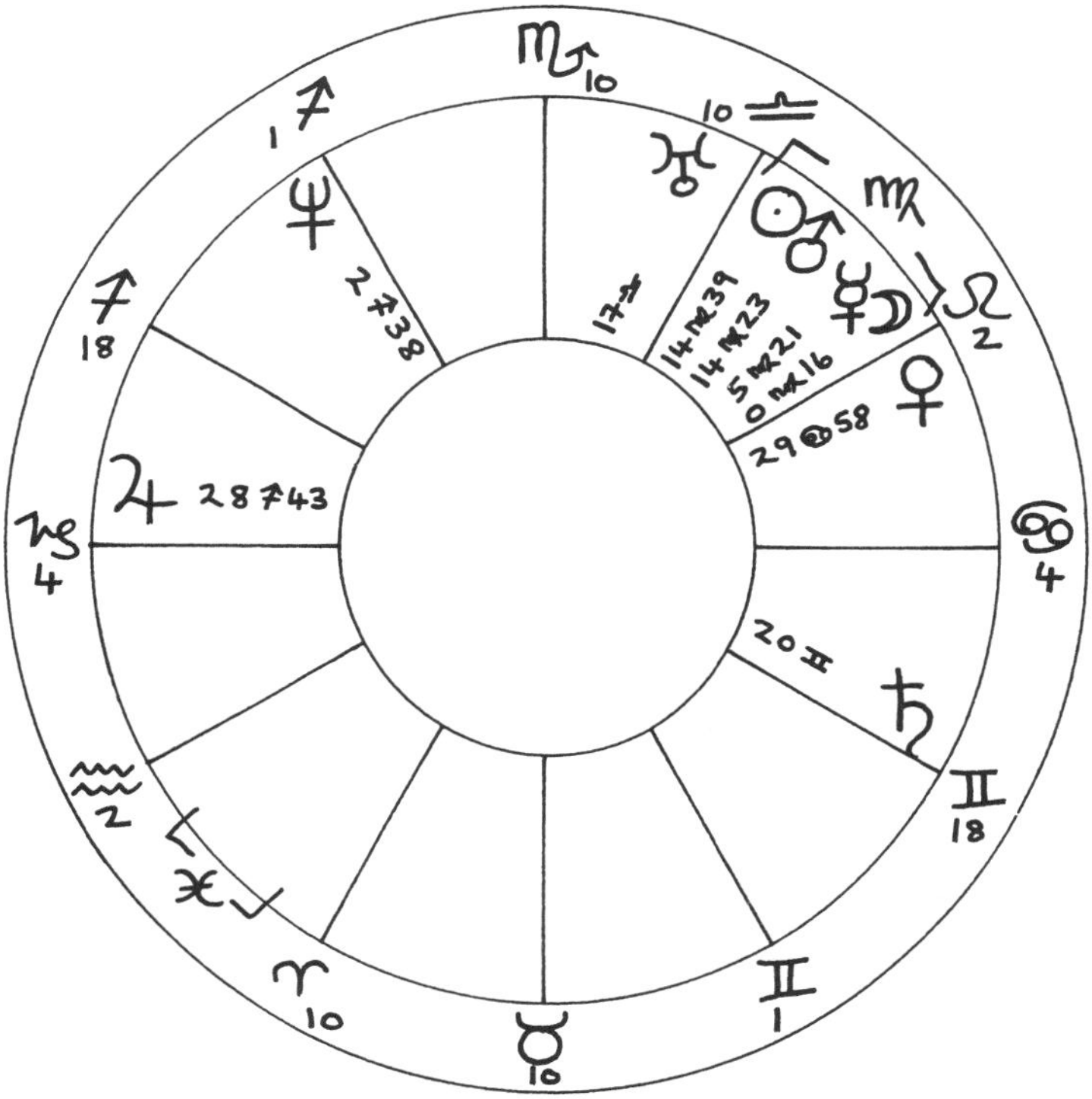

図9.1　初心者の作ったチャート

☉太陽　☽月　☿水星　♀金星　♂火星　♃木星
♄土星　♅天王星　♆海王星　♇冥王星
♈牡羊座　♉牡牛座　♊双子座　♋蟹座　♌獅子座　♍乙女座
♎天秤座　♏蠍座　♐射手座　♑山羊座　♒水瓶座　♓魚座
☊ドラゴンヘッド　☋ドラゴンテイル

いる。土星は双子座と第6ハウスを両方犯している。これは、数字の星座、技術のハウスだ。ある意味で、彼女の恐れは、かつて彼女が過去に間違いを犯したために自覚されたものである。このチャートは、子供の出生年月日、時刻に照らして間違って計算されていた。この混乱した計算は、だいたい、一九七二年の九月の惑星の位置に対応している。しかし、そのうち三つの惑星は一日ずれていたし、四つの惑星は二日、さらに一つの星がもう一日、また別な惑星は一週間ほどずれていた。不在を示す冥王星は、チャートから漏れている。

ここで重要なのは、「間違った」チャートが「正しい」チャートであったという点だ。この間違ったチャートが乙女座の太陽と火星のコンジャンクションを作り上げている。このコンジャンクションは、確かに九月には起こるが、しかしそれはその母親が計算した、子供の誕生日に起こるものではない。乙女座でのこのカジミ・コンジャンクションは、腸に対しての救命のための手術を美しく表したものである。初心者は多くの過ちを犯すものだし、そのすべてが、この事例で示したような有意性を常に示すわけではない。このチャートが出て来た文脈は、占星術に対する挑戦、まさに占星術の有効性をテストしようとする（土星）、太陽‐火星の示す挑発であった。この挑戦は、教師である私に向けられている。もしこのチャートを見直すとするなら、私ならこのように見るだろう。占星術は第9ハウスの問題である。第9ハウスの支配星である金星は、蟹座の終わりにあり、第8ハウスとの境界線に位置する。私自身のチャートはこの金星と密接な関係をもっている。私が彼女にとっての「占星術上の母親」（蟹座の金星、第9ハウスの支配星）であるとするなら、このチャートは彼女が占星術の世界へ踏み込む旅の象徴であろうし、私はその旅のガイドとなるものであろう。彼女の計算と技術に対する恐れは、占星術が「当たる」ことを突然知る初心者が感じる不気味さと同じものであった。天球を測る数学の絶対的な性質が占星術の営みすべてに転移されているのである。シンボリズムの一片が「真実」であるとわかると、それまでただ友達と楽しみのためだけに話題にしていた占星術が、身震いするほど正確なものとなり、それがリアリティの理解の仕方に挑戦してくる。占星術が「当たる」ときに占星術は絶対的で、運命的なもの、なにか魔術的なかたちで作用する恐るべきものとなる。このチャートは、私には、この女性の数学への恐怖心がオカルトと戯れることで引き起こされる不安の、形を変えた現れではないかと思った（第6ハウス、双子座の土星。第6ハウスは、技芸／クラフトと魔女術／ウィッチクラフトのハウスであり、乙女座のはオカルトの第8ハウスで挟み込まれている）。これが私が言わねばならなかった恐れである。ただ計算の間違いばかりではない。実際何がこのような組み合わせを作ったのだろうか？

彼女がこのチャートを作り上げたその様は、完全に、ユングが結婚実験でぶつかった秘密の共謀にそっている。それはまた、抑圧されたものが間違いを通して意識の中に滑り込むというフロイト的錯誤にも似ている。ただ、ここでは、意識の上では彼女が恐れていたチャートの計算が、無意識の要素の担い手となっただけではなく、またこれがチャートのシンボリズムの中にも現れている。さらに、チャートは現実的な意味でも当たっている。それは、どんな占星術家にでも、「健康／手術／腸」といったことを指し示すだろう——そしてこれは重要なことなのだが——このチャートは実際の時刻には立脚していないのである。この図のように惑星が配置される瞬間は、現実にはない。ここでの占星術は、「ある瞬間に生まれたもの、なされたことはその瞬間の時間の性質を持つ」という古い格言は当てはまらない。この場合には、そもそも〝瞬間〟はないのだ。私たちは、そのかわりにシンクロニシティIIと出会う。参与しているものが、探求しようとする対象の中に、複雑なかたちで織り込まれているのである。

私は、何も占星術家に、どんなふうにして作ったものでも当たるのだからと、「誤った」チャートを使うことを勧めているのではない。客観的な時刻を用いるのは、重要な占星術の儀式である。それは共通の参照点を与え、占星術をシンクロニシティIのかたちで働かせるようにさせる。それをなくしては、ピッチを抜きにしてサッカーをするように、共通のゲームの基本ルールがなくなってしまう。私は友人とランダムにチャートを作るとどうなるか実験してみたことがある。私たちは、紙片に惑星、星座、ハウスと度数を書いて帽子に入れておき、ホラリーの質問「私たちはチャートを作ることができるか」を尋ねてみた。帽子から天の要素を引き出し、こうしてできたチャートをホラリーのルールで解釈したところ、質問への答えは明らかに「ノー」であった！★8

時間における客観的な瞬間は、したがって意味ないし質の担い手というよりも、占星家が意味を割り当て始めるための、外的な道具である。儀式として、私たちはある瞬間を選ぶ。そこで私たちの習慣と情緒的な性質が意味を持つように合致する——誕生の瞬間、ホラリーの瞬間、時期選定の瞬間などは、そういうものだ。『占星術のモメント』において、ジェフリー・コーネリアスは占星家に対して、意味が時間の中に基盤を持っているという仮説を深く考えてみてほしいと持ちかける。私たちは、時間と深くかかわっているために、すぐに束縛と抑圧のシンボルである土星の「凶意」の犠牲になってしまう。時間から離れたところでは、現代の心理占星術は、土星を個人の不安、痛み、苦痛などといった別な意味でとりあげる。この占星術は土星の時間を精神分析や深層心理学からの借り物——分析の時間、抑制、境界、などなど——によって表現しようともする。ユングと占星術を結び付け占星術を流布させた最も影響力の大きな本の一つは、リズ・グリーンの『土星《サターン》』★9であり、多くの心理占星家にとって、惑星のシンボリズムは、土星の外部から始まっていると言っていい。しかし、土星によって支配されている時間の内の世界を越えた外惑星を持ち込んでいるにもかかわらず、現代占星術は依然として古典的な伝統から引き摺っている土星的な重荷を担っている。つまり、時間には客観的な性質があると仮定している。

しかし、土星は、占星術では木星とペアになって働くものである。私たちは、時間と客観性を用いることで（土星）、シンボルを通じて意味と洞察を求める（木星）。木星と土星は、また占い手と科学者のようなものでもある。私たちは、ある時間（土星）に基づいた客観的な天の地図を使って、占う（木星）。しかし、そうするうちに、すぐに土星の束縛に捕らえられてしまう。私たちは意味（木星）がある時間の瞬間（土星）の中にあると考えてしまう。ユングは、木星と土星を正確なトラインで持っていて、たとえばグレート・エイジについての研究に見られるように、本領を発揮したときにはこの二つをきちんと評価することができた。

占星術における木星と土星の方向性の相違は、一つのホロスコープを使ってはっきりと見せることができる。次に紹介するチャートは、ダグラス・ハーディングが著した禅仏教の書『頭を空にすること』に出てくる悟りの経験に関係するもので、彼はチベットの山中で起こった宗教経験について語っている。

それは夢でも秘教的な啓示でもなかった。全く逆である。まるで普通の生活という夢から覚めたように感じられた。夢の終わりである。それは蒙昧な知性を一掃する、それ自体、自ら輝く現実であった。★10

マップを見ると（図9・2）宗教を表す木星が上昇したばかりであるのを見ることができる。これは地平線から上の唯一の惑星である。それは宗教と遠く離れた土地を示す第9ハウスの支配星であり、またそれは創造的経験を示す第5ハウスを支配するばかりか、個人性《インディヴィデュアリティ》を示す星座、獅子座に入っている。明らかに、これは宗教経験を示すチャートであるが、木星はまたチャートのルーラーである太陽と正確なトラインでかつミューチュアル・レセプションである。太陽は、第5ハウスのカスプにのっていて、宗教の射手座に入っている。新月を含む射手座の惑星集合《ステリウム》は、スピリチュアルなメッセージを示す。木星が光輝星《ライト》である太陽、獅子座、第5ハウスとかかわって強調されていることは、ハーディングの経験の「自ら輝く現実」を描写している。それが何を意味しているにせよ、彼は

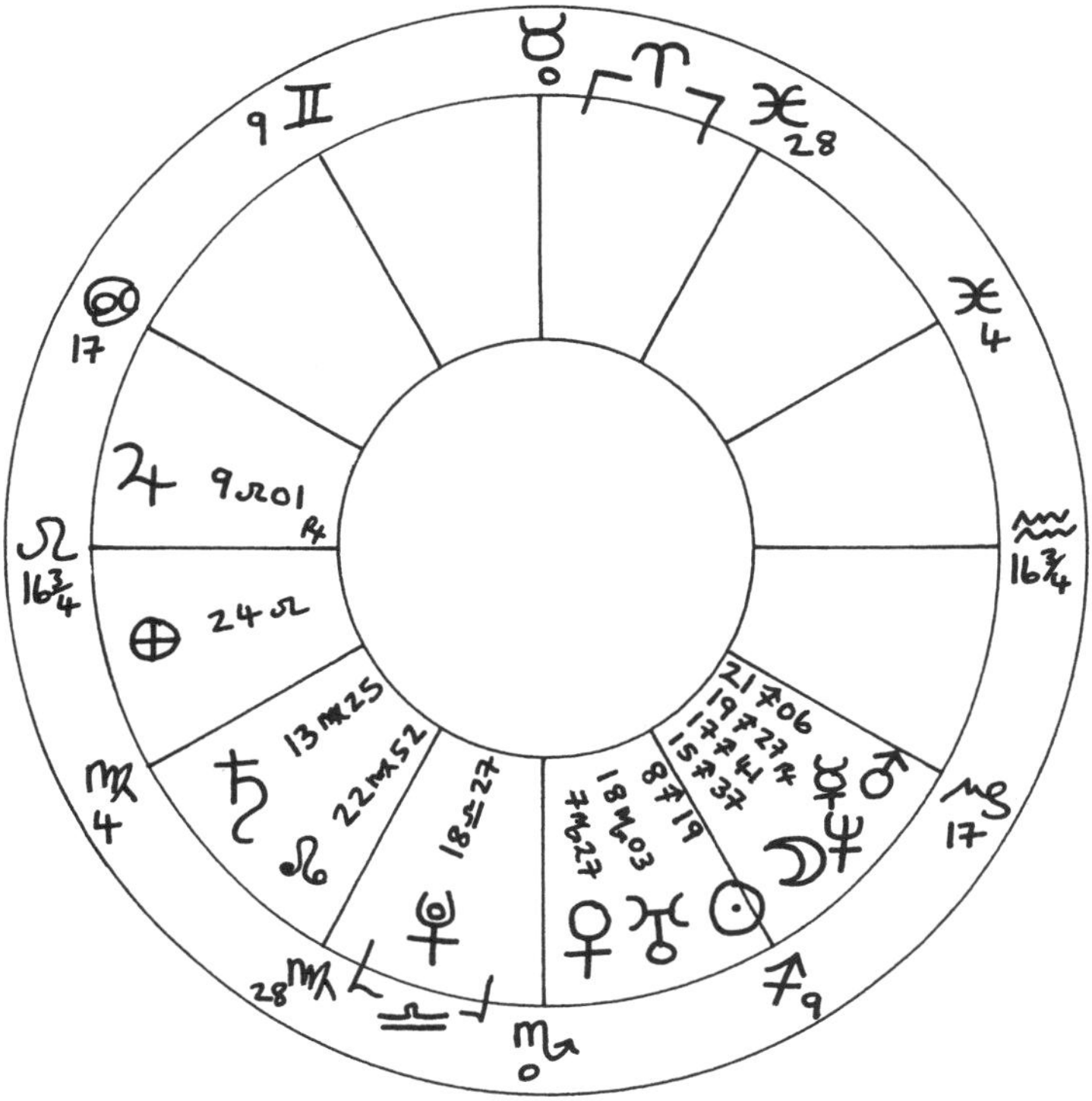

図9.2 「頭をからにすること」のチャート
1978年11月30日，21.16GMT，Day 木星，Hour 太陽

☉太陽　☽月　☿水星　♀金星　♂火星　♃木星
♄土星　♅天王星　♆海王星　♇冥王星
♈牡羊座　♉牡牛座　♊双子座　♋蟹座　♌獅子座　♍乙女座
♎天秤座　♏蠍座　♐射手座　♑山羊座　♒水瓶座　♓魚座
☊ドラゴンヘッド　☋ドラゴンテイル

それが夢ではなく、「日常の生活」からの自由であり、経験の拡大であると言っている。またハーディングは、このように報告する。

……思考を止めた……理性と創造力と、あらゆる知性の働きが止まった。初めて、言葉が意味をなさなくなった。★11

チャートの中で、言葉と思考の惑星である水星がいかに弱い位置にあるか見てみよう。それは射手座にあってデトリメントであり、逆行、かつ境界をなくす海王星とコンジャンクションしている。ハーディングはまた、時間の感覚をも無くした。

……過去と未来がなくなった。……まるで生まれたばかりのようで、すべてが新しく、知性もなく、すべての記憶から新鮮な状態になったようだった。★12

これは、チャートの中では、新月が乙女座にある、時間、歴史、「普通のリアリティ」の惑星である土星のスクエアから離れようとしていることで示されている。ハーディングは、「避けがたい重荷を降ろした」気分であったと感じている。これもまた、土星から離れつつある月である。太陽と木星の強い配置から見て、土星はこのマップの上では影響力を持たない。ハーディングの宗教経験は、活動的で創造的な力、宇宙との一体感を感じさせ、世界を「自身の深遠な性質の流れそのもの」と見させた。また、ここで、ハーディングの太陽‐木星の火のトラインとミューチュアル・レセプションの見事な描写を見てみよう。これを示すテキストを引用する。

いまや、彼は彼の本来のありように立ち戻った（太陽‐木星のレセプション）、つまりそこからあらゆるものが顕現（木星、第5ハウスの守護星、上昇）した、存在の核心（ハート／太陽、獅子座）。一言でいえば、彼は神となった（木星、神々の王、第9ハウスの守護星）。比類なき存在の根源にふれて、彼は叫ぶ。「私は中心（太陽、獅子座）、私は宇宙（木星、射手座）、私は創造者（太陽‐木星のレセプション）！ あるいは、「私は自身と万物の原因である（太陽‐木星のレセプション）！」禅の言葉ではみすぼらしい野良犬（土星、乙女座？）が砂漠に吠える黄金の毛並みの獅子となった（木星、獅子座、第12ハウス）のだ。自発的で（射手座）、自由で（射手座、木星）、エネルギッシュで、大いなる自己充足の状態にあり（太陽‐木星のレセプション）、そして「孤高」であった（シングルトンの木星、第12ハウス）★13

孤高性はさらに、さらにチャートの中に強調されている。木星は、非常に力強く、品位もよい状態にあるが、孤立、幽閉、「自己‐無為」の第12ハウス、不幸のハウスに入っている。ハーディングの立場は全能のもの、自分自身を除いて、父やどんな権威も否定した、土星の示す境界の感覚を欠いたものであった。他者を示す第7ハウスの支配星である土星はマップの中で力を発揮しておらず、またやはり他者を示す第3ハウスと第11ハウスを支配する水星も弱い。人間関係の普遍的な支配星《ユニバーサル・ルーラー》である金星は、蠍座でデトリメント、またそのレセプションである破壊的な冥王星によって犯され、木星へのスクエアに向かっている。この瞬間がハーディングにとって、いかにまばゆいものであったとしても、そこには他者の入る余地はなかった。しかし、チャートは彼の経験をはっきりと物語っている。獅子座で上昇している歓喜に満ちた木星からみて、またこのチャートは冗談《ジョーク》も言っている。ハーディングは、この宗教経験を「頭を持たない」ようなものだと言っている。そして、私たちは、頭を支配する牡羊座が、宗教の第9ハウスに挟み込まれているのを見いだすのである!

また、チャートにはもう一つ別の冗談《ジョーク》も織り込まれている。占星術を支配する第9ハウスの副支配星である海王星は、月とコンジャンクションであり、読者のあなたは、実はだまされていることを示している。その著書の中で、ハーディングはこの経験の日付や時刻を述べてはいない。なぜ、彼は土星の領域を越えていったのだろうか。ホロスコープは、チベットの山中での悟りの瞬間の時間で作られたものではなく、この本にからんだ小さな偶然の一致の時間によって作成されている。何年か前、私は成人教育の一環として開催された占星術の哲学の教室に参加していた。そこでは、占星術実践における、主観‐客観問題がしばしば議論の的となっていた。ある夜、ハーディングの本について発言があったのだが、偶然、その本をその日の午後に買っていた生徒がいた。私たちが検討してきたチャートは、チベットでの客観的に存在した瞬間とはなんら関係がない。それはワンズワースでの十一月のある夜の「その本の話が出たのは、不思議な気がします。私はちょうど今日その本を買ったのですから」という発言が飛び出した瞬間のものなのだから。大きな注目をひくような偶然ではないが、象徴的態度をもつものにとっては、平凡な女に見えたのが、実は妖精の女王だった、というように、ささいな偶然の一致が多くを教えてくれることがある。

チャートが立てられたときの文脈を考えると、これは教室の学生（第5ハウスの惑星集合《ステリウム》）を示すものだと読める。彼らは占星術の哲学（木星、第9ハウスの支配星）を学んでおり、その教師に魅了されていた。教師は、転移を受けてときおり教祖の側面をまとうことになった（太陽－木星のレセプション）。また、そこでは本をめぐって何か奇妙なことが起こっている（射手座の水星、逆行して海王星に乗って行っている）。また、別の読み方をすれば、このチャートはこの本の内容を正確に告げているし、占星術のコースに含まれている占星術における主観－客観の分裂についての哲学的なディスカッションをも示している。ワンズワースで並んだ惑星は、何年も前のハーディングの経験を正確に描写している。チベットでの、ハーディングがこの経験をした「実際の」時刻は、いまだ推測の域を出ない。「占星術的」には、何がハーディングの経験の実際の瞬間なのだろうか。このような瞬間は、「客観的」な時間の中に存在したのだろうか。あるいは、象徴的な態度を持った占星家によって、このある瞬間が意味があるとされた時なのだろうか。また、ここにはさらにもう一つ冗談《ジョーク》が見られる。私は、かつてハーディングはこのような経験などしていなかったと聞いたことがある。これは複雑な仏教の教えを、直接的で単純なかたちで伝えるために、彼が「でっちあげた」ものだというのだ。もしそうなら——これはチャートの中の水星のように単なるうわさかもしれないのだが——このマップはさらに奇妙なものであることになる。ワンズワースでの瞬間のものであるばかりではなく、結局、想像上の経験を表すものになるのだから！

さらに、このチャートは、時間の中に客観的に存在する瞬間を否定し、それ自体が、これをしていること（自ら照らし出す）を示している。主観的な、占いの経験（木星）の力とそれに対応して客観性と時間（土星）の弱さがそのことを示している。今やこのチャートを、客観的な時間の精密さから離れて（乙女座の土星のスクエアから離れて行く月）、シンボルを通じて意味を作り出す占術としての態度（太陽－木星、獅子座－射手座、第5ハウス－第9ハウス、レセプション）を示すものとして読み直すことができる。この中で、私たちは土星（科学者）から離れ、木星（占い手）へと移って行くことになる。これは、私たちを唯我論へと陥れるかもしれない。そして占星家と占術家に、「砂漠に吠える黄金の毛並みの獅子」のごとく、神のまねをさせることになるかもしれない。どのようにこのことを見るのであれ、占星術のシンボルが意味をもつためには、客観的な時間に沿っている必要はないことは明らかだ。「ある時間に生まれたりなされたこと」は再び問題にはなるが、それは別な時間に、より適切に象徴として現れることもある。ユングの中の占い手は、このことを示していたが、しかし、彼の中の科学者のほうが、時間を取り上げた。そしてそれは誤りであったと後にユングも認めるようになる。占星家は、ユングのもともとの不完全な考え方にそってきていた。もし、占い手としてのユングの発見にそうことができるなら、占星術を土星の束縛から解放し、占いの道具として占星術を見ることができるようになるであろう。

　占星術を占術として見るには、どうすればよいのだろうか。タロットや易などほかの形態の占術であれば、占い手はコインを投げたりカードを切ったりするが、金属片や紙切れの中に、占いを成立させる潜在的な「性質」があるなどとは誰も信じてはいない。シンボルの解釈者としての占い手の参与は、容易に認められ、受け入れられる。しかし、占星術を占術の一つとして認めるのはずっと難しい。一つには、占星家は惑星のカードをシャッフルしたり切ったりはしない。惑星は遠く離れた客観的な存在であり、個人の心の影響力は遠く及ばない。出生図は、占星家があずかり知らぬところで何年も前に起こった、物理存在としての惑星の現実の配置に従って描かれる。そして、その客観性が占星術が占いであるという考えを排するようになる。しかし、本当にそうであろうか？　ユングは、占星術の結婚実験が自分の望みに影響されていることを発見した。また、占星家は、繰り返し、自分自身のことが他者のチャートに反映されるのを経験するではないか。

　とするなら、占星術は惑星と人々の人生の間の客観的な関係を扱う科学なのか、あるいは、象徴体系ないしは占術の営みなのであろうか。割り切れないことだが、答えは「その両方」であるように思われる。惑星は、占星家が元型イメージを投影する、イメージの担い手でもある。そして投影が起こるときにはいつでもそうであるように、投影された内容は客観的なものであるかのように、そしてそれは投影を投げかけた人間には関係がないように見える。しかし、本当に厄介なのは、他者の出生図が占星家の占いの行為を示すものとして現れることを理解することだ。一体どのようにして、何年も前の惑星配置を示すあなたのチャートが、私の無意識内容を投影したものになり得るのであろうか。そしてまた同時にそのシンボルがあなたについての客観的な事実を語ることができるのか。ユングにとって、その答えは、リアリティの中の超心的次元《サイコイド・レヴェル》、すなわちウヌス・ムンドゥスの中にすべてをつなげるものの仮定の中にあった。そしてそれは、シンクロニシティの現象として、現れてくるのである。

これらは頭を悩ませる問題であり、ユングの答えも必ずしも満足のゆくものではない。シンクロニシティIもシンクロニシティIIも、占星術の経験には適用できるように見える。はじめは、ユングは天文学的データと占星術のシンボリズムを混同するという過ちを犯していた。そしてさらに、プトレマイオス式の占星術モデルにこだわっていた。出生の瞬間の時間の性質――雰囲気――が新生児に刻印される、という考え方で、またその後の惑星の動きは、出生時に与えられたパターンの開示であると見なされ、したがって天文学的要因と惑星の動きは、そのまま運命となってゆく。これは、シンクロニシティI、すなわち、客観的な現象間の相互依存である。皮肉なことに、心理占星家は「中世」占星術の宿命論とは一線を画そうとするものの、古典的な伝統の言う、惑星の動きと運命とのつながりを完全に受け入れているのである。ジェフリー・コーネリアスは、このように言う。

……自分たちが古い占星家からは全く違っていると想像している現代の学派も、実はプトレマ

イオスの広い肩の上に乗っているのである[14]

心理占星家が予言の可能性に対して、不快な感情を抱いているにせよ、プトレマイオス的なアプローチはつきつめれば、直接的で客観的な予言の可能性を許すものとなる。シンクロニシティIに従う限り、そこからは逃れられない。超然とした天体の動きの観察者であるかぎり、占星家のイメージは他者の運命なり心理なりを「知っている」存在であり続ける。占星家は、天文学的なデータさえあればよいと考えていた、占星術実験を始めたばかりのユングのように。どう言い繕おうと、天文暦があるではないか。マイケルセンやラファエルの天文暦を開き、天のマップを作ることができる。そうなれば、時間のサイクルの開示を目の前にすることができるのではないか。土星のトランジットが行きつ戻りつする。太陽が木星へとプログレスする。そのとき、「出生時の潜在的可能性」が、そして創造の大いなるサイクルが人間の宿命を開示して、光が当てられ活性化されることになるのである。まるでブレイクの詩に登場するユリズンのように、時間計測の主人である占星家は、深層の存在を描き出す。このとき、占星家は傲慢の罪すれすれのところにまで進む。

「私は神なのか?」ユリズンは言う。「私に匹敵するものなどいようか。私は天を引き伸ばす。あるいは、衣服のように、天を畳むこともできるのではないか[15]」。

もちろん、惑星の配置を知ることは、占星術の解釈とはさほど関係がない。私たちの伝統は、解釈を必要とする象徴的言語の内にある。占星術を客観的な物体の測定とその相互関係と見ることは、占星術をシンクロニシティＩと見なすことである。心理占星家は、みな、この古典的なモデルを適用している。彼らはまるで、クライアントの人生の、表に現れている世界の背後に隠れた、超越的な意味や原理の観察者でもあるかのようである。古典的占星家と同じく、心理占星家は物理世界を儀式化した参照用枠組みとして用い、人間の状況を読み解こうとする。そして物理世界が、人間に先立って存在する客観的真理を担っており、自分たちが人間についてのその真理を説き明かせると考えるのである。

どんな占星家も、出生の時とその時期測定の方法のホロスコープが人と「合致する」と考える。土星のＭＣへのトランジットは権力からの失墜、金星へのトランジットは恋愛関係の終わり、また火星へのトランジットは欲望への試練をもたらす。占星家の志向性によって、外的世界での出来事を強調するか、「内的」人間を強調するかの相違は当然存在する。伝統的占星家は第2ハウスの太陽に乗る土星を「貧困」と見るだろうし、心理占星家は同じ配置を自己評価ないし内的価値観の喪失ないしその再強化と解釈するだろう。ユング派の占星家であれば、これを倫理的な課題、シャドウと結び付いた罪悪感の問題だと見なし、神話や物語を使ってそれを拡充してゆくと思う。しかし、どんなアプローチをとったとしても、占星家がとっている客観的なスタンスは同じである。安い値段でジプシーが占いをしようが、高い料金で占星術の分析を受けようが、あなたが私に未来のことを告げようが、さほど違いはない。占星術における、「宿命の装置」のモデルは変わらないのだ。[★16]占星家と、その解釈の営みは、そこにはかかわってはいない。占星家は客観的な出来事の相互依存関係——惑星の動きと人生の出来事、あるいは惑星の動きと個人の心の状態——を観察する。人は、ある占星術的な配置を「持って」おり、ホロスコープは、占星家のほうとは関係がないものとして、その持ち主に帰される。その人は、自分の配置に対して積極的なかたちで対処することもあれば、そうできないこともあろう。しかし、いずれにしても、ホロスコープは人生の潜在的な青写真《ブルー・プリント》なのであり、それは惑星のサイクルと同一視される目的論的なパターンに従って開示されてゆくことになる。ユング派の占星家は、またこれらの外的で客観的な要因——惑星と他者——を心の理論的な構成要素と結び付ける。その組み合わせは複雑に見えるが、実際には重要ではない。すべてのことがクライアントに即しているのであり、占星家が作り出した事は何もないのだ。占星家は天の庭師のようなものだ。すべてを見透かし、クライアントに、心の成長についていつ刈り込み、いつ耕すべきかを告げることができるのである。クライアントは、こうなると人間ではなく、超越的な意味の世界に、樹木のように植えられていることになる。

さらに、天体の動きの予測は極めて信頼性が高いために、占星術は予言が可能であるはずだが、その側面はうまく脇にやられている。「心の地図」と内的世界への志向性を持ち込むことによって、心理占星家は古典的占星術から受け継いだいかがわしい予言や宿命論に対して快適なクッションを作り出した。しかし、同じ伝統から出てくる、未知のものを知る者としての占星家という強力なイメージは受け継がれている。他者の無意識を知るものよりも、強いものなどあるだろうか？　分析家と被分析者の間の関係について言えば、どんな深層心理学の学派でもクライアントと会う前に無意識を知ることなどできないが、占星家には、実際の面談の前にも知ることができるとひそかに理解されている。占星家とクライアントとの関係は、占星術のシンクロニシティIのモデルに沿って形成される。占星家は、クライアントの人生と合致すると見なして、出生の時の星の配置やその後の星の推移を見てゆく。そしてそれを心のモデルとつなぎあわせていこうとするのである。そうするうちに、占星家は自身の心の状態を状況に接近させてゆき、占星術の中にシンクロニシティIIが働く可能性を開いていくのである。

ユングが、私たち占星家に対して言うべきことは、元型、シンボリズム、心と時間の性質など多いが、しかし何にもまして重要な彼の洞察はいまだきちんととりあげられておらず、その仕事が示唆するものは占星術の哲学的基盤にはもちこまれていない。それどころか、ユングに影響された占星家は宿命の機械装置にオイルをさし、そこに立って歯車が回るのを見ているのである。

シンクロニシティに対するルディアの思想は、全く時間の性質の中で考えられているものであった。[★17] それより若い世代の、ほとんどの占星家の例にもれず、カレン・ハマカー‐ゾンダクは、この概念を、古いマクロコスム‐ミクロコスムの観念と同じように、ただ占星術が当たる理由として持ち出している。「占星家」がマクロコスムのほうに立つのか、ミクロコスムのほうに立つのか、その位置の重要性は全く問題にされない。心理占星家の中で、シンクロニシティと真剣に格闘しようとしているのはリズ・グリーンただ一人である。彼女の『宿命の占星術』の中には、運命、時間、宿命についての複雑な議論がある。しかし、リズ・グリーンもやはり、ユングによって導き出された客観的で質的な時間をそこでは用いている。彼女のシンクロニシティ観は、ほとんど完全にシンクロニシティIのものである。クライアントの夫の死の瞬間の占星術的配置についての議論の中で、グリーンはこうコメントする。

……時間の性質におけるシンクロニシティの原理は、個人に対してのシンクロニシティ現象と同じように重要である。ある時間は、ほかの時間に比べて、「死が充満」している。これは、そんな時間の一つである。★18

シンクロニシティは、出生図と時間計測の方法を、個人の人生における内的外的な発達と合致させてゆくことと理解されている。こうなると、古典的占星術の、「運命は惑星の動きと同定される」という主張と変わりはない。

……出来事と内的経験に並時的《シンクロナウス》に合致する占星術的配置は、出生のときから天の秩序ある時計によって「調整」されている。★19

「並時的《シンクロナウス》」という言葉は、しばしば、「共時的《シンクロニスティック》」という言葉と互換的に用いられており、その意味を見いだすための人間が必要だとは考えられていない。時計のごときトランジットとプログレッションがシンクロニシティと分類されるばかりではなく、伝統的占星術の技術、たとえば家族間の相性関係や家族の出来事への時期測定の方法なども「シンクロニシティ」的と見なされる。

離れたところから現象を見る占星家によって観察された、客観的な出来事間の相互依存関係は、純粋なシンクロニシティIである。極端に言えば、クライアントにとっての意味はなくてもいいし、その意味は、それを見極めようとする客観的な観察者である占星術家だけが知っていればよいのである。惑星の動きは、どうせ効果をもつようになるのだから、クライアントは意味を知らずともよい。たとえば、トランジットは、占星術を知っていても知らなくても、作用する。「元型的な潜在力が……適切なときに無意識を活性化するため」である。リズ・グリーンは、このように確信している。

……トマトがはじめから花を咲かせ実を結ぶようになっているように、このようなタイミングは、その有機体の出生のときから備わっている。[★20]

これと同じ立場が、「デイヴィッド・ベイツ」とその一家のケース・スタディの中で示されている。

……デイヴィッド・ベイツのケースでは、意味の感覚などは本人には明らかになってはいない。

しかし、人生のパターンがホロスコープと結びつけられたときには、その意味は占星家には明らかになる。惑星の配置と個人の内的、外的生活との間のシンクロニシティが見いだせるのである。★21［マギー・ハイドによる強調］

これを見いだすのは誰か？　ここでの問題は、ユングの用語「シンクロニシティ」が、占星術においてはあたりまえのこと、あるいはあたりまえであった状況を定義するために用いられているということにある。これは占星家が何世紀も行って来たことと何ら変わらない。私の友人に、食のときに起こった透明シートの一件と、癇癪の出来事は、リズ・グリーンがデイヴィッド・ベイツの例で語ることと同じ種類のものである。私は友人の「内的、外的な人生」と惑星の配置のつながりを見いだしたのだ。しかし、このつながりを指す「シンクロニシティ」と言うとき、この言葉をシンクロニシティIとしてのみ、用いていることになる。そして出来事を意味があるものとして知覚する、私自身の心的状況を考えに入れない限り、状況は変わらない。それができて初めて、シンクロニシティIIの経験の中で現れる象徴の、ずっとダイナミックで、予期できない、そしてより生き生きとした世界へと移ってゆくことができるのである。

リズ・グリーンは、シンクロニシティは占星家によって見いだされるという点では同意する。しかし、占星家の知覚は、他者の「共時的」現象を一歩離れたところから見る観察者としてのものである。現代の心理占星家は、古典的占星家の立場とは結局変わらず、超越的意味という古典的な伝統の観念を受け継いでいる。時間の性質の真実は、天文学的要因によって明らかにされ、「絶対的知識」として真実を占星術に投影しやすくしてしまう。占星家は、まるで透視能力者のようになって、容易に

通常の時空連続体を飛び越えて、過去、現在、未来が同時に起こっている「中間地帯」へと到達できる★22

ように感じてしまう。

もし、占星家がこの種の知識と接触できるのであれば、私たちは、マーガレット・ホーンの「傾向と潜在的可能性」に対してさよならを言うことができるようになろう。ユング派の分析家は、夢や言語連想検査や拡充によって被分析者の心の力動を明らかにする。が、ユング派の占星家は、そこからさらに踏み込んで行く。占星家は、ホロスコープを研究することによって、心の内容を前もって知るのである。リズ・グリーンは、占星家が「表に現れた世界の背後にある他界」と触れていると言う。

そしてその世界の経験は、

……知ることのできない深みを照らし出す、ある種の光の網を感知するようなもの★23

であるという。

となると、疑問が生まれる。一体、誰が蜘蛛で誰がハエなのか。シンクロニシティⅠは網は集合的無意識によって編み上げられたか、あるいはそれはなんらのかたちで天体の運行と同定されると示唆する。いずれにせよ、クライアントは状況に巻き込まれているが、すべてを見透かす占星家は、その中にはどこにも見当たらない。しかし、シンクロニシティⅡの立場から見れば、「占星家」が、占星術の網の真ん中に座す、蜘蛛なのではないかとどうしても思えてくる。ここで、私たちは象徴的態度をもつものがぶつかるジレンマに出会うのだ。すなわち、私たちは自身が作り出す網に巻き込まれているのである。

出生ホロスコープを読むときに出てくる秘密の共謀関係は、シンクロニシティⅡによってのみ描写できる現象が含まれるように見える。つまり、占星家がそこに参与しているように見えるのである。リズ・グリーンは、才能豊かで思慮深い占星家である。彼女は、出来事や内的状況は、クライアントにだけではなく占星家にとっても重要であることを知っている。境界はここで完全に崩れ、クライアントを示すシンボリズムが、「占星家」のチャートにも見られるのである、彼女は、こんなことに気が付いていた。

クライアントの状況が、クライアントのチャートには全く関係なく、私自身のチャートへのトランジットと一致することがしばしばある。★24

どちらの心が誰のマップへと入り込むのか。ここには答えはない。すでに見て来たように、チャートは、実際の時間とは無関係に、繰り返し別の「テイク」として読み替えることができる。シンボリズムはあちこちにはねまわり、それをある形に収めようとする私たちの努力を無にする。占星術の実践とその経験は、占星家にとってただ客観的な解釈の営みではない。それは、自身の心を反響させているのだ。ユングは適切にもこのようにコメントしている。

……心は、外的な物体ではなく、自身を観察する。★25

シンクロニシティIIは、他者の人生、そのチャートへの惑星の、変えることのできないトランジットにかかわるものではない。全く予期しがたいものであり、宿命の機械装置、シンクロニシティIの働きを妨害するものである。それは、シンクロニシティIIの経験は、占星家の意味あるシンボルとの出会いの一部をなすものであり、また扱っている素材が実は自分のものであることを知らされる奇妙な感覚でもある。私たちには理解できない理由で、本来自分とは関係のないはずのシンボリズムの中に、私たちは主観的に参与しているのである。

占星術において起こっているように見えることは、ほとんどの場合、客観的な時間という古典的な枠組みの中で、よく確立されたシンクロニシティIの伝統で説明できる。そして、この時間、伝統、ホロスコープ解読の技術という「入れ物」の内部で、シンクロニシティIIの可能性が現れてくるのである。占星術実践ではほとんど、占星家は「客観的な出来事同士の相互依存」、つまり惑星と他の人間を扱っているかのように仕事をする。しかし、その仕事は、物語の半分でしかない。私たちは人生を費やして性格や心、出来事について解読をしてゆく。人を動かすもの、真実を語ること、素直に何かを語り出すことは、多くの場合、シンクロニシティIIが突然、予期せぬように現れたときに起こる。それはシンボルが生き生きとし始め、再び別な読み方ができるときなのである。

占星術における、シンクロニシティIとシンクロニシティIIの相互の働きは、ユング自身のナンバー1とナンバー2の人格の感覚を反映している。ユングのように、私たちは実践において、と言うより実践を成立させるために、ナンバー1の世界を優先させなければならない。そして、占星術が生命をもつためには、私たちは同時に第二の世界の可能性に対しても心を開いておかねばならないのである。ユングの結婚実験は、これらの二つの複雑なからみあいを示している。ユングが招かれた夕食に突然やって来たあの訪問者は、また占星家をしばしば昼食へと連れ出すのである。

10

秘密の共謀関係

ほとんどの場合、占星術では個人の出生時刻を使ってチャート解釈をすることが仕事となる。この出生の瞬間が、本人に属するものだと考えられているからで、ユングのホロスコープでしてきたように、私たちはそのチャートから人物を読み取る。私たちは占星術ではそれができるはずだと考えているし、期待もしている。そして占星術は繰り返しその期待にこたえて来た。言葉をほとばしらせるボブ・ディランは、ディセンダントに双子座と水星をもっている。独立独歩のグルであるクリシュナムルティは、太陽と天王星のオポジションをもち、フロイトとD・H・ロレンスは二人とも性的な蠍座を上昇にもつ。このように、占星術は有効だ。そして占星術を実践するためには、とにもかくにも客観的な出生時刻を用いることが必要だし、またそれが相手に属していると考えなければならない。

客観的な瞬間、時刻は、いまだ占星術の儀式であり、観測点であり、そのシンボリズムは信頼でき、また正しいことが繰り返し見いだされて来ている。その理由は、占星術の核心にあるのが神秘で、それが説明できるようになるとは思えないことにある。シンボルを見たとき、いったいどのようにして人の心理状態ばかりではなく、過去の出来事、それが起こった時期、ときには未来の出来事までも言うことができるのか、わからないのである。占星術にそれが可能なのは、時間の性質のためである、あるいは、それが象徴的言語だから、などと言うのは実践した時現れる真実に直面したときには全く貧弱な説明でしかなくなる。

しかし、どんな占星家も経験するこの「客観性」は、怪しいものでもある。統計的な証拠によって占星術を確立しようとする試みは、全く失敗してきている。ミシェル・ゴークランのような、印象的な研究によってさえも、占星術の主要な部分に関して言えば、あまり大きな成果は得られていない。自分に正直であろうとすれば、実践的な占星術は私たちがそうあって欲しいと望んでいるほどには、信頼できるものではない。もしサターン・リターンが二十九歳の人間に必ず危機をもたらすのであれば、あるいはもしトランジットがまるで時計のように正確に当たるのであれば、占星術はきっと今のような周縁的な立場にはいないだろう。実践者はもっと高い地位を獲得しているはずだし、その仕事も実際の市場の上で価値を持つようになっているはずである。占星術における不条理とは、それは驚くべきほどに真実を明かし、極めて正確な予言をすることもできるが、占星術家がいつ予言ができ、また真実が明らかになるかを予言することができない、ということにある。★1

天の時計以外の何かが、占星術の中では作用している。何年もの間、私はさまざまな占星家と会話を交わしてきた。そのほとんどは、経験を積んだ実践家である。彼らは、その実践において、どんな名前で呼んでいようと、「秘密の共謀関係」があることを暗黙のうちに認めている。ときとして、続けて三人の獅子座に出会うこともあるし、また自分の問題が相手の問題であるということもあるし、またときには、同じ星の配置が何度も何度も繰り返されるということもある。そして、それがこのアートの新しい法則を学び続けさせることになる。私たちは、直感、導き、あるいはときに霊の導きなどと、曖昧な言葉でこの経験を描写する。「結婚実験」のときのユングのように、占星家自身が巻き込まれるように感じられ、奇妙なムードが生まれ始める。シンボルは実際には客観的な時刻が存在しなくても、客観的な他者についてのものであるようにふるまい続ける。たとえば、初心者の母親がつくった間違いだらけの子供のチャートは、その子供の手術を描写していたり、プエルBのチャートは本人の状況を示していたりする。しかし、それは同時に占星家の参与を示すものやシンボルとの出会いが起こった文脈を示すものでもある。一枚のホロスコープは、さまざまな文脈によって、何度も「テイク」、「リテイク」され、占星家を驚かすことがしばしばある。

秘密の共謀関係が起こったときに、その始まりは、本当に「秘密」である。占星家は、誰か他の人についてのチャートを手にしていると考えている。しかし、それはまた何か他のことについてのチャートにも見えてくるのだ。そして、その「ほかのこと」は、しばしば占星家本人であったりもする。そのことに気が付くと、この予期しない占星術のふるまいは非常に嫌な気分を引き起こすことになり、チャートはクライアントを示すものであり、自分のものではないと思い込もうとする。この思い込みによって、私たちは古典的占星術の重圧を担うことになるわけだ。しかし、精神分析の用語を借用すれば、自身の参与のシンボリズムを見ることへの、この抵抗は、無意識の内容に光を当てる意識の働きへの抵抗とも関係があるのではないかと思われる。もし占星術が、ユングが考えたように投影のプロセスによって作用しているのだとするなら、主観的な心的内容が外在化したのだろう。そして投影は無意識なのであるから、そのことに私たちは気づくことはなく、投影された内容はあくまで客観的で、世界ないしは他の人間に属するものだと信じるのである。これは当たっているときもあるが、当たっていないこともある。占星家の個人的な無意識の内容の投影という説明では、たとえばボブ・ディランが、ほかの人々に向けての、メルクリウスの元型を担っていることなど説明できない。そこでシンクロニシティIの立場へと戻ることになる。しかし、チャートがシンクロニシティIIの流儀で作用してくる可能性も残されている。いつ、そしてどのように、ディランのチャートが、私がかかわっている何らかの問題に対して（それがどんなものでも）生命を持ち初めて、その状況を作り上げている無意識の構造を明らかにすることとあるのか、私には予見することができない。そんなことはずっとないのかもしれず、つねに客観的なシンクロニシティIのかたちであるのかもしれない。占星術の解釈は、この二つの両極の間を、さまざまな度合いで行ったり来たりするのである。

このようなさまざまな可能性があることを考えると、占星術には客観的な時刻の存在がかえって礎《いしずえ》として必要である。この客観的な時刻こそが象徴的な働きのプロセスが生じる基盤を与えているのである。占星家自身の参与の認識は同じシンボリズムの中にも表れているが、この表れを読みとることが、占星家とクライアント双方に起きていることを理解する指標になる。

錬金術におけるウヌス・ムンドゥスのように、占星家、クライアント、シンボル、そして世界が一つになり、また主観‐客観の分割がなくなる状況は、例によって最もよく示される。このウロボロス的な主題によくあうものとして、再び食の関係している占星術の事例を取り上げることにしよう。食とは、古代の人々によれば、太陽や月《ライツ》が天の巨大な竜に飲み込まれるときであった。出生占星術では、食が起こる点であるノードは、しばしば転移状況を象徴することがある。ノードはドラゴンの頭と尾であり、私たちが内部に投入《イントロジェクト》したり、外部に投影《プロジェクト》したりするものを指している。そのため、ノードは恋人同士の相性関係にふさわしいものとなる。これからお話しする占星術の体験は、ある祭事のときに起こったものである。祭事のときに出店して占いをするのは面白い状況である。特有の困難もあるが、たいていの場合には十分間の、迅速な「翼ある」解読の雰囲気が、いきいきとした、そして実りある仕事だと私は感じている。何時間もの労苦の多い仕事、研究をよしとするプロテスタント的な倫理が、クライアントにとって、一目で占星術家がふさわしいシンボルを見て取ってゆくことよりも生産的であるなどと誰が保証できるだろう。人々の多くも同じような気持ちでその占いを受けにくる。五ポンド紙幣とその十分間に、そんなに多くは期待してはいないだろう。

その占いをした日、牡羊座八度で、木星とコンジャンクションする日食が起こった。ある女性がやってきて、自分と彼女のパートナーの出生図を手にして、相性関係について尋ねた。男性のほうは、その場にはいなかった。ここですでにその日の日食のシンボリズムが見てとれる——つまり、月が太陽を食している——女性はいたが、男性は見えなかった。彼女のチャートの中の重要な星の配置は、

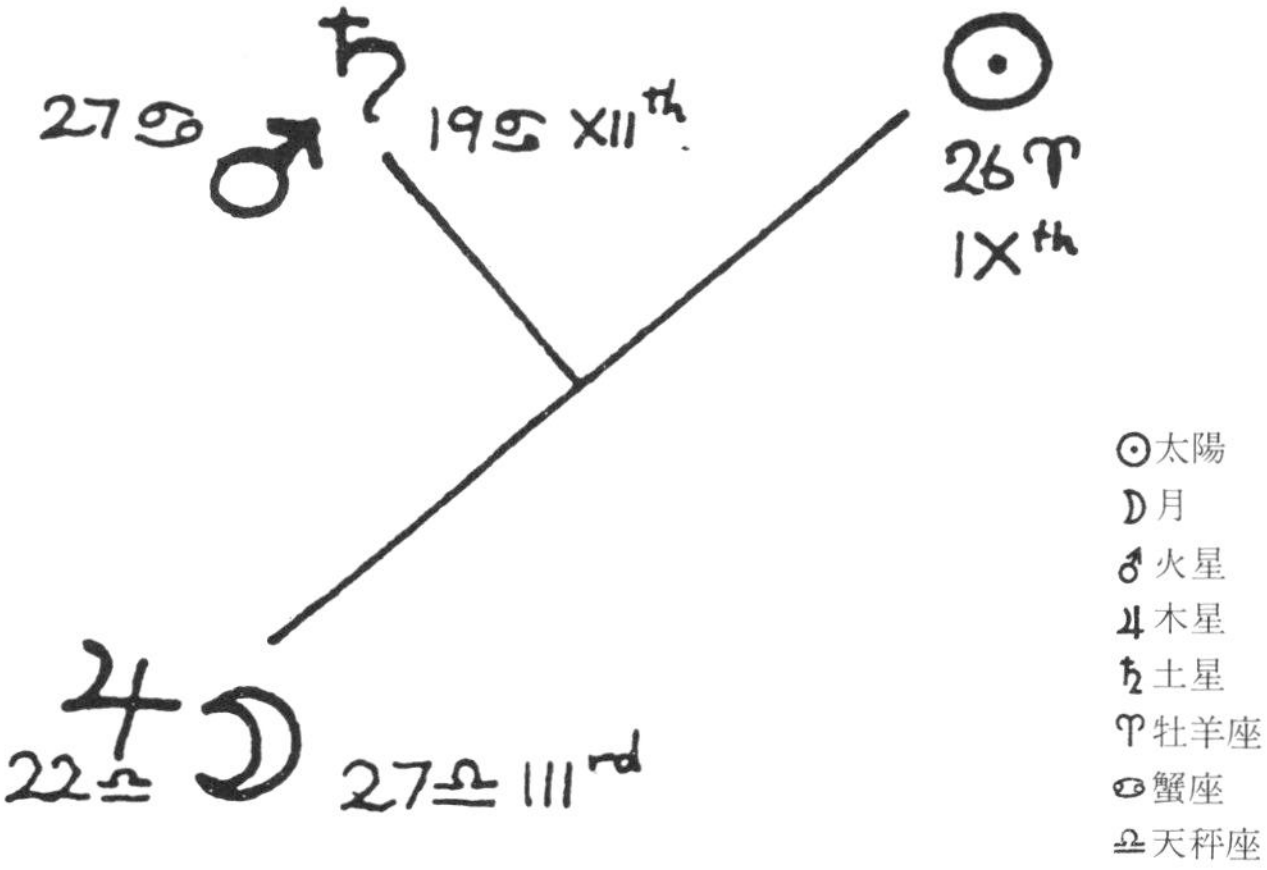

図10.1 女性に現れた日食のシンボリズム

Tスクエアのからんだ満月であった（**図10・1**）。

太陽と月は、牡羊－天秤座の軸、つまり自己と他者で、オポジションとなっている。牡羊座の太陽は、火の性質をもち、独立心が旺盛で、意志に燃えている。一方、天秤座の月は、引っ込み思案で移り気で優柔不断だ。このオポジションのもつ、一つにはしがたい性質はTスクエアの一角をなす惑星によって示されている。それは第12ハウスで、蟹座、デトリメントの火星だ。これは、ものごとをくよくよと考え、不機嫌で、またふくれっつらをして自分にひきこもっている火星である。この火星は牡羊座にある太陽のディスポジターで、たぶんそれがこの女性に決定的な行動をしづらくさせているのだ。火星の力は、さらに土星との広いコンジャンクションによって妨げられており、また月の内気さは、木星とのコンジャンクションによってさらに拡大されている。

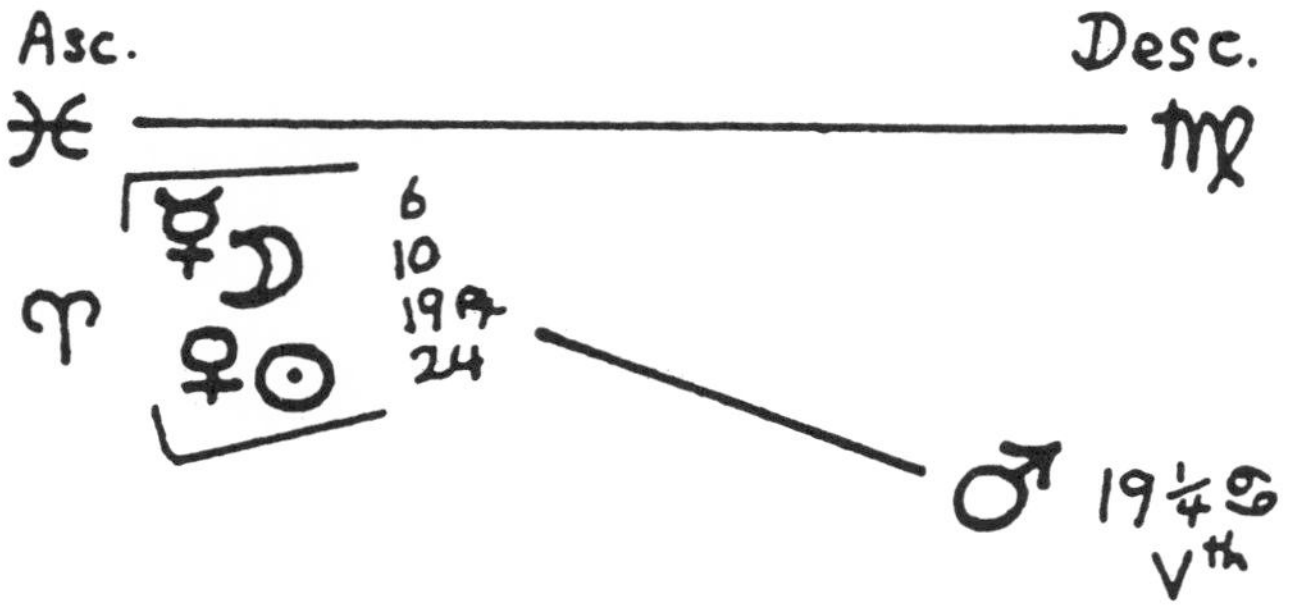

☉太陽　☽月　☿水星　♀金星　♂火星
♈牡羊座　♋蟹座　♍乙女座　♓魚座

図10.2　男性のチャートに現れたシンボリズム

その女性は、恋に落ちたこと、そして彼女の恋人はずっと待ち焦がれていたような人であったと語った。彼は火の性質をもち、独立心が旺盛で、意志に燃えていた――ちょうど彼女のように。彼は牡羊座であった。相性について、リリーの言うように、「類似は愛情の母である」のだ。[★2] その男性は、ただ牡羊座生まれであるばかりではなく、新月を牡羊座にもって生まれていた。また水星、金星も、このコンジャクションにともなって生まれている。図にすると、このようになる（**図10・2**）。

水星は、牡羊座の月の隣に座している。しかし、その祭の日、牡羊座の八度で日食が起こったが、これはその男性の水星‐月の上に落ちている。木星もまた、これらの配置のオーブ圏内にある。これは、この男性の恋人が彼について、占星家に（木星）話し始めた（月‐水星）ことを示すものであるかのように見える。しかし、伝統的に言えば、日食は悪い予兆だ。とりわけ相性には凶兆なのだ。
ここで少し、この占星術的配置について要約し直しておこう。まず、「満月」の下で生まれた女性がいた。男性は、「新月」の下で生まれている。そして、占星家は、男性の月の上を通過した、木星とコンジャンクションした「日食」が起こった日にこの出来事を見ている。これが、私が「秘密の共謀関係」が働いていると、いやな予感を感じ始めたときであった。日食は、この相性関係の不幸を示すものなのであろうか。あるいは、日食について語ることによって、私が相性をだめにしようとしているのか？ 占星家である私は、彼らの関係について、ただ客観的な真実を観察しているだけなのか？ あるいは、シンボルを手にした私が、女性に問題を作り出しており、さらにはこのシンボル自体が、一面では私の参与を描写しているとでも言うのだろうか？

これが占星術における共謀である。それは占星家に、主観‐客観のディレンマをつきつける。[★3] 私は、この例を、相談の面接やカウンセリングの場で起こったものではないということで選んだ。もしこれが一時間ほどかけた相談の面接であったとすれば、女性に話をもっとしてもらって、さらにシンボリズムが何を開示しているのか、明らかにできただろう。しかし、ここでは昔ながらの「黙って座ればぴたりとあたる」式の占星術の場での出会いであったために、占星術の性質や自身の参与をどのように占星術家が扱うべきかといった問題がよりはっきりと現れることになったのである。さらに、もし占星術がこのようなことを示しているのだとすれば、十分話をしようが一時間語ろうが、結局は大差ないということになろう。

このディレンマに直面して、何か他に現れているものはないかとシンボルについて思いを巡らしてみた。この牡羊座の恋人たちに共通しているテーマは、彼らの熱情がときとして冷めてしまうということにある。彼らはともに火星を蟹座に持っているのである。さらに、男性の火星は女性の側の、蟹座一九度の土星にコンジャンクションしており、これが、彼女自身の火星－土星のコンジャンクションをさらに上乗せする結果になっている。デトリメントの位置にあって、凶星《マレフィック》とのコンジャンクションは、このチャート間のコンタクトの中でも最も正確なものであった。日食のシンボリズムから見て、十分考えられることだが、もし、二人の関係に今何か不幸なことがあるとしたら、それはこの配置に違いない。けれど、彼女が聞く耳をもったとしても、恋する女性にとってそれはあまりの言葉となるだろう。では占星家としては何ができるのだろうか。庭の花すべてがバラ色なわけではない。どんなにすぐれた人間性《ヒューマニスティック》心理学系の占星家であれ、第12ハウスのデトリメントの凶星のコンジャンクションを、しかも出生の月の上に日食まで重なっていては、耳に心地よいものに無理やりねじまげることなどできないだろう。それはちょっとした問題ではない。大きな障害である。

何と言おうか考えていたのだが、私は突然、時間を彼女に聞いてみた！　奇妙なことだったが、私はまるで時間についてもう一度客観的な確認をしようとしていたのかもしれない。時刻は午後一時四〇分であった。その時刻は日食（午後一時四七分）に非常に近いではないか。占星術家としては、日食のシンボリズムをもはや無視できないことがわかった。そして、どのように牡羊座同士がうまくやってゆけるか親身なアドバイスをした。しかし、また私は同時に自分がこの状況に巻き込まれており、私自身がシンボリズムに見た不幸を実現させてしまうかもしれない、ということを完全に理解していた。私にできたのは、ただ木星が賢明なカウンセリングをさせてくれるよう祈るのみであった。木星はこの女性の出生の月と、そのときに起こっていた日食にコンジャンクションしていた。そこで私は先に進み、男性の第5ハウスの火星にのっている彼女の第12ハウスの土星について話をした。罪と恐れ、怒りと意志、そして満たされぬ欲望と抑圧について話をした。私は、それが子供（彼の第5ハウス）と悲しみ（第12ハウス）とも関係があるだろうとも言った。彼女は、まさに牡羊座的な身ぶりで説明した。この男性はこれまで出会ったなかでも一番いい男で、性生活もすばらしいものであるという。また、子供についても当たっていないという。彼は子供を望んではいないし、彼女は彼よりも年上で、身体的な理由で子供は彼女は持てないのだった。この彼女の否定のうちに――すでに子供をもてない年の、年上の女性――彼女の蟹座の土星が現れている。この土星は、第5ハウスの蟹座の火星の上にある。彼女のその対応を見るにつけて、私の役目は、彼女にそれが彼女が思っている以上に重要なことなのではないか、もう一度考えてみるよう勧めることであった。これが、恋における彼女の「盲目」であり、そしてその盲目は日食のシンボリズムが示しているものでもあるかもしれない。もし私が、「占星術という」「アート」を通じて、それを見ることができるのなら、それを言わねばならない。さもなければ、何かを隠していることを彼女は見抜いてしまうだろう。しかし牡羊座のこのカップルがどんなに情熱的であれ、太陽と月は実り豊かには結ばれることはなく、この結び付きからは得るものはないことを日食は告げている。しかし、伝統的占星術の厳しい助言から何か得るものはないだろうか？　私にはただ、彼女の状況の真実、彼女が否定しようとしているのかもしれない真実にもう少しはっきりした洞察を得てくれることを祈るばかりであった。

こうした経験を通じて、占星家はユングが結婚実験を通じて発見したような真実を学ぶのである。それは、

共時的現象は、観測者を現在起こっているものの中に引き込み、ときに彼をその行為の付属物にさせるようにひっぱりこんでゆく。★4

占星家はいつも、自身の参与と、それがどのように象徴されているかに目を向けようとするが、しかし、占星家は、このチャートが他者についてのものであるかのようにという立場でことを進めなければならない。この「かのように」という前提がなければ、それを否定するものも現れては来ない。分析家はもちろん全知ではないが、「知っている者」であるふりをしなければならない。★5　占星術の実践ではそれに似た態度をとらなければならないのである。占星術ではチャートは他者についてのものであるとしてことを進め、また他者について何かがわかるという態度を取らねばならない。しかしまたその一方では、いつも必ずそうだと信じ込むような盲目状態に陥らないように、自分をオープンにしておかねばならない。私たちのアートの法則、私たちのゲームのルール、私たちの伝統は、どんな調査があってもよいように遵守しなければならない。しかし、その中でいつでも占星家は自身の参与、

そしてシンボルが何について、誰を指しているのかについても、心を配っていなければならない。このプロセスの中で秘密の共謀関係が認められる。私たちは、だから、片方の目をつぶっていなければならず、後からふりかえって、何が起こっていたかを認識するようになるのである。このことを示すために、あるクライアントと私の間で、占星術が見せたことを詳しくお話しすることにしよう。そのときに、半分はそのことに気が付いていたにもかかわらず、こんなことが起こったのだ。

私は友人に、占星術や象徴的思考に興味をもっているクライアントを紹介された。彼女は、連絡が欲しい旨を書いたカラフルな葉書をくれた。私は、その鮮明な紫色のインクに好奇心をくすぐられた。私は木星を思い出した。木星は紫色を支配している。彼女は、こんなふうに、木星的な自由な雰囲気の中でこの葉書を書いていた。

先週の暖かい気候を楽しまれたことをお祈りします。——私は、今日は休みをとって、太陽の下で上気嫌《グロリアスリイ》で過ごしております。

彼女に連絡を取って、私が彼女のチャートを作り、そのシンボリズムについて二度話をすること、そしてその料金について了解を得た。彼女の出生データから、彼女が二十八歳であることがわかったが、これは彼女にとっては木星的な時期ではないと思った。彼女はサターン・リターンへと向かっていたからである。この段階で、プログレッションを見るために一つ二つ、過去の出来事を何か教えて欲しいと頼んだ。彼女は、子供時代に姉が亡くなったときの日付を教えてくれた。

出生のデータだけでは、私はこのチャート解読が難しいものであるということが分かっていた。この誕生月は、私はもう知っていた。この時期のチャートは、私が独学でマーガレット・ホーンの教科書で占星術を学んでいたころに、初めて作ったチャートの一つであった。そのときには、解釈など全く不可能に見えた。このチャートから見てわかるように（図10・1）獅子座に六つ惑星が入って惑星集合《ステリウム》をなし、すべて土星とスクエアになっている。マーガレット・ホーンの方法論に従っていた、完全な初心者の私がそのときに経験した気持ちを想像してみてほしい。……太陽は獅子座に入っている、したがってあなたの力と生命力は誇り高く、寛大に表現される。水星は獅子座に入っている、したがってあなたのコミュニケーション能力は誇り高く、寛大に表現される。あなたの金星は獅子座に入っている、したがって……というものだ。このように創造的でダイナミックな獅子座への惑星集中には、別なアプローチが必要である。

この惑星集合《ステリウム》に意味を見いだそうとするなら、注意深く外堀から埋めていくようなやり方をしなければならない。ここには、地の要素がなく、また風も弱い。惑星集合《ステリウム》に属さない二つの惑星、月と土星は両方地平線よりも下にあり、火星が支配する星座にいることから、獅子座の火星にさらに力を与えている。土星外惑星も、互いにつながりあっている。

惑星集合《ステリウム》の中心をなすのは、ディグニティの品位にあり、ほかのすべての星のディスポジターになり、また土星に対して最も正確なスクエアを作る太陽である。この太陽－土星のスクエアは、このチャートでの大きな特徴となっている。

姉を亡くしたときのプログレッションを見るときには、兄弟姉妹を表す第3ハウスの支配星として木星に注目した。木星は太陽の隣に座しており、葉書の紫色のインクを思い出した。木星は第3ハウスの支配星である。また、国によっては紫を喪の色としているところがあることも思い出した。私はそれで彼女が姉の死を悼んでいたのではないかとも思った。しかしプログレッションを調べてみても、姉の死のときには木星はとくに目立つ配置にはなっていなかった。主要なプログレッションは、MCの天王星にかかわっている――つまりショック、突然自分が長女になったことへの驚きである。

ここまでは、チャートについて考えているとはいえ、何も解釈はしていない。ただ指示星《シグニフィケーター》を見つけようとし、何を求めるべきかを見いだそうとしていただけである。サターン・リターンをひかえたプログレスのルナー・リターンをのぞけば、一九八三年当時の、私たちの出会いのころのプログレッションでの重要な日付は次のようなものである。

一九八二年十月二十九日　木星が火星にプログレスしてコンジャンクション
一九八二年一月八日　プログレスのルナー・リターン
一九八三年六月六日　木星が水星にプログレスしてコンジャンクション
一九八三年七月十二日　太陽がプログレスして木星にセミ・セクスタイル

次の大きなプログレッションは、翌年の十一月までない。これらすべてのプログレッションは木星を示している。また、私たちの最初の出会いのときに姿を現していたのも木星なのだ。彼女の葉書の日付は七月十二日、つまり私の計算では、プログレスの太陽が木星にセミ・セクスタイルとなったときだ。そのとき、彼女は紫のインクで、「私は、今日は休みをとって、太陽の下で上機嫌に過ごしております」と書いたのである。

そこで私は、さらにチャートの中の太陽‐木星のコンジャンクションを調べていくことにした。「プログレスした」木星が、出生の太陽にコンジャンクションする時期があるはずである。そのとき、彼女の人生には何が起こっていたのだろうか。それは、一九六九年の夏のことで、運がよければ、この時期のことを彼女に尋ねれば、彼女はこの太陽‐木星コンジャンクションの理解にさらに光を与えてくれるはずだ。そして、それが彼女の現状を理解する助けになるだろう。

次のステップは、突き合わせである。私はまだ何も解釈はしていない。ただ、何を指示星《シグニフィケーター》として重視するか決めただけである。もちろん、これらの重要な要素が意味するであろうものについて漠然とした考えはもっている。獅子座の強調から見て、人生への愛、生命力、ドラマティックなセンス、忠誠、組織力などが出てくるだろうことが期待できる。第10ハウスにおかれたこれらの星はキャリアや将来への願望を通じて現れてくるはずだ。制限をもたらす土星は、第2ハウスにいて、金銭、所有、あるいは価値観などを表している。第7ハウス、牡羊座の月は衝動的で情熱的な人間関係。太陽と土星のスクエアから推して、獅子座の惑星集合《ステリウム》の示す、自分の夢や才能を実現させるための何らかの葛

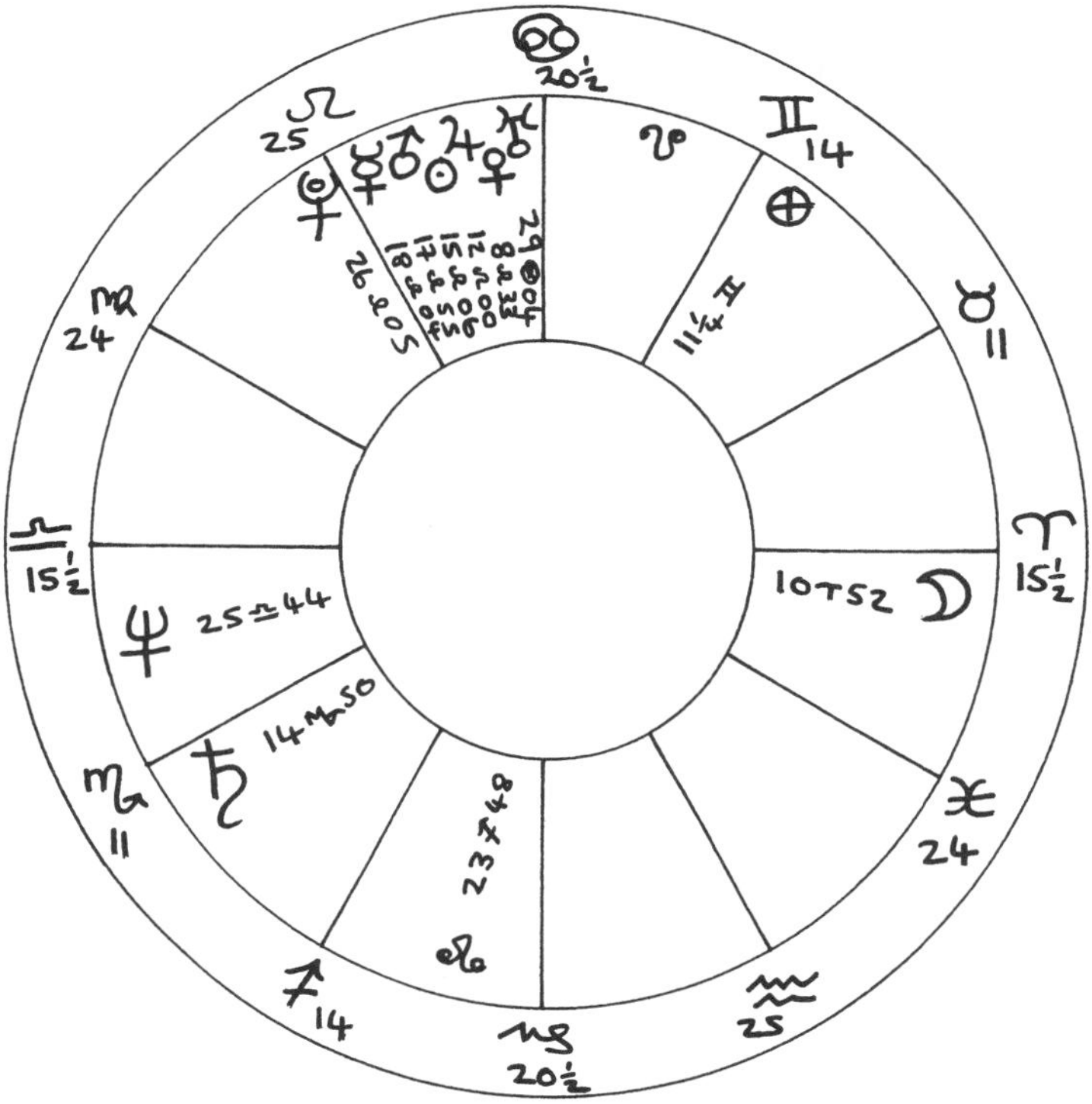

図10.3　クライアントの女性のチャート
1955年8月8日，11.24BST＝10.24GMT，ロンドン，51N30，0W10

☉太陽　☽月　☿水星　♀金星　♂火星　♃木星
♄土星　♅天王星　♆海王星　♇冥王星
♈牡羊座　♉牡牛座　♊双子座　♋蟹座　♌獅子座　♍乙女座
♎天秤座　♏蠍座　♐射手座　♑山羊座　♒水瓶座　♓魚座
☊ドラゴンヘッド　☋ドラゴンテイル

藤が予想されるが、これらはすべて推論にすぎない。

最初の面談では私は彼女にチャートを見せ、ホロスコープの配置を解説した。このようなチャートは、印象深いヴィジュアルの要素を提供する。そして彼女の文学的、芸術的素養によって、彼女は鍵となる概念を説明した重要なシンボルのいくつかをあっと言う間に理解していった。彼女は当然、獅子座の惑星群に好奇心をそそられ、その天の一角について尋ねた。私はそれが中天であると説明した。そこは太陽が真昼に到達する、野心と天職の場所である、と。また私はユングの言葉を思い出しながら、それが「父の仕事をする」場所、つまり「神の仕事」、彼女の天職を表す場所だとも言った。彼女はこの言葉を文字通り、自分の仕事に献身する、成功した父親を指すものと見た。彼女の父親は当時新しいキャリアに向けての、いくつものパート・タイムの教育課程をとるための経済的援助をしていたのだ。土星に注目して見よう。この土星は父を表す第4ハウスの支配星であり、財政の第2ハウスにある。私たちは太陽と土星のスクエア、第2ハウスと第10ハウス、金銭、責任、天職、自己管理、創造的であることと力を獲得することについてたっぷりと話し合った。

彼女の姉についても少し話をした。その後、木星が太陽にプログレスした、一九六九年の夏がどうだったか尋ねて見た。彼女はそのときのことを覚えていて、こんな話をしてくれた。幼かった彼女は、父親と兄弟と一緒に田舎で休みを過ごした。彼女は料理をしたり、ままごとをしたりするのを楽しんだ。それはすばらしい休暇だったが、一日だけ例外があった。その日、彼らは散歩にでかけた。天気はよく、晴れ渡っていたが、丘をどんどん上ってゆくと、雲行きが怪しくなってきた。雪が降りだして、彼女はそのまま死んでしまうのではないかと思った。けれど、父親の「素晴らしい導き」が彼らを救ったのだった。彼女は、自分の人生がいつもこんな感じだと言う。物事は、いつも素晴らしく、楽しく始まるのだが、その後雲行きが怪しくなって、暗くなり、「氷の先端」のようになってしまうのだ。彼女の人生に繰り返されるテーマ、光から闇へ、暖かさから冷たさの転換は、まさに獅子座の太陽と蠍座の土星のスクエアのようだ。彼女に占星術のシンボルでこれを示そうとするとき、つまり、時期の測定（土星）の点に進んでゆくときに、また私たちの間でこの同じテーマが再現されているとに、ずっと後になってだが気がついた。セッションは、楽しく始まったが、ある点に到達すると、事項が曇り始めた。おそらく、それが、彼女が帰るときに、支払いを忘れ、また私もそれを言い出すのを忘れてしまった理由だろう。第2ハウスの土星のように、この世界での出来事、私たちの間のことが、チャートの中のシンボルを反映していたのである。

面談は二度したのだが、その間に土星がまた別な形で働くことになった。彼女は流感にかかり、次回の面談を延期したのだ。また彼女は最初のセッションによって、気分が高揚させられるような、そしてまた恐ろしい悪夢を見たという。彼女にとってその夢が、その日に話した占星術と関係があることは明白に思えた。夢が現れたことは、木星のシンボリズムを再び示している。ギリシア神話では、夢の送り手はゼウス（木星）なのだ。土星とともに、いかに木星が私たちの出会いの間で働いているかに注目してほしい。紫のインク、プログレッション、そして今度は夢だ。豊かで直感的な獅子座の太陽-木星のコンジャンクションから見て、このクライアントが想像力にとんだ内的生活をしていることが予想できる。ここに彼女が見た夢、彼女がそのときに書き下したものを紹介してみよう。

最初の占星術面談の日の夜に見た夢

夢の中で、私は田舎の春の丘を歩いていた。そこには、たくさんの人が一団で歩いていた。けれど、私は、若い男性の教師（生徒だったら、好感をもつような背の高いハンサムでまじめなタイプ）と五歳の少女だけを覚えている。* 覚えているもう一つのことは、花が咲いている木だ。そこには葉はない（果実の木なのだろうか）。私たち三人は木に登り、そこからその地方を見渡した。

私たちは頑丈な枝に腹ばいになって横たわり、手を広げてバランスをとった。その木はゆっくりと回り始め（左回りに）丘のある、よく知っている美しい田舎の風景が、木が一周する間、眼下に広がって見えた（私たちはその地方をすべて見渡したのだ）。

覚えている次のことは、――ただ、私はこの夢は本当はずっともっと複雑でその場所、その感覚はもっと鮮明でリアルだったのだが――牧場のような風景を歩いていたことだ。丘のように坂になっていた。私たちの前には、建造物が見えた。それは牧場の中にある、円柱で支えられた台座だったが、そこには本来あるべき彫像がのっていなかった。突如として、その中の空気が旋回し始めた（まるでSF映画のように）、そして何もないところから女性が物質化して現れ、階段を降りて来て、すぐそばのコテージ、彼女の家に歩いて戻った。それはまったくありきたりだった――私たちには全く神秘とは思えなかった――まるで買い物から帰って来たかのようだった。

次のこと——私たちはそのコテージ（一度見たことのあるものに似ていた）に来ていた。いくつかのコテージが立っていて、前庭をぬって道が続いていた。庭には、美しい花や金をちりばめた岩を使ったロック・ガーデンがあった。そこには、モザイクやあらゆる種類の銀細工、彫金細工があった。私は、そこに住んでいるとても有名な彫金師を知っていると言った。彼はとてもすばらしい宝飾を作り上げた。雰囲気が少しかわり、家の周りの空間が狭くなったようで、道が少し降りになった。道は大きな木に覆われたようになり、生け垣で行き止まりのようだったが、庭の入り口に道は続いていて、それは回転ドア（デパートにあるようなもの）だった。その段階で、少し閉所恐怖を感じた。そのとき、少し暗くなってきた。道が続いている《リード》庭について、何もわからないのだ。私たち（まだ少女と教師と私は一緒にいた）に対峙して、「地獄の犬」のようなものがいた。ヒエロニムス・ボッシュの犬あるいは中世絵画に出てくるようなもの——それは黒いボロに覆われていて、ぎらつく黄色の目をしていた。犬は私たちに向かって口を開けて威嚇した。誰も何もしなかったので、私は手にもっていた服を投げつけた（水着、あるいは変な下着のようなもの）。最初それは効果があるかのように見えた。犬は、その恐ろしい地獄の番犬の顔をひっこめ、その下から人間の顔が現れた。ただ、目は相変わらず黄色で燃えるようだった。そしてまたもとの顔に戻り、私たちに襲いかかろうとした。私は途方にくれた。後戻りもできない。ドアは、一方にしか開かないのだ。私たちはなんとか庭に入ることできた。道はそこに続いているからで、またそれは反対側のカントリーサイドにも続いていた。目を覚ましたときに最初に浮かんだ考えは、「これが私の土星《サターン》－悪魔《サタン》」（発音が似ている）だった。

＊　忘れていたのだが、この木の下に立っていたとき、五歳の少女はあの教師と結婚したいと熱っぽく言った。私は、大きくなったら考えが変わるかもしれないから、その時まで決めない方がいいとその子を思いとどまらせようとした。その子の気持ちの強さも疑わしかったし、私が助言を与え、守ってあげなければ、その子を傷つけることになるだろうと思った。

紫のインクやプログレッションによって、最初は私は木星のシンボリズムを探そうとしていた。そして、この夢以上にそれにふさわしいものがあろうか。これは、驚くべき夢だ。シンボル内容が豊かで、ユング派の線にそって拡充してゆけば実りあるものとなろう。クライアント自身の豊かなイマジネーションが占星術のシンボルを拾い上げ、自身のものとしたわけである。ユングの考えに従えば、夢には、ギリシア劇のように四段階の構造があるという。★6 オープニングのイメージは、登場人物と、無意識が夢の中で伝えようとするジレンマを示す。このオープニングのシーンで、私たちは夢見手の喜びにあふれたイメージに出会う。つまり、男性と子供、そして彼らとゆっくり左向きに回転する木に乗ること。ユングによれば、木はセルフの第一のシンボルであり、左は無意識を表している。夢は、夢見手が個性化過程の新しい段階に入っていることを示している。無意識、心の未分化な要素、つまり「一団で歩いているたくさんの人々」は、より意識的になり、また統合される必要がある。またそこには子供もいた。子供はセルフのシンボルである。また時は春であり、彼女は、この旅を始めたばかりだ。木は花が咲いていたが葉がなかった。それはたぶん果実の木であり、これは元型的に生命の木、つまりエデンの園の木だと同定できる。夢見手は教師と結婚したいという子供の欲望から守ろうとしている。だから禁断の木の実に近づけないように気をつけている。性的なイメージが、結合を示すものとして現れている。個性化過程は彼女の心の中の男性的要素と女性的要素の統合、つまり対立物の一致を要求するのである。

二番目に中心となるイメージは、まるで買い物の後のように、SFのように現れたごく普通の女性である。彼女は夢見手と同性であり、その平凡さからして、シャドウのイメージであることが示唆されている。彼女は、次のシーンに出てくる彫金師の庭の「貴重さ」とは著しい対照をなしている。「金を埋め込まれた岩」をもつ彫金師の家は、彫金師が「真実の黄金」を求める金属の使い手、錬金術師であるかのように思わせる。彼のコテージは、個性化過程の目標である。しかしそこは暗く、危険で、恐ろしい「地獄の番犬」のよって守られているのだった。ボッシュの犬は、地獄犬ケルベロスのように見える。ケルベロスは、冥府であり無意識であるハーデスへの入り口を守っており、夢見手は庭を越えて、反対側の田園地帯に出るには、自身の中の影や闇と向き合わねばならない。彼女がサタンを連想したのは、この木が果実の木であることを確証している。それはエデンの園の蛇、もう一つの「地獄の生き物」を思わせるからだ。

一つの夢を解釈できる限界は、このあたりであろう。ユングは、けっして夢を一つだけでは解釈しなかった。彼は夢はシリーズで現れると考えていたからである。[★7] このような「ユング派の」解釈と錬金術的な夢のイメージは、実にはっきりと出生図に結び付けられる。クライアントは、第10ハウスの獅子座に太陽をもち、それは獅子座のステリウムの木星とコンジャンクションしていた。それは「とても有名な彫金師」である。第10ハウス、獅子座のステリウムは、ディセンダントの月――黄金と銀――とトラインであり「美しい花々……モザイクにあらゆる種類の銀や彫金師の作品」と一致する。第2ハウス、蠍座の石を思わせる土星は獅子座の太陽とスクエアであり、「ロック・ガーデンには、……金をちりばめた岩があった」のだ。またそれは春であり、彼女は男性と子供を連れていた。そして子供は幼いので守らなければならないとも思っていた。これはディセンダントの牡羊座の月を表しているように思わせる。この夢では、夢見手はドアをくぐらねばならなかった。占星術的には彼女は新しいステージへと移ろうとしていたのだ。彼女は、プログレスのルナー・リターンを終えたばかりで、二十九歳の、土星のドアへと差しかかろうとしていた。これは、当然そうあるべき喜びの感覚を与える。拡充によってもともとのイメージが確認され、さらに発展させられ、すべてがしかるべきところに収まるようになる。ちょうど、天の彫金師がすべての美しい断片を紡ぐように。

しかし、もちろん私の、この素晴らしいシンボリズムの意味を導き出そうという試みは、神話の頭をつなぎあわせるだけの統一的な結論は出さないこと以上のものをねらっている。[★8] これは、シンクロニシティIのタイプの占星術だ。クライアントとチャートを客観的に重ね合わせているだけである。これは、シンクロニシティIIは、私自身の参与を含むものなので、ユングが壁に見たいたずら好きの顔のように、私はこのシンボリズムの中の奇妙な介入によってもてあそばれてもいるのである。最初、私は木星のシンボルを探求しようとしていた。しかしそれが結果的には土星へといたることになった。木星の太陽へのプログレスは、山の中での降雪、父親との散歩、「氷の先端」という土星的な話をもたらした。この木星の夢は、悪魔《サタン》（土星と似た響きをもつ）と地獄の犬への恐れで終わっている。つまり、木星と土星が一緒に示されているのであり、木星と土星のスクエアを再び考えない訳にはいかない。しかも、このシンボリズムは、占星術の解釈をしている際の、クライアントと私の間にも現れているのだ。意味を求める木星とともに、「太陽の下での素晴らしい日」から、機嫌よく始まったのにもかかわらず、地獄の犬でセッションが終わった。まるで私の木星を呼び出す気持ちが無意識のうちに土星、つまり氷の一角、現金の不払い、流感による延期を引き起こしたかのようである。そして、夢（木星）を通じてクライアントは占星術の面談と関係して経験した土星を見せつけた。この夢全体は、占星術のセッションで起こっていたことを描写しているとも読み替えられる。夢の始まりの場面は、チャートの解読を表わしている。彼女の家系の木、彼女の出自《リネージ》、そして「一団の人々」——彼女のステリウムである。私たちはチャートを一歩一歩巡りながら説明していった。それは、「木が回り、一周した。私たちは田舎の風景をすべて見渡した」のだ。それはちょうど、私たちが話していた月と土星のサイクルについてのようなものではないだろうか。

夢は、教師と結婚したがっている子供の出現によって、転移状況が出現していることを暗示している。子供は傷つきやすく、保護を必要としているが、それはちょうどアドバイスを求めるクライアント本人、他者であり占星術家を示す第7ハウスに入った月のようである。そして何が起こったか？風景は変化して、彫像のない空の台座を見いだす。占星術は、台座の上に乗っているのかそうでないのかはわからないが、台座は「円柱で支えられている」。それはぜいたくなシルクと金の錦織でできた天蓋がついていて、天を思わせるものとなっている。けれど空の台座は、チャートを読んでも何か空虚な感じだったことを示す。夢では一人の女性が突然、SF映画を思わせる様子で出現する。「スター・トレック」効果（「スコット、転送してくれ」）は、さらにこの夢が星々や占星術に関するものであることを強調している。夢の中の女性のように、この女性のクライアントはホロスコープに遭遇し、「何もないところから」物質化したのである。ホロスコープは満足させられるようなものではなかった。それは「私たちには神秘ではなかった」のだ。夢の中の女性は、希有な獅子座の惑星集合《ステリウム》とは違って「全く平凡」であった。まるでこの女性は買い物帰りのようだったが、買い物のように占星術は彼女に出費をさせるのだった。この夢のほかの部分は、夢見手が得られると思っていたものを示している。

　あらゆる宝を前庭にもつ彫金師が住む魅惑的な魔法の場所は、占星家ができると想像されることの描写である。占星家を尋ねるときには、「とても貴重な宝飾」を得られるのではないかと期待する。そして、「非常に有名な彫金師」が、チャートをたてるのだと思うのだ。しかし、このコテージは狭く、暗く、樹木が生い茂り、垣根で覆われ、ペンが滑って書き違えた、その道は「鉛《リード》」であったのだ。占星術の経験は、土星的なもの、鉛のものであった［鉛は土星に対応する金属］。蠍座の土星のシンボルは夢の残りの部分、「黒いボロで覆われた犬」を拾い上げている。その犬は夢見手にボッシュの犬や中世の絵を思い出させた。中世やボッシュの謎めいた絵、その宗教的、錬金術的、占星術的イメージの連想は、再び占星術セッションをほのめかしている。私自身の時期測定の占星術や一見オカルトの秘儀をマスターしているかのようなしぐさで、サターン・リターンへの恐れ、つまり彼女の蠍座の土星の恐ろしいイメージを引き起こしてしまうことになった。彼女はそれをいやがってやめさせようとしたが、私はひるまなかった。地獄の犬は、「威嚇《チャージ》」していた。二度目のセッションでは、彼女は夢をもって戻って来たが、私は実際に、お金を表す第2ハウスのカスプに近い土星のように、彼女にお金を払う《チャージ》ように言った。

しかし、さらに重要な土星の現れは、「ドアは一方方向にしか開かなかった」ということである。それは、クライアントが占星術を無意識的にどのように見ているかを示している。いったん自分の占星術のシンボルを目にしたら、後戻りはできなくなると彼女は見ていた。シンボルは一度呼び起こされると、取り除いたり忘れ去ることはできない。戻り道はないのだ——ドア（土星）は一方方向にしか開かない。イメージが残す痕跡があるということを知って、シンボル体系に対して慎重になる人は多い。いくつかの占星術の学校では、占星家にシンボルを直接クライアントに示さないように訓練しているところもある。それは表面的には、堅苦しい印象をさけるためであるが、しかしおそらく、それと同時にクライアントにシンボルの重荷を背負わせることを避けようとしているのでもあろう。私のこのクライアントは、アートとイメージに慣れていたし、知的な象徴的態度をもっていたから、シンボルを把握し、それを我がものとすることによって占星術のもつ、一見して宿命論に見えるものをうまく扱うことができた。もし、シンボルそのものを信頼することになるのなら、ユングが言うように、シンボルのもつ超越的機能を認めねばならなくなる。そうしなければ彼女の言うような形では私たちのセッションは理解できないだろう。もしそのシンボルを彼女に属するものとのみ理解するようにすれば、チャートと夢がともに私たちの間で起こっていることを示している可能性を見逃すことになる。占星術的に言えば、木星を見いだそうとする私の意図は、結果的には土星との出会いを生むことになった。どんなにいい意図をもっていても、あるいはどんなにあるシンボルをよりよく拡充しようとしていても、それだけでは十分ではない。それが逆に失望や恐怖を生み出すこともあるのである。よく晴れた日が、氷の一端へと変わるというクライアントの話は彼女の夢で再現されているし、それ以上に重要なことに、同じ物語が私たちの占星術の解読で起こっているのである。その当時、私は今ほどそのことに対して気を配ってはいなかったし、また経験を積んでもいなかった。

さらに、それは夢に恐怖が現れ、また蠍座の土星が現れたのは、二度目のセッションの終わりごろであった。この恐れは、蠍座がしめすように、私が想像した以上に深いものであり、よく隠されていた。このクライアントが最初は素晴らしい気分を味わいながら、それが氷の一端へと暗転するように感じるには、それにふさわしい理由があった。セッションの終わりには、彼女は自分の家系史についてさらに状況を明らかにしてくれた。彼女は自分の姉をなくしているばかりではなく、自分の生まれる前に、四人もの子供が生まれていて、その全員が出生の日かその翌日に命を落としているというのだ。その中には双子もいたし、私のクライアントは、その名前をつけられていた。そのために、姉の突然の死は、その事実もさることながら、それ以上に遺伝的に引き継いでいる「次に死がやってくるのは自分ではないか」ということを思い起こさせるものであった。こうなると、プログレスの天頂が天王星に乗ったのは、姉を失ったこと以上にさらに深い意味を見せることになる。彼女は、先に亡くなった子供の名前をつけられていた。そのために彼女はいつも、死んだ姉の立場にいると、つまり誰かの代わりの存在なのだと感じていたのだ。ここで占星術は別な意味をあらわにする。木星は兄弟姉妹を表す第3ハウスを支配する。そして木星が活性化されるたびに、土星のスクエア、死の恐怖が現れてくる。木星が太陽にプログレスしてきたときは、ちょうど、幸福な休暇のときではあったが、土星のスクエアがそれを脅かすことになった。父親の「素晴らしい導き」によってみんなは救われることになったが、しかし、それとて、ほかの五人を救うことにはならなかったのだからいつも頼れるとは言えない。もし経験から言って父親が彼女を保護する（木星）ことができないのであれば、死の恐怖も消し去ることはできないだろう。占星術はこの恐怖をさらに深めることになってしまう。蠍座の土星と、獅子座の惑星へのそのスクエアについて占星術の出来合いの本《クックブック》を読めば、「子供たちは死ぬだろう」という暗く凶兆に満ちた文章に出会うことになるのだから。そうした文章を、こんな状況にいた彼女は文字通りに読むほかないではないか。彼女の夢は、ドアが一方方向にしか開かないのだと告げている。もしそれを彼女のチャートのシンボルに適用するとすれば、再び、獅子座‐蠍座のスクエアと出会うことになる。動く方向は常に獅子座から蠍座へなのだ。彼女の人生を通じて、繰り返し、光から影、生から死へとそれは象徴されて現れて来た。しかし、占星術のシンボルは、ときにはドアを別の方向にも開くことがある、ということを彼女に示すという意味で役に立つのかもしれない。ときには蠍座から獅子座へと開くかもしれないのだ。闇もまた光になるかもしれず、死の経験によってこそ、獅子座にふさわしい生への愛が目覚めるかもしれないのである。

さて、ここでこの夢と夢をとりまく状況が、私にとってどんなふうに占星術における秘密の共謀関係を明かすことになったかをとりあげることにしよう。もしチャートがクライアントを示すばかりではなく、占星家とクライアントの間で起こっていることも示すとすれば、これは占星術の新しい次元だと言えるだろう。もしこれが客観的な「面談のマップ」だと言うのであれば、この共謀関係を見失うことになる。なぜならそれは占星家自身のシンボルとの出会いの中に見いだされるものだからである。共謀関係を考えるのは、私たちにとってはタブーの領域に踏み込むことであり、ここで私は、彫金師のコテージへと向かう《リード》［鉛《リード》の意味もあり］暗く植物の生い茂った道を慎重に踏みしめて行かねばならない。占星家のこのような象徴的関与はありふれた経験であるが、しかし書物の中ではあまり語られることはないものであったために、私はあえてここに踏み込んで行こうと思う。アラン・レオは、占星術における「呪いと祝福」を語るときに、そのことに少しばかり触れている。心理占星家の中にはこの経験について触れている人もいないではないが、そのことを適切に議論するための占星術上の理論的基盤を欠いており、そのためにこの問題を扱うために精神分析の概念を借りることになる。分析家はずいぶん前に、彼ら自身の実践についてまわるこの不気味なモンスターを発見しているし、それを精神分析的思考の内側に収めて考えるための方法論を発達させてきた。しかし、王道をゆく占星家はこの問題についていまだきちんと語っていない。以下の議論は、ささやかながら我らが占星術のタブーに踏み込む端緒を開くべく行なうものである

占星術における秘密の共謀関係の決定的な特徴の一つは、境界の崩壊である。占星家は、そこではシンボルが誰を、あるいは何を示しているのかわからなくなる。先に見た日食にまつわる相性関係のように、このようなことはしばしば起こり、ある意味でこれは占星家を憂慮させる。クライアントと夢の例では、チャートを解読しようとする私の試みをめぐってある事件が起こった。二度目のセッションのため、このクライアントが訪れる前、太陽－土星のシンボリズムについて思いを巡らせているときに、電話が鳴った。それは仕事の同僚からで、私たちの上司が心臓発作のために倒れたという悪いニュースであった。私は片手にチャート、片手に受話器をもちながら、目の前が真っ暗になるのを感じ座り込んでしまった。呼び鈴が鳴り、クライアントが到着したのはそのときだ。秘密の共謀関係とは、まさにこのようなものだ。私にとっての権威者が、心臓発作を起こした。それは蠍座の土星が第10ハウスの太陽にスクエアになったときのことである。蠍座の土星が光と命（太陽）を脅かす。これは天気のよい、明るい日が暗転し恐ろしいものとなるというパターンの再現である。しかし、このイメージは、占星術を行う私自身に今度は起こっているのであり、どこに境界線があるのかわからなくなってしまうのである。

占い手としては、多くの占星家はチャートをめぐって兆しや予兆が現れることを記しているし、またそれによって導かれてもいる。このチャートをめぐってこのような暗い出来事が起こったことは何を意味しているのか。私のクライアントと彼女の健康問題を指すものと見るべきなのか。どこで線を引くかは難しい問題である。安全な立場としては、実践者自身の汚染、混乱を示すものだと精神分析的に考え、占星家が未来についての予兆をもつことができるのだという全能感に疑問を差し挟むことである。もしこのような兆しが、的中する事実がなければ、私もこの安全な立場に立っていることだろう。このような奇怪な出来事が占星術で起こったときにどんなふうに考えるべきなのか。幸いなことに私の上司は完全に回復したが、しかしこの出来事は、そのときには心《ハート》を暗くさせるものだった。私は、まずは上司が、そして次にクライアントが「死ぬのではないかという恐怖」に直面した（蠍座の土星）。この段階では、もちろん、私は彼女の家族の死については知らなかったのだし、私が彼女に対して抱いた恐れは、また彼女の秘密の恐れ（蠍座の土星）でもあった。これは精神分析の言葉を使って「投影的同一化」と描写できる。しかし、ここでも心理－物理的リアリティの中で何かが働いているのである。

あとから考えれば、獅子座の惑星集合《ステリウム》をもつこのクライアントが、チャートとの格闘を通じて、占星家の道にある光と闇、祝福と呪いを見せたのは、とてもふさわしいことのように思われる。彼女は、私が自分の実践における主観－客観の分断のジレンマにとらわれていたときに、獅子座の才能を発揮して夢を持ち込んでくれた。電話が鳴ったこととの一致は、占星術に対してそのとき私が抱えていた問題に即して、状況を解釈すべきだと教えている。夢の中のイメージとチャートのシンボリズムは、今や、占星術の実践とのかかわりの中でリテイクすることができるのである。回転する木はチャート、彫金師は占星家、またモザイクや金と銀の細工は解釈の作業であり、地獄の犬は、解釈の営みで出会う秘密の共謀関係だ。占星家もまた、一方方向にしか開かないドアに出会う。この犬、このドアに直面しても、私たちはそこをくぐり抜けてゆかねばならない。この通過には土星がかかわっている。判断という営み、そしてどこに境界があるかを見極める力である。それができて初めて象徴の領域を安全にわたることができ、そして一見、客観的に見えるこの普通の世界へと黄金を持ち帰ることができるのである。

自身の尾を飲み込む錬金術のウロボロスの蛇のように、占星術のシンボリズムは占星家とクライアントのあいだで起こっていることばかりではなく、またこのアートを実践する占星家自身にも向いてくる。錬金術では、水銀の霊は私たちに、真の黄金は「どこにでもあり、安く手に入る」ことを教えており、「素晴らしい導き」を与えている。★9 チャートにおける占星術のシンボルの意味は、セッションの中で現れ、私たちの鼻先にあるばかりではない。それはまた、私たちがシンボルを取り上げるその仕方、解釈しようとする努力そのものの中に現れてくるのだ。これが、錬金術的《ヘルメティック》‐解釈学的《ヘルメニューティック》な神の往復運動だ。極めて有名な彫金師、ユングはこのいたずら好きの神について多くを知っていた。だからユングは占星術の学徒にとってなおざりにはできない存在なのである。

11

占星家の宇宙——錬金術的イメージ

私たちの暮らしの中に、占星術はどのように入り込んでくるのであろうか。占星家はみんな、一人一人が自分のチャートを映し出していることを知っている――赤いネクタイをつけた牡羊座生まれあるいは、寡黙な蠍座のアセンダントをもつ人物を前に、その秘密を探り当てられるかどうかいぶかる、というように。占い手としての占星家は、その人物について立ち現れるシンボルに心を向け、また人々が自身のチャートをあらわにするのに耳を傾ける。あるとき、占星術の相談を求めて来た留守番電話のメッセージを受けて、一人の女性に折り返し電話をかけたことがある。その女性が電話をとったとき、私が自己紹介すると、彼女は「今、冷気が流れているの、ドアが開いているのよ」と答えた。そして電話先でずいぶん長く待たされた。その間に彼女は冷蔵庫のドアを閉め、そして面談の待ち合わせをしたのだった。彼女のチャートを見ると、トランジットの天王星が出生時の山羊座の土星の上を通過しているのが、その期間の目立つ星の配置であった――彼女の深い冷気の扉が実際に開いているのだ！

ホロスコープは、しばしば、同じシンボルで占星家とクライアントの両方を示すような仕方で暮らしの中に入り込んでくる。前の章の夢見手のチャートでは、シンボリズムは彼女を表しているだけではなく、占星家である私、そしてまた私たちが出会った状況までも示していた。あるとき、私は蟹座の火星が正確にアセンダントに乗っている男性のチャートを見たことがある。意志力を表すこの男性的な惑星にとっては、直接的で力強い行動が水の、母性的な星座の中で弱められるために、あまりうれしくない配置である。私はこのシンボリズムについて話すつもりでいた。しかし、この男性は約束の時間にはやって来なかった。時間は過ぎて行く——十分、二十分、三十分。ついに、四十分が過ぎたころ、呼び鈴が鳴った。そして玄関のところに立っていたのは、ずぶ濡れの男——蟹座の火星であった！　にわか雨があってずぶ濡れになり、彼は迷ってしまったのだ。彼は「少し」遅れたことをわびた。しかし彼を入れて、乾かし、チャートを読めるだろうか？　そこには彼がいた。彼は滴をしたたらせ、まるで彼の蟹座の火星さながらに、世話を焼いてもらおうと待っている。そして、また、彼と同じように、蟹座の火星の上昇をもつ私がいる。このときには、私の機嫌も悪くなってきていた。私はむだにした時間について非常にイライラしていたが（火星）、同時に妥協して彼に対して優しくなろうともしていた（蟹座）。しかし、だんだんわかってきたのは、これがこの男が誰に対してもしかけるゲームだということだった。彼は世界（アセンダント）を、同情を引き起こすこと（蟹座の火星）によって扱い、自身を一見したところの弱さによって防衛していた。そんなことをすることによって、このまがった意志の力が他者に怒りを引き起こしてしまうという問題が生じる。私の感情は、まさにそのことを示している。彼のホロスコープの中の鍵となるシンボリズムは、私たちの出会いの中で起こっていること、私たちそのものを象徴していたのである。

そこで、シンボルの解釈は、意識的・無意識的双方の主観的な参与をともなう。チャート解釈は、つまり直線的で、客観的なプロセスなどでは全くない。どんなに客観的な立場をとろうとしても、その立場を保証するものは何もない。不気味な経験、運命のねじれや秘密の共謀関係が見えかくれするときの感覚は、しばしば私たちに何が起こっているのかわからなくさせる。蟹座に火星をもつこの男の場合には、占星家である私も「巻き込まれていた」とはいえ、ホロスコープの持ち主がシンボリズムの中心となる対象ではあった。しかし、チャートが本来の対象を超えて何かを表すということを認め、それが呼び起こすコンテクストでリテイクできるということを受け入れれば、境界線は不明瞭なものとなってゆく。ときにはホロスコープの本来の対象も、扱っている別のコンテクストの中でリテイクされると、それに比べて、ぐっと生彩を失ってしまうということもある。

解釈の創造的な営みを強調する「テイク」の概念は、プトレマイオスの伝統に由来する、客観的な立場にしがみつく主流の占星術にとってはやっかいなものであることは間違いない。しかし、何人かの私の同僚によって、占星術の見直しの作業は始まっている。「テイク」の原理の重要なデモンストレーションとして、ジェフリー・コーネリアスは、一八六名の指導的な科学者が一九七六年に発表した占星術への攻撃が、この本が出版されたときのホロスコープのリテイクとして解釈できることを示した。この攻撃記事の編集者は、ただホロスコープとはどんなものかを示すだけに、一枚の出生図をそこに含めておいた。しかし、占星家からみれば、このホロスコープは、特権的な人々(第10ハウスの獅子座の木星)が、占星術を攻撃している(水星、第9ハウスの支配星へのスクエア)を正確に示しているように見える! このチャートは一九〇七年のある時刻を無作為に選んで作ったものであるにもかかわらず、ずっと後に出版されることになる占星術的なタイミングを正確に予告していた。ジェフリー・コーネリアスは二度目の、そしてより重要なこのチャートの再解釈を行った。それは、私たち自身の占星術理解を示すものとして読んだものであり、また蠍座の逆行の水星が示すように、占星術は自分にウソをついている、と見たのである。[★1]

もしこのような可能性を認めれば、ホロスコープのシンボルは繰り返し、それが示していた状況を指し示すようになることがわかる。そのような例はいくつも報告されている。たとえば、ヴァーノン・ウェルズは競馬のためのホロスコープを作成しようとしたが、彼の計算作業は、どこにゴミを捨てるべきかという隣人たちの口論の騒ぎで中断されてしまった。怒った彼は、自分でゴミ袋の山をその友人の家の前に積み上げ、そして

怒った気持ちで家に戻り、チャートを作成した。するとおもしろいことに、牡羊座の火星と月が上昇していることが判明した。[★2]

ときおり、チャートは時間と空間の境界を横切って、驚くほど聖なるものの感情を引き起こし、占星家を完全に圧倒してしまうことがある、グレアム・トービンは、一七世紀にニコラス・カルペパーが作った、ある女性の発病時のホロスコープを研究しているときに起こった経験を報告している。カルペパーはそのチャートを、占星術抜きの霊能力が「オイル抜きのランプ」であることを示すために取り上げているのだった。彼はチャートを占星術の性質を人々にはっきりと示すための例として使っている。そのことは、チャート自身が示している。そのチャートでは太陽はMCにコンジャンクションしている。月もまた第5ハウスで強い。その女性がかかるだろう病気を考えていたカルペパーは、彼女が「子供がいるかどうか」いぶかっていた。グレアム・トービンは、このホロスコープを眺めながら、ある日曜の昼食のときにこのように言った。

妻のレンスケはオレンジをむいていたのだけれど、その中には、小さな、しかし完全なかたちのオレンジがもう一つ入っていたんだ。妹はそれでほんとうに驚いたけれど、すぐにそれを豊饒のシンボルだと言った。

彼の妻は実際真っ青になって吐き気を催した。彼はそれが妊娠なのか病気なのか見るために、病床チャートを作ろうとした。けれど、そのとき、その占いは、私の目の前に、一六五一年に作られた、私がまさに研究しているホロスコープに現れているのではないかと気が付いた。

日曜(「太陽」の日)のランチとオレンジは、MCの上の太陽を反映している。しかし、さらに重要なことには、彼の妻の出生図の第5ハウスのファクターがカルペパーのチャートに重要な相性関係を示していたということである。彼は、妻が妊娠したに違いないと思った。そして実際にそのとおりだった。彼らの娘のリディアは太陽がカルペパーのチャートの「アセンダント」を通過したまさにその日に生まれた。父親はそのときの、楽しい占星術経験の一片をこのように要約している。

つまり、占星術はその昔ながらの悪戯を働いたわけだ。そのホロスコープは三三七年も前に作られたものでありながら、それは一九八八年の一連の出来事に対して有効《ラディカル》であったわけであり、一見した所では無関係な現象の間で働く「秘密の共謀関係」の例となったのだ。その関係によって、見る目さえ持てば過去、現在、未来を象徴的に解釈することができるようになるのである。[★3]

この占星術体験が示すことは何なのだろうか。ここには精神分析的な意味では「深層の意味」はない。また妻の状況もどのみちすぐにわかるのだから、予言的な意味でも重要ではない。また、見たところ、意識に重要な無意識的な要因をもたらすものでもない。医学者で薬草学者でありまた占星家でもあるトービンは、赤ん坊のことなど考えておらず、ただカルペパー研究のために占星術の作業にとりかかっていたのだった。ここで起こった奇妙な「転回」は、詩的な経験である。が、赤ちゃんであるリディアはまさしくこの世に、この「詩」と結び付いた形で生まれたのでもあり、ここでも「自然と霊の出会いが現実を生む」場所に到達したことになる。

　この出来事の場合、希有なほどの美しさを持っているとはいえ、このような経験は占星家の宇宙ではさほど珍しいものではない。ユニークで、個別的な解釈が、あたりまえの枠組みを超えた認識をもたらし、不可思議で神秘を現出させる。こうしたことを目の当たりにした占星家は、程度の差はあれ、占星術への愛をさらに深めてゆくようになる。占星術や、あらゆる象徴体系の目的は、その象徴がもたらす喜びそのものである。ジェイムズ・ヒルマンは錬金術と精神分析の言語の違いについて話している場面で、メタファーにはそれ自体に価値があると言っている。シンボルへの参与は、それ自身に価値がある。錬金術のイメージは、それが実質的でありかつ物質的であるがゆえに、精神分析の概念がけっして持ち得ないリアリティを持っている。

　私たちは、堅い水滴を取り出すための濃縮や凝結について学ぶ。私たちは、凝固、固定、溶解、腐敗、壊死や黒化についても学ぶ。次に、心理学の述語を聞いてみよう。転移の分析、自我のための退行、敵意の誇示、同調性同一化、改善、否認、抵抗、などなど。これらの言葉は抽象的なだけではない。これらは不正確なのだ。……これらには、価値のなさがとりついている。★4

占星術の言語も錬金術の言語と似た力を持っている。が、メルクリウスといういたずらな霊は、シンボルを予期できぬ驚くべきかたちで出現させるので、ちょうどシンクロニシティのトリックスターが結婚実験をしていたユングをいらだたせたように、シンボルの現れは占星家の手からこぼれ落ちてゆく。このトリックスターは、チャートを別な場面のものとして解釈するときに絶好の形で悪戯を働く。このトリックスターは、このような場合の主観－客観の区別を台なしにするのを好むのである。チャートの主体が誰であるかを問うと、それは目の前にいる、その出生時に基づいてチャートを立てたクライアントの「もの」だと言い切ることはできなくなる。チャートはその出生時刻によって作られ、かつそのクライアント、すなわち他者に「帰属する」。チャートがクライアントの「もの」だと言ってしまうと、そのときに、私たちはチャートの主体を客体へと変化させることになる。しかし、すでに見て来たように、チャートは、ちょうどメルクリウスが二重の存在であって一つのものではないのと同じように、主体であると同時に客体でもある。チャートは「心の地図」であると見るような、客観的な「固定的なまなざし」[★5]を放棄して初めて、占星術の面談におけるメルクリウスの足跡をたどることができるようになるのである。

ホロスコープを出会いの、とりわけ占星家とクライアントの出会いのシンボルと見ると、この現象を微妙に客体化することになることに注意しておくことが重要である。それは占星家とクライアントの相性関係《シナストリー》を見るときにときおり起こってくる。相性関係は、それ自身、役立って何かを明かすものだが、しかし、それはまた、もう一つの「客観的」な技術、客観的な視線をもつ占星家の道具の一つだということを覚えておかなければならない。ただ「心の地図」を「心の出会いの地図」と置き換えるのは、解釈の自由な動きを固定化する試みであり、メルクリウスはしばしば、その意図に抗う。出会いの地図を持てることもあるし、そうはならないこともある。チャートの中には、伝統的占星術の定石にそって的確に解釈され、そのシンボリズムがクライアントの人生の上の「事実」にきちんと合致する場合もある。あるいはそれが占星家とクライアントの相性関係を示すのかもしれない。あるいは、占星家-クライアントの関係性を示すものかもしれない。あるいは、それは占星家とは、ときにはクライアントとも全く関係ないものかもしれない。チャートがどんなふうに読めるのか、前もってはわからない。私たちは、意識の上ではチャートがクライアントを表すものである、という前提から出発し、そこから進んでゆく。ほかにはしようがないからである。が、同時に、一体何が起こるのか注意深く見守らなければならない。チャートのシンボリズムは、占星家とクライアントの両方の努力によって、生命を吹き込まれなければならない。それが、何が起こっているのかを占う占星家の流儀なのであり、シンボルの解釈は、相互方向の運動、そしてまたそれは主観-客観の分裂を飛び越える飛翔なのである。

精神分析にも、これに相当するものがある。分析家と被分析者の関係には、専門的には「転移」、及び「逆転移」と呼ばれるものが含まれる。簡単に言うと、転移とは被分析者が自分の過去の人間関係を分析家に投影することである。親との関係が投影されることが多いが、ときには兄弟やそのほかの重要な人間が投影されることもある。この関係の無意識的な力学が分析家にも働きかける。逆転移という言葉は、被分析者との関係に投影される、分析家の側の無意識的側面を示している。転移の分析は、通常分析家の仕事の大きな部分だと考えられる。とりわけフロイト派ではその傾向が強い。ユングの態度はしかし異なっている。ユングは、フロイトの影響下にあるような古典的なかたちでは転移を分析しなかった。さらにユングは転移を必ずしも必要なものだとは考えなかった。それどころか、ユングは「分析家のある部分によって引き起こされる」ものであるとすら考えていた。フロイト派の分析では、

　転移をもたなければ、彼らは治癒しないという考えを押し付けられて来た。これは全くナンセンスである。転移が起ころうがなかろうが、治癒とは無関係なのだ。★6

ユングは転移はいつも起こるとは限らないし、望ましいものとも考えていなかった。ユングのこの理解は、占星術の実践で私たちが見いだした状況にも合致している。ときに占星家‐クライアントの関係がシンボリズムの中では見られず、クライアントのチャートはただクライアントのことを示すだけのこともあるし、また転移の関係が働き、チャートがそれを示していることもある。

　ユングは、転移が起こったときには、シンクロニシティと秘密の共謀関係を含む出来事がより起こりやすいと考えていた。だから分析家自身が分析を必ず受けていなければならないのは、逆転移が抱

える複雑さに対して注意を払えるようにするためだというのである。[★7] ユングはとりわけ患者に対する自身の情緒的反応には敏感であったし、また患者の情緒は感染する力をもつこと、中にはその感染力がより強い患者がいることにも気が付いていた。そしてその情緒は、分析家の無意識内容と同じだったときには分析家に投影されることもあると知っていた。逆もまた真なりで、この逆転移、つまり「相互の無意識と汚染」は分析家も患者も混乱に導き入れ、その結果、

あらゆる方針が失われ、分析というものの終わりが破局となる。[★8]

占星術における奇妙な偶然の一致と秘密の共謀関係を占星家が検討する必要があるのは、ただそれが不快であるばかりではなく、まさにこのためである。それは、占星術のもつ自己言及的な性質への鍵であるだけではなく、また転移と逆転移がはっきりと働いていることを示すもので、だから、占星家が秘密の共謀に加わって解釈を下さなければならないのである。

ユングの転移と逆転移に対する主要な研究は錬金術、すなわち常に錬金術と密接な関係があると考えられているオカルト・アートに対するものとしてなされている。ユングは、西洋の錬金術の伝統を長々と見直し、そのシンボリズムが、無意識と個性化の過程を扱う自身の研究に多くの共通点があると考えた。基盤となる物質を黄金へと変性させる試みに際して、錬金術師はメルクリウスの霊と出会う。錬金術の「作業《オプス》」を個性化の過程のアナロジーとしてとらえたユングは、メルクリウスとの格闘

を無意識の内容を意識へと引き出すための格闘だと解釈した。

一九三〇年代の初期の錬金術研究において、ユングは、占星家は錬金術師と似た作業にかかっているのだと示唆している。占星家と錬金術師は、対象としている物質に自身の無意識を投影しているのである。

> 錬金術師は、自身の投影を特性として経験する。しかし錬金術師が実際に経験しているのは、本人の無意識なのだ……占星術は錬金術に似た根本的な経験なのだ。★9

投影をめぐるこの重要な比較は、占星術文献の中に無自覚的なままに取り入れられている。しかし、ユングがこの概念を発展させたことによって、私たちにはいくばくかの曖昧さも残されるのである。錬金術と占星術は、本質的には「内的」内容――個人的なものであれ集合的なものであれ――を恣意的に投影し、現実世界に都合のいい目印をこじつけるだけのものなのであろうか？　あるいは現実の世界が想像界的なものと相互影響をしあって、心理‐物理的リアリティを現出させるのであろうか？　後者は明らかに、一なる世界《ウヌス・ムンドゥス》を扱うユングの後期の作品が示唆するものだ。投影をめぐって錬金術‐占星術は並行関係にある。錬金術師は素材となる物質に、そして占星家は、出生のときの恒星と惑星に投影するわけである。投影のもつ性質からいって当然、両者はそのことに無自覚だし、その無意識内容は、「他者」に属するものだと考えられる。「哲学者の黄金」について語る錬金術師は、ホロスコープがその時に生まれた個人についての情報、そしてその無意識の内容についての情報を与えると信じ込んでいる占星家よりは、自身の参与に対して自覚的なのかもしれない。

ユングの錬金術‐占星術の並行関係は、多くのユング派の分析家、とりわけマリー・ルイーゼ・フォン・フランツとジェイムズ・ヒルマンによって取り上げられ、そして占星術界においてはリズ・グリーンがこの同定を広く知らしめた。リズ・グリーンのアプローチでは、出生図は「第一質料《プリマ・マテリア》」であり、チャートを理解しようとする占星術家‐錬金術師は

> ホロスコープに描かれた生の素材をとりあげ、それを意識の介入を通じて変容させる[★10]神話と同じ方法が、チャートの中のシンボルを拡充するために用いられる。

> 錬金術のイメージは占星術的な配置の真の深さを理解するための、非常に強力な拡充の素材となる。[★11]

これはおそらく正しい。しかしリズ・グリーンの占星術‐錬金術‐心理学の混交は、すでに見て来たような心理占星術が採用する拡充のプロセスが抱える同じ問題をもっている。イメージの力、とりわけ錬金術の各段階のイメージのもつ力は、「深層の意味」の感覚を作り出して人を感動させること

ができる。錬金術のイメージは、心の状態や夢のイメージに対して、いきいきとした描写を与えるし、占星術のシンボリズムとの一体一の重ね合わせも容易にできる——燃焼《カルキナテイオ》と火、など。しかし、またしてもこうしてメルクリウスを「固定」してしまいがちになる。そしてチャートを解読する占星術作業をするときに、心理占星術の前からメルクリウスは消えてしまう。かわりにこのいたずらな霊は、分断されて「クライアントの」無意識、そしてその個性化過程のみを示すようになる。メルクリウスの神秘的な働きは、時計のようにクライアントの作業を示す惑星のトランジットにのみ結び付けられ、そしてここでもまた占星術家は客観的な観察者にとどまるのである。

錬金術師は、メルクリウスを通じて作業をしなければならない。そうして初めて、素材となる金属を黄金や銀へと変容させることができる。メルクリウスが錬金術の上で宝を守っていることは、伝統的な惑星の星座へのルーラーシップによって示されている（図11・1）。メルクリウスの霊の普遍的なシンボルである水星は、黄道星座の上で獅子座と蟹座の隣に位置する星座を支配することで、太陽と月、つまり黄金と銀の脇を固めている。[★12] メルクリウスは、黄金と銀、王と王妃、心と物質、主観と客観を双方守っており、そのことによって結合《コニウンクテイオ》そのものを守護しているわけである。

では、メルクリウスを通じて作業をするとはどういうことなのだろうか？　メルクリウスの金属、水銀は合金《アマルガム》を作り上げる驚くべき力をもっている。錬金術の技法の中には金や銀を含む鉱石を水銀に浸すというものがある。水銀が貴金属を岩から分離させて合金となる。[★13] そしてこの合金を熱すると、水銀が蒸発し、理論上では錬金術師の手の中に黄金が残る——少なくとも錬金術師はそう期待した。

水銀が熱せられるときには、目には見えない、危険で毒を含んだ蒸気が発生する。メルクリウスを通じて作業をするときには、錬金術師はこの見えない蒸気にさらされることで体に危険が及ぶかもしれないのである。

占星術の実践において、メルクリウスと錬金術師との出会いは、したがって、この合金の性質を知ることである。基本的に言えば、メルクリウスは私たちの営みにおける心と物質の相互関係そのもののことで、それは解釈の謎掛け、シンボルのもつ騙しのうまい性質、そして私たちからは隠れている、自分自身の参与の中に見ることができる。面談の場では、合金は分析家と被分析者、占星術家とクライアントの間に、転移関係と秘密の左手での握手を通じて見いだされるのである。水銀の「毒」は、ユングがきわめて危険だと考えた、相互の盲目的で無意識的な汚染となるわけである。水銀の蒸気のように、私たち自身の参与は自分にも見えない。それは「秘密の」共謀関係なのだ。ときおり、私たちは自分の無意識の動機を表すシンボルをかいま見るときがあって、自身の象徴的な参与に気がつくのである。

メルクリウスは、占星家にも重要なシンボルである。占星術上でのメルクリウス、つまり水星は、言葉の神でもあるからだ。メルクリウスを通じて作業をするということは、したがってチャートを言葉にするということであり、解釈をなすということでもある。ここで、また漁夫王と聖杯伝説が別な姿をとって現れる。パルシファルが語りかけ、神秘を表現しないかぎり、王は癒されることはない。チャートのシンボルを解釈することにかかわらない限り、ただ空想や病いや無駄な時間にとどまるこ

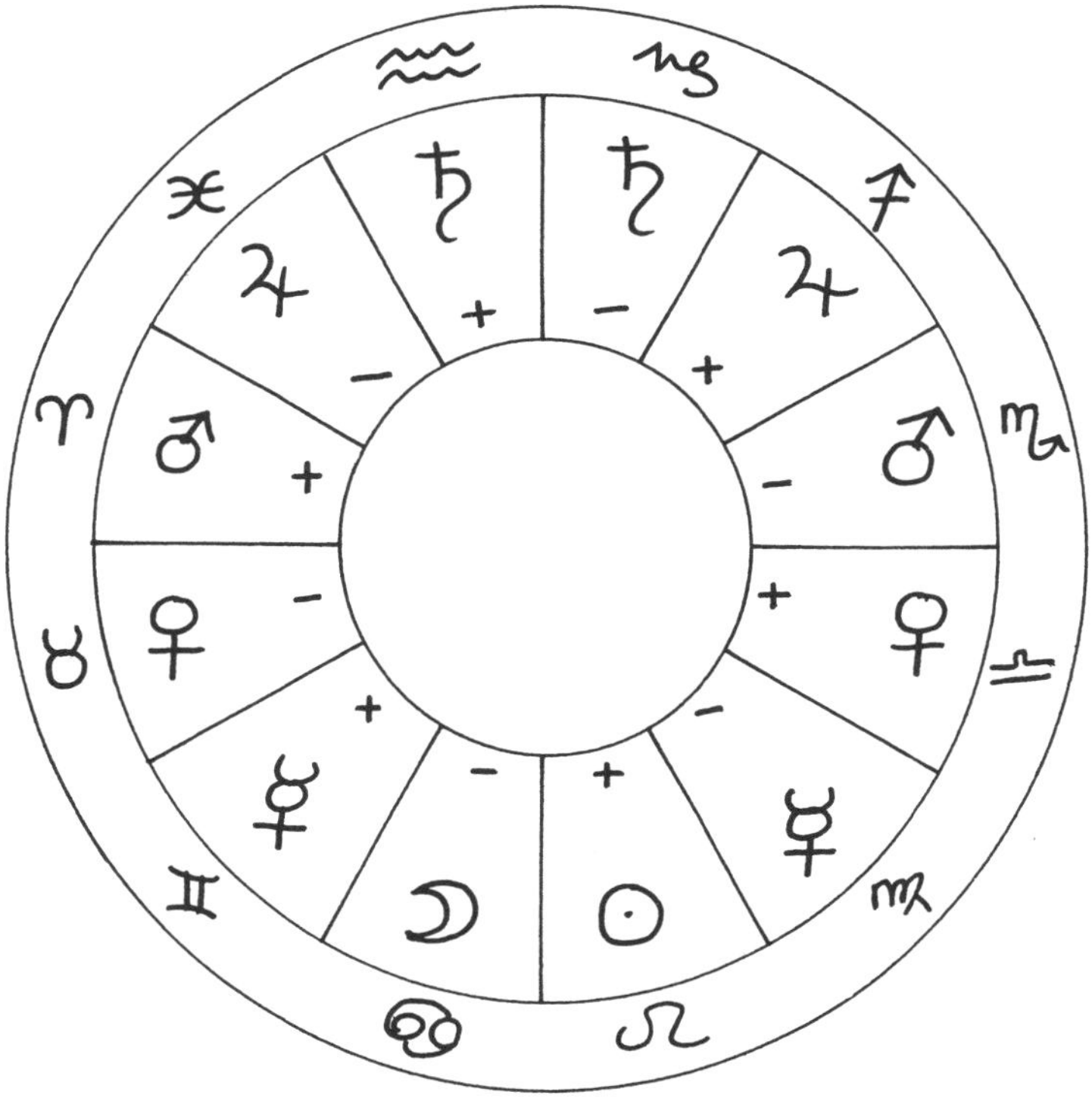

図11.1 惑星のルーラーシップ

惑星とその星座への支配関係（ルーラーシップ）は，特定のはっきりとしたパターンをもっている。このパターンは，地球から見た惑星の平均速度に基づくカルデア配列に従う。それは，昼と夜の支配星，天の偉大な二つの光である太陽と月を中心とする。太陽は積極的な星座である獅子座を，月は否定的な星座である蟹座を支配する。プトレマイオスは，このように言う。

> 彼ら（古代人）は，獅子座から山羊座に向かう半円を太陽のもの，水瓶座から蟹座に向かう半円を月のものとした。そしてそれぞれの半円の五つの星座に五つの惑星を配当し，その動きの天球とその性質にしたがって，太陽と月に相を持たせるようにした。

惑星の動きの順が，水星から土星までの星座支配関係を規定したのである。

とになる。メルクリウス自身が、錬金術のアートにかかわろうとするものに、こう警告を発している。「多くは悲しみを得るばかり、その富も努力も無になろう」。同じことが、合金を排除し、心‐物質の分断のどちらか一方にだけ立とうとする占星術にも言えるだろう。人間性《ヒューマニスティック》占星術、あるいは心理占星術は、ホロスコープ術と外的世界を失った。しかし、占星家の中には、自身の参与を否定しながら「滅びゆく黄金」を求める人々がいつもいるのである。彼らの作業はしばしば時間の無駄である。占星術は、ある目的への手段となるのを拒否するし、この世の何かを得るために用いようとすると、全く当てにはならないものとなる。

ここで、ユングが持ち出したもう一つの偉大な一連の錬金術のイメージが思い浮かぶ。それは、一六世紀の錬金術文書によって描かれた錬金術の各過程、第2章ですでに言及した『哲学者の薔薇園』である。この作業のさまざまな段階において、錬金術の王と王妃は錬金術の容器の中で出会い、結合し、そして死んで、その結合から両性具有的な子供が誕生するのである。ユングはこのプロセスを、愛の関係としてだけではなく、転移を含む分析的人間関係、そしてまた個性化過程そのもの、そして「内的」男性と女性の結合としてとらえた。王と女王の結合は、メルクリウスの泉において起こる。そしてこの泉は「占星術的な」構造をもっているのだ。それは七つの惑星からなる星の容器であった。錬金術師にとって、その作業の中核を占めるシンボルをなしている。ユングが転移の心理の描写としてこの錬金術の図像を選んだことは、占星家には非常に重要である。この容器は惑星からできていて、そのためにこれは誰のものでもない。これは最も客体化された容器なのだ。占星術は、どんな占術にもまして、超越的な感覚、完全に客観的な他者の感覚を引き起こす。惑星は手に取ることができない。星はここにはなく、操作することは不可能である。出生のときの惑星の配置はどんなものであれ、天のダイスが振られたとして考えるほかない。誰も、土星の上昇や双子座の太陽や第5ハウスの月や、そのほかなんであれ「運」できめられた配置を支配することなどできない。惑星と黄道星座はしたがって、心理 - 物理のつながりにおける究極の存在なのである。

チャートが占星家とクライアントにとっての容器であると考えられるようになると、両者のあいだにときに「秘密の共謀関係」がかいま見えたとしても、解釈の営みそのものが、占星家が作業をしているそのシンボルの中に現れるようにもなる。これは錬金術のウロボロス、回転運動、自分の尾を食らう蛇の解釈学的円環《ヘルメニューティック・サークル》なのだ。このようなプロセスの中で何を導きの糸とすればよいのだろう？ 誰あろう、メルクリウス自身がこのように言っている。

> 私がその上に休むもの、あるいは私の上に休むものは、このアートの法則に従って探求を続けるものによって、私の内に見いだせるであろう。[★14]

メルクリウスは、彼の「内側」を見よと言う。そしてここでも、解釈学の神、解釈の神の意図が見える。我らがアートの法則そのもの、解釈の伝統的な方法そのものが、私たちの導き手となる——メルクリウスの悪戯に対しての、メルクリウス自身の導き！ ホロスコープ術の法則の重要性は、一つには、ハウス、つまり、世界で起こっていることを解釈する、地上的な枠組みの利用にある。占星術のシンボリズムは、錬金術のイメージが「物質」にかかわっているように、この世の物質にもかかわっているのだ。世界（土星）の解釈（水星）によってのみ、占星術の中で何かしらの黄金に到達することができるのであり、これはしばしば、自分自身の主観的参与を自覚することを含むのである。錬金術師のように、メルクリウスを通じて私たちは鉛を黄金に、土星を太陽に、物質を精神へと変化させる。伝統的占星家は、このクラフトが、合金が蒸発したときに最もうまく作業をやりぬける方法だと信じているがゆえに、ホロスコープ術を大事に保持するのだ。その一方、精神分析的な教育は、占星家を導く方法論としては不十分で、この点で、ユング派の実践を無邪気に占星術にとってかわらせると、占星家とクライアント双方を混乱させてしまう「全くの困惑」の中においてしまうことになるのだ。

　さて、メルクリウスを錬金術と占星術のこんな並行関係のなかで考えて来たわけだが、では占星術が与える黄金とは何なのだろう。それは簡単には言えないもので、錬金術師にとってそうであるように、占星家にとってもそれは「得難い」のだ。おそらく、その黄金は占星家の言語そのものの中に、つまりシンボルの力、人の心を何らかのかたちで動かす力そのものにあるのだろう。ときに、占星術家-クライアントの関係性の中では、黄金はある人の真実である場合がある。占星家とクライアントがそろってあるシンボルを理解し、その両者がいる状態の中でシンボルが現れたときに、そんな小さな黄金が現れることがある。たとえば、あの蟹座の火星の男性の場合には、私たちが出会った玄関前での瞬間が、占星術を使って私がこの男性に彼自身についての真実を告げることができた瞬間である。ささやかなものであるかもしれないが、しかし、これが私が彼に彼自身の火星を見せることができる機会、彼に「星を地上に引き下ろして」見せることができる機会だったのだ。そう、上なるものは下なるものの如し、である。

この世界とシンボルの相互関係の中で、占星家はクライアントと同じようにしばしば、シンボルと世界が互いに自身を表しあうことに驚く。そしてそれが見られたときには、また占星家にもクライアントにも喜びがもたらされることが多いのだ。たとえば、あるとき、仕事に強い不満感を抱いている女性に出会ったことがある。彼女は町中のオフィスで働いていた。これまで職を点々としたが、そのいずれもが満足できるものではなかった。この状況は、彼女のチャートでは、キャリアを表す第10ハウスの支配星である金星が牡羊座でデトリメントであることによって示されている。私は彼女に、これまでの人生で仕事に熱心に(牡羊座)取り組めたことはなかったのかとたずねてみた。少し考えた後、彼女は若いころに、ひと夏、「女牧者」として農場で働いたときのことを話した。羊を追いかけたときどんなに楽しかったか、彼女が語り始めたとき、その顔はぱっと喜びに輝いた。これは、「羊の星座である牡羊座に入った彼女の金星」の、すばらしい表現ではないか。牡羊座の金星をこんなふうに解釈することなど、私は想像もしなかった。そしてまた、それを聞いたときに、このシンボルについてのこれ以上よい現実的な現れも考えつくことができない。これは私の占星術的な語彙を非常に豊かにしてくれたのだった。だが、さらに重要なことは、この女性のオフィスでの不満感がシンボルのなかにきちんと現れていることである。私たち双方にとって、それが適切に現れていることを認め合うことが重要性なことで、占星術には、それ以外の目的や終着点はないのかもしれない。蛇に嚙まれた男とラーの物語や、私の友人の無駄になったヴィジュアル用の資料と同じように、占星術の言語を通じて人は何か自分自身を超えたものとのつながりを実感するのである。これは再び、メルクリウス、つながりの神だ。ジェイムズ・ヒルマンが、錬金術の素材の言語のもつ治療効果について指摘するときの、そのポイントは占星術にもあてはまる。

これが、その治療効果である。それは、私たちの上にメタファーを押し付けるのだ。私たちは、その言語によって、言葉を発したとたん、かのような、の世界、心の物質化と物質の心化両方の世界へと導き入れられるのである。★15

シンクロニシティについての初期のエッセイの中で、ユングはこんなふうに心と物質が出会ったときに、いかに人が心を動かされるかについて論じている。しばしば語られる話ではあるが、この話をここでもう一度することについて弁明はすまい。この問題について、これが私の出会った最上のイメージなのだ。彼は、彼が治療していた女性について語っている。彼女は「デカルト哲学にどっぷりつかっており、自分だけの現実のイメージにあまりにも頑なにしがみついている★16」アニムスを抱えていた。ユングの治療はうまくは進まなかった。がある日、彼女は黄金の神聖甲虫を与えられた夢をもって来た。ユングは、こう続ける。

彼女が私にこの夢を話している間、私は閉じた窓に背を向けて座っていた。突然、私の後ろで、やさしくトントンとたたく音が聞こえた。振り返ると、飛んでいる一匹の虫が、外から窓ガラスをノックしているのである。私は窓を開けて、その虫が入ってくるのを宙でつかまえた。それは、私たちの緯度地方で見つかるもののうちで、神聖甲虫に最も相似している虫で、神聖甲虫状の甲虫であり、どこにでもいるハナムグリの類いの黄金虫（Cetonia aurata）であったが、通常の習性とは打ってかわって、明かにこの特別の時点では、暗い部屋に入りたがっていたのである。★17

第7ハウスの獅子座の太陽にふさわしい荘厳な調子で、ユングは手を伸ばして飛んでいる黄金虫をつかまえた。そして、その女性の夢を現実に演じるがごとく、甲虫を彼女に手渡したのである。彼女は、この非合理的な、ありえない偶然の性質にショックを受けた。彼女が自分の内的で主観的な夢のイメージを話したまさにそのときに、そのイメージが外的世界に現れたのである。彼女のデカルト的なアニムスは自分自身を真剣に問い直さねばならなかった！　ユングは、この神聖甲虫に、古代エジプト時代からの再生のシンボルを見た。そして、それはセラピーにおける転回点、この女性自身の再生の契機となって正しいことが証明されたのである。

この話はシンクロニシティの実例として印象深い。しかし、またこれは、人を動かす真実の現れのメタファーとしても見ることができる。ユングは神聖甲虫を「取り上げ《テイク》」ねばならなかった。占星家がチャートをある文脈で「取り上げ《テイク》」し、それをクライアントや特定の状況のものに当てはめる《ギブ》するときには、これと同じような「ギブ・アンド・テイク」が占星術のセッションの場でも起こっている。しかし、占星家はそれを自分自身のことを語るものだとは相手には言えず、シンボリズムを二人の間で起こっていることと見なして、それを対象としている人物に見せるほかはない。これは、一瞬の間に起こることであり、神聖甲虫のように、飛んでいるときにその羽を素早くつかまえるしかないのだ。多くの場合には、それをつかまえるどころか、それを見ることすらできない。

ユングの語るこの話は、真実が面談の間に現れるその仕方と、それがいかの個人を凝り固まった状況から解放するかを示すものである。しかし、それはまたユングの患者の停滞を動かす力を示すものであると同時に、主観‐客観の分裂をつなぐものでもある。黄金の神聖甲虫は太陽によって象徴され、その再生のイメージは『変容の象徴』の中心となるイメージへと私たちを引き戻す。英雄の夜の航海は、これと同じ物語、つまり個人が母親から分離し精神的な再生をするための戦いを語っている。これは、ユング自身の神経衰弱のような夜の航海や、劇的な形で現れるとは限らない。むしろそれは人が魔術的なリアリティにわずかに触れ、心と考え方を変えるようになる瞬間に現れてくる。

ユングが『変容の象徴』を書いているとき、彼は占星術や太陽の神話の中に、精神の再生の象徴的な現れを見てとった。これは私たちに、出生占星術と、その「出生」という言葉がもつ性質について重大な問題を定義する。古典的占星術でも、現代占星術でも生物学的な出生の瞬間に対応するシンボルを捜し求め、そのシンボリズムを個人の人生行路の象徴だと見なす。しかし、生物学的な誕生の瞬間は、母親からの分離の瞬間であり、母親との分離はユングが精神的再生のために必要な契機だと見なしたものである。出生図はそこで、個人の精神的再生を象徴する最も重要なものとなる。

これが私たちを占星術における、ある「時間の瞬間」、その選定の問題へと引き戻す。ユングはプトレマイオスのモデルに従って誤った方向へと進んだが、結果的には時間の中での問題では間違いを起こさなかったのである。占星家は生物学的な出生の時刻にその象徴的な対応を見いだすのだが、ユングが言っていることをここでもう一度見て見よう。

ある時間の瞬間に生まれたり、なされたものは、その時間の性質をもつ。

もしこれを出生の瞬間やその時刻へのトランジットを指すものだと考えず、占星術の解釈の「今、ここ」だと見なすようにすれば、占星術がチャートにアプローチしている文脈で起こっていることは、「この時」に起こっているものであるがゆえに、何であれチャートが象徴しているものと考えられる。そのような例を本書の中で数多く私たちは出会って来た。——私の、Kとの出会い。占星術への攻撃、「頭を空にする」こと、プエルB、赤ん坊の手術、夢見手と彫金師、カルペパーの研究中にグレアム・トービンが発見した真の黄金などなどだ。占星家‐クライアントの文脈に照らしたときに、個人は象徴的に「生まれる」。それは、占星家が象徴の力によって、あのとき、あの場所で起こっていることを認めることによって、クライアントを再生させる瞬間なのだ。占星術の面談へのこのアプローチの先駆者に、ゴードン・ワトソンがいる。ワトソンは、出生時を、占星術の面談を通じてクライアントが「生まれ出る瞬間」と解釈することを強調してきた[★18]。

このような再生のシンボリズムは占星家にはきわめて重要である。現代占星術は魂を捜し求めており、精神分析の思想と接触することによって深層の意味を獲得した。しかし、心理占星術家はユングによって影響を受けているにもかかわらず、彼らの占星術の見直《リヴィジョニング》しは、ユングがシンクロニシティの研究の中で心を砕いていたであろうその働き方、あるいは可能性にまでは達していない。パルシファルとは違って、ユングは心と物質のこの神秘に何とか語らせようとしたし、世界の存在の、神話的なありようを探求しようとしていたことこそ、ユングが私たちにとって重要である理由である。ユングの錬金術のメタファーは占星術というアートの性質を忘れないようにする、すばらしいイメージだ。占星家自身の霊的存在をも抱え込んでいる道具としての占星術。これは私たちからもはやほとんど失われてしまったものである。錬金師であり占星家であるエリアス・アシュモールは、一六世紀の書き物の中で私たちにこう教えてくれている。

占星術（あらゆる意味での）は、錬金術と同じように「秘密」であり「神秘」であり、完全にすべてを理解するのは困難なのだ[★19]。

錬金術研究を通じて対立物を一致させようとしたユング自身の試みは、すでに見て来たように、生涯をかけたものであった。それはカントによって描写された魂のもつ二つの次元にすでに見いだされるものである。一方の次元は、この世的な存在に向かうものであり、他方は、「星と果てしない空間との偉大な世界の息吹き」に向かうもので、ユングのナンバー1とナンバー2の人格であった。[★20] これらの対立物は、魚座の時代の二匹の魚であり精神と物質の神秘な交錯であり、そしてそれはまた科学者としてのユングと占い手としてのユングとしても見いだせる。それらはまた、私がシンクロニシティIとシンクロニシティIIと名付けた、シンクロニシティをめぐる「二重の概念」にも反映されている。それらはまた太陽と月に象徴され、その二つが同時にやってくると、いつも食《オカルテーション》と隠秘主義《オカルティズム》が現れる可能性が出てくる。しかし、ユングがフロイトと遂げた宇宙的な結婚において、ユングは月の側と自己同一化したことも私たちは見て来た。このことはフロイトが西洋の思想になした貢献の大きさを思い起こさせる。フロイトは、合理性や意識そのものが無意識によって打ち負かされることがあることを示したのである。ユングはフロイトの考えをオカルト・アートと見なした。皮肉なことに、オカルト・アートは占星術の古巣でもある。占星術の営みにおける私たちの意識的で合理的な努力は、どの段階においても予期せぬかたちで無意識によって打ち負かされることがある。精神分析の概念が、ただ惑星のシンボリズムの断片ときれいに合致するからといって、精神分析を簡単に適応することができるなどと考えれば、私たちは本当に愚かな占星家になってしまう。もし占星術と精神分析思想を内包しようとするのであれば、無意識の存在を受け入れた段階で、占星術の内部での、根本的な見直しにとりかからねばならない。しかし、占星術が心理学に片思いをする一方で、精神分析の中で起こっている奇怪な現象が実はオカルティズムの中で起こっていることと「同じ素材」であることを認めるという代償を、この新しいパートナーは払わねばならなくなるのである。ユングが見通したように、この二つの体系の背後には宗教的な問題が控えている。それは、「魂」と呼ばれる、「奇妙な何か」なのである。

ユングが現代占星術に対してなした貢献を眺めて来たが、こうしてみるとユングが影響を及ぼさなかった領域などはほとんどないことがわかる。最も広い意味で、ユングは占術‐科学の論争に取り組んだわけであるし、占星術がいかに「当たるか」を説明しようとする考え方をめぐって、占星術の哲学的背景に対して根本的な影響を及ぼした。ユングが神話的思想を受け入れたことで、占星術家は宗教的本能を堂々と言い立てられるようになったし、自分たちが求めている「深層の意味」を与えることもできるようになった。シンボルと元型についてのユングの研究は、占星術が過去から引き継いでいる象徴体系の方法から派生したものかもしれないが、ユングが象徴的態度を強調したことによって、占星家は自分が解釈の営みに参与しているのだということを意識するようになった。転移の心理学とシンクロニシティの性質についてのユングの仕事は、占星術的経験の論じ方を問題にしている占星家によって、依然として論じられるべきものを多くもっている。ユングは、また哲学史、宗教史への象徴的な接近法として魚座の時代の研究をし、西洋の文化自体を占星術の枠組みの中に置いたのである。

二〇世紀の占星術における抜きん出た一つの貢献が、占星術家ではなくユングによってなされたというのは皮肉ではある。しかし、私たち占星術家がユングの仕事をどの、、、、ように利用してゆくか、というのはまさに広く私たちの手にかかっている。新しい一千年期に向けて、占星術はこれからも魂を探求し続けてゆくのである。

付録*1*　天王星－海王星のトランジット

二つの土星外惑星《トランス・サタニアン》は、ユングの出生の太陽と月にスクエアをとっている（太陽は海王星にスクエア、月は天王星にスクエア）。これは何を示しているのだろうか。この二つの星は、古来の年代測定の星《クロノクレーター》である木星と土星にとってかわって、魚座と水瓶座の支配星になったものである。そこで、この二つの星は、ツァイトガイスト、つまり時代の精神を象徴するものと見てもよいだろう。この二つの星は、一七八一年と一八四六年に発見されている。その年代は、それぞれ春分点が二番目の魚の尾の部分に到達した一八一七年を挟み込むものであり、そこでこの二つの星は現代を表すものと見てよいだろう。天王星は合理主義と科学的発見に結びつけられる。神話ではウラノスは去勢されたものでありそこで離反、精神分析的には解離を表すものとなる。無限の海を神である海王星は、神秘主義、ロマン主義的な理想主義、幻惑の惑星である。それらは全体性をもたらし、ヒステリー的でもある。この二つの惑星は、ほぼ一七一年に一度会合するが、現代においては、一九九三年に山羊座での会合を目にすることができる。山羊座でのこのコンジャンクションには、「ヴァーチュアル・リアリテイ」への技術的な着想が、意味としてぴったりと今回の場合には「あう」ように思われる。

一九〇六年から一九一〇年にかけて、天王星と海王星は蟹座－山羊座の間で九回、オポジションを形成した。そしてそれは、ユングのホロスコープに、大きな影響力をもつトランジットとして作用したのだ。山羊座の天王星の位置とともに、それらのオポジションの日付を示すと、次のようになる。

一九〇六年	三月一日	山羊座7度42分
	五月七日	8度15分
一九〇七年	二月一日	10度27分
	六月十三日	11度33分
一九〇八年	一月十二日	13度20分
	十二月二十三日	16度6分
一九〇九年	十二月二日	18度54分
一九一〇年	九月二十三日	21度18分
	十月二十八日	21度34分

このトランジットのオポジションは、一九〇七年から一九一〇年にかけてユングの水星と金星にコン

タクトする。海王星は、出生時の惑星にコンジャンクション、そして天王星がオポジションとなるわけだ。天王星と海王星はポジションを離れると、次いでユングの地平線を通過し、一九一二年から一九一六年にかけて、ユングの太陽と海王星のスクエアとかかわるようになる。したがって、この九年間はユングが初めてフロイトと接触したときに始まり、そしてフロイトとユングの関係の期間すべてをカバーしていることになる。それは、ユングが「神経衰弱」から立ち直ったときに終わっている。

大きくこれを解釈すれば、天王星‐海王星のシンボリズムは合理主義（天王星）と神秘主義（海王星）との関連で捉えることができる。ユングのチャートへの、これらのトランジットのオポジションは、ユングの内部での科学者と占い手の葛藤を表すものと読める。このシンボリズムは、ユングの最初のころの精神医学への態度を反映している。精神医学には、ユングはこんなことを期待していた。

私があらゆるところに捜し求め、どこにも見いだし得なかった生物学的および精神的事実に共通な経験の場があったのである。自然と霊との衝突が一つの現実となる場所がここについに見つかったのだった。

フロイトが、この衝突にかかわることを拒否したことは、しだいにユングには耐え難くなっていった。そして、このようなディレンマは、書棚の事件のような、超常的な出来事として現れて来た。つまり、天王星‐海王星のオポジションは、また超常的なもの、「霊」との邂逅を表すものでもある。

第3ハウスの、牡牛座の海王星に対して、これらの星はともにトランジットのスクエアとなるが、これは、心理‐物理的現実の問題すべてを引き起こしたと言えよう。

これから挙げる短い伝記上の注釈は、ユングのチャートの中のさまざまな要素へのトランジットを詳しくそえて記しておく。さらに、ユングの生涯とその業績における、重要な形成期をより細かく研究したいという占星家のために、それぞれの期間の主要なプログレッションも示しておいた。

水星　一九〇七―一九〇八年

海王星がコンジャンクション：
一九〇七年八月十五日
一九〇七年十二月二十五日
一九〇八年六月十五日

天王星のオポジション：
一九〇八年一月二十一日
一九〇八年八月六日
一九〇八年十一月六日

一九〇七年八月十二日付けのフロイトへの書簡の中で、ユングは性とヒステリーに対してのフロイトの観点について学会への論文を書くことの困難を語っている。水の性質をもつ、つかまえどころのない、ヒステリー的な海王星が初めて水星にコンタクトしたことは、その後に続くコミュニケーションの問題を示すものとなった。ユングは、フロイトに語っている。

無知な素人連中の口にあうまで、できあがった作品を大なり小なり水割りするようなもので……時折、筆舌に尽しがたい絶望感に襲われて、ともすると放棄してしまいたくなりますが、結局この説は素人連中の九十九パーセントまでは何一つとして理解するところにまでいたっていないのだから、自分の言いたいことをここでは何でも言うことができるとのだと思って自分を慰めております。いずれにしても、私は理解されないでしょう。

一九〇八月の二月、ユングは四月に開かれることになる第一回国際精神分析学会を準備し始める。ユングは、その「命名」に対して、大変な論争に巻き込まれることになった。その年、ユングは流感、鬱の感情、過労、病気などに悩むことになる。また家族の問題が彼の中で「めちゃくちゃになった」ことを記録している（蟹座、第6ハウスの水星）。彼の息子、フランツが十一月の終わりに生まれている（第5ハウスの支配星、水星）。

キー・プログレッション　一九〇七年―一九〇八年

一九〇七年のユングの誕生日の前後、彼のプログレスしたアセンダントは牡羊座へと入り、同じくプログレスしたMCが山羊座へと入った。このめったにない、生涯一度のアングルが春分点・冬至点へと到達するというプログレスが、ユングが精神医学から精神分析へと転向する鍵となるターニングポイントであった。この年に、ユングは初めてフロイトに接触している。

金星　一九〇九―一九一〇年

天王星のオポジション：
　一九〇九年一月十六日
　一九〇九年八月二十七日
　一九〇九年十月二十七日

海王星のコンジャンクション：
　一九〇九年七月二十八日
　一九一〇年一月二十五日

一九一〇年五月二十八日

ユングは、ブルクヘルツリでの教授職の約束を一九〇九年一月半ばに見送られ、三月にその職を辞している。二月にはユングは、シュピールラインの一件で「恐るべき緊張」にさらされていた。三月二十五日から三月三十日までユングはフロイトをウィーンに訪ねている。フロイトが自らの皇太子にならないかと持ちかけたときに書棚の爆音がしたのは、そのときである。この訪問は、ユングがブルクヘルツリを離れた時、そして湖畔に新しく家を建てて引っ越したときと機を一にしている。八月二十日に、アメリカに向けての旅のために、ブレーメンで二人が船を待っているときに、フロイトは失神している。彼らは八月二十七日にニューヨークに到着した。秋に帰国すると、ユングは「気分は上々」のように感じた。そして私的な実践を始めた。クライアントはわずかだったので、神話を読み込み、人々や社交生活に入り込むようになった。

一九一〇年、トニー・ヴォルフが彼の患者となり一月三十日にフロイトへの書簡でユングが彼の妻の要らぬ嫉妬を感じていることを言い、よい結婚の秘訣は不誠実であることができるライセンスである、と冗談を言っている。三月にはユングは再びアメリカを訪れ四月にはウィーンとチューリッヒのIPAの政治的闘争に巻き込まれている。七月の終わりに、ユングは二週間の船上での休日（プログロレスのMCが海王星にトライン）を過し、「気違いのようにうろつき、湖の多くの入り江に入ったりした」（ブローム、『ユング、人間と神話』）。この秋には何度か短い休暇でロンドン、パリ、オランダを訪ねている。ユングの三女、マリアンヌが九月三十日に生まれ、この週のうちに彼はイタリアへ自転車旅行に出掛けている。ユングが夢を見て、『変容の象徴』を仕上げるために休暇を切りつめたのは、この期間の十月のことであった。（木星回帰の期間、十月十四日）

キー・プログレッション　一九〇九―一九一〇年

一九〇九年　一月二十八日　ASCp△太陽
　　　　　　四月十四日　金星p△火星p
一九一〇年　一月三十一日　金星p乙女座に
　　　　　　七月三十日　MCp海王星p
　　　　　　九月十六日　MCp△海王星p［pはプログレッションを表す］

天王星のトランジット

アセンダントにコンジャンクション：
　　一九一二年二月二十八日
　　一九一二年七月二十三日

太陽にオポジション：　一九一二年十二月二十日
一九一二年四月二十日
一九一二年五月二十七日
一九一三年一月二十一日

天王星が彼のアセンダントに一九一二年の初めに接近したとき、ユングは一連の新聞からの攻撃から精神分析を弁護するよう要請された。四月には彼は『変容の象徴』の最終章（「犠牲」）を書き終え、同時にフロイトのビンスワンガー訪問に同行している。九月にユングはアメリカに渡り、講演においてフロイトの幼児退向と固着説に異論を唱えている。またこの月は『変容の象徴』の、第二部が刊行されたときでもある（第一部は一九一一年八月に出ている）。十一月二十五日　マインツでの学会で、フロイトは二度目の失神をしている。

フロイトとの最後の文通はユングの書き間違い、「あなたがたの一員」から始まっている。一九一二年十二月十四日のことである。クリスマスの期間、ユングは白い鳥と十二人の死者たちの夢を見ている。ユングの、二人の関係を終わらせたフロイトへの手紙は、一九一三年一月六日に書かれている。天王星がアセンダントを通過し、太陽に一八〇度をとっているのは、フロイトとの決別をよく表している。

グレーテ・バウマン＝ユングは、天王星のアセンダントへの通過を、ユングの死者の国への降下を示すものと見ているが、ユングが言うには、正確な日付は思い出せないというものの、この出来事は一九一三年の十二月十二日までは起こっていない。彼は、その日、彼は自分を「落下させ」「柔らかく粘着性のある固まり」に着地した。彼は深淵の縁に立っているようで、こう思い出している。

それは月への旅行のようでもあるし、空虚な空間の中を降下してゆくようでもあった。まず、クレーターのイメージが現れ、私は死者の国にいるという感じをもった（*MDR* p. 205）

この「粘着性のある固まり」は、フロイトのオカルトの泥流を思い出させるが、これは、ユングの、ICに近い牡牛座の月＝冥王星のコンジャンクションに現れているように見える。彼自身の言葉が、それを描写している。つまり、月のクレーター、深淵、死者の国、などなど。しかし、この出来事に対しては、月＝冥王星には大きなトランジットもプログレスもない。この点を考えてみると、正確にその一年前、天王星が最終的にユングのアセンダントを通過したときに訪れた危機、土星の境界を破ることの一つとしてこの出来事を捉えたユングの娘の意見は正しいように思える。

ユングの「天王星ハーフ・リターン」は、一九一五年四月六日、一九一五年七月七日、一九一六年一月二十二日に起こっている。これは、以下に論じる海王星のトランジットと機を一にしている。

キー・プログレッション　一九一二―一九一三年

一九一二年　七月十五日　金星p△海王星
一九一三年　十一月二十六日　ASCp□水星

海王星のトランジット

ディセンダントにコンジャンクション：

一九一五年九月一日
一九一六年一月十三日
一九一六年七月二日

太陽にコンジャンクション：

一九一六年八月二十日
一九一七年一月三十日
一九一七年六月二十一日

ユングが誰もいない土地が氷に覆われるヴィジョンを見たのは、一九一四年に始まっている。そして死者の国とフィレモンとの出会いは、一九一四年の間ずっと、そして一九一五年に入っても、天王星のハーフ・リターンの間続いていた（先の記述を見よ）。七月二日に海王星が正確にディセンダントを通過し、八月二十日に、太陽に正確にコンタクトしたことに留意せよ。

キー・プログレッション　一九一五―一九一七年

一九一五年　六月七日　水星p△冥王星
　　　　　　八月三十一日　Ａｓｃp□金星
一九一六年　六月二十六日　水星が第８ハウスに
一九一七年　八月九日　太陽pがセクスタイル

一九一五年、ユングの「プログレスの水星が出生の冥王星にトライン」になっており、第８ハウスへと水星が移って行く。これは、死者への（冥王星）語りかけ（水星）の完璧な象徴である。フロイトは、アンナ・Ｏの症例に出会ったときに似たようなプログレッションをもっていて、「語りによる治療《トーキング・キュア》」を始めた。これについては拙論、「語りによる治療」（A. A. *Journal*, Winter 85-6）を参照のこと。

付録2　火星‐木星‐土星――ユングとフロイト

フロイトとユングの相性の中核にあるのは、彼らの太陽‐月のコンジャンクションだが、ユングのチャートの中では、フロイトはまた、友人のハウスである第11ハウスにいた火星によっても象徴されている。火星は、木星と土星のトラインの中間にあってそれぞれにセクスタイルをつくっている。木星はまたユングの第11ハウスを支配してもいる。フロイトは、ユングの木星に近接したコンジャンクションとなっているサウス・ノードを通じてこの配置にかかわっている。おそらく、ユングが彼の「汚れ仕事」（サウス・ノード）をプロモーションによって（木星）広め、名誉と尊敬を集めることができると考えていたのだろう。さらに、フロイト自身の第11ハウスの火星は、ユングの太陽にセクスタイルをとっており、すなわちこれはフロイトの願望（第11ハウスの火星）が、ユングが自分の後継者、皇太子（ユングの獅子座の太陽にセクステル）にしたいという気持ちであったと解釈できる。二人が出会ったときにユングのプログレスの太陽が海王星にトラインであったことのほかには、彼らのかかわ

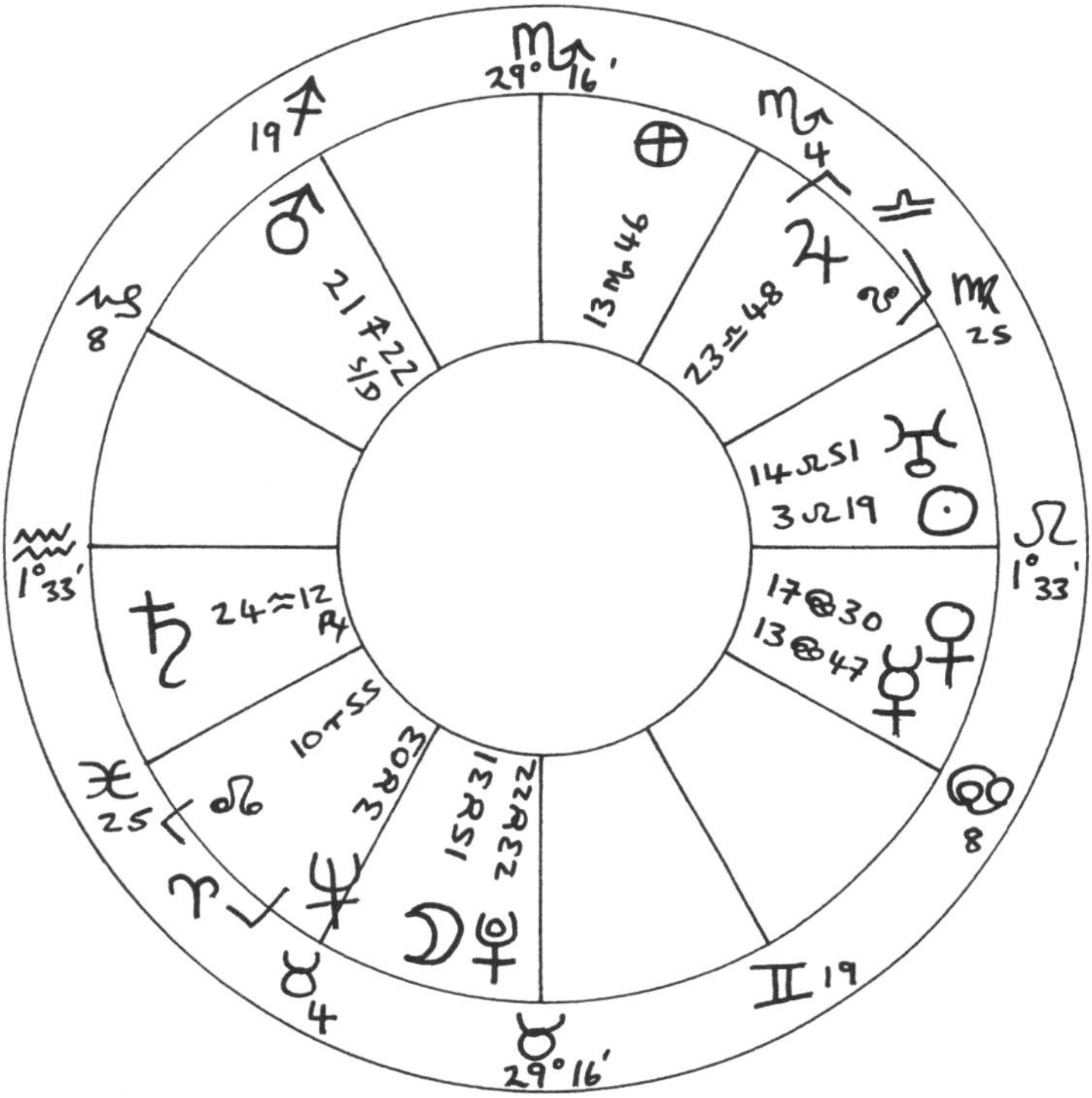

図A2.1　ユングのチャート

☉太陽　☽月　☿水星　♀金星　♂火星　♃木星
♄土星　♅天王星　♆海王星　♇冥王星

♈牡羊座　♉牡牛座　♊双子座　♋蟹座　♌獅子座　♍乙女座
♎天秤座　♏蠍座　♐射手座　♑山羊座　♒水瓶座　♓魚座
☊ドラゴンヘッド　☋ドラゴンテイル

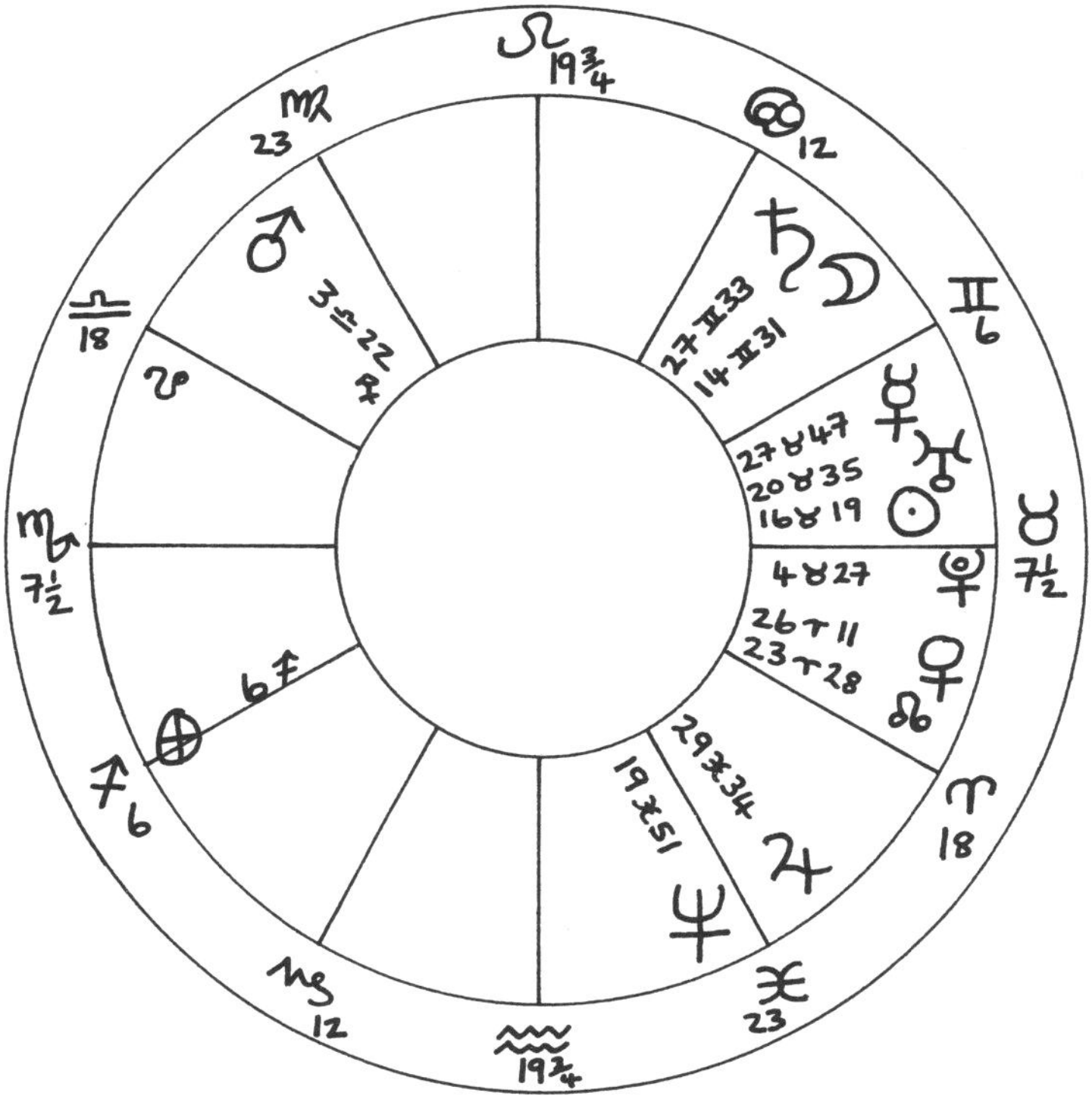

図A2.2 フロイトのチャート

りの始まりを示すユングのプログレッションでは、彼の「プログレスした火星がプログレスの木星にセクスタイル」となっている。さらに、「プログレスの火星」が「プログレスのアセンダントにスクエア」にもなっている。

これらのコンタクトは、フロイトはユングのチャートでは「火星‐木星のセクスタイル」によって象徴されることを証拠立てている。このことは、二人が出会う前の、初期の文通の中に見ることができる。（フロイト／ユング往復書簡集、書簡九J、一九〇六年十二月二十九日）。ユングは、『早期性痴呆の心理』で分析し出版した、X氏の夢についてフロイトの意見を求めていた。この夢は力強い茶色の馬にまつわるもので、太い綱で空中に引き上げられたものであった。しかしその綱は切れ、馬は地面に投げ出されてしまった。しかし、馬は立ち上がり、丸太を引き摺りながら遠くに走って行った。しかし、一人の騎手を乗せた子馬と荷馬車が現れてその驚愕している馬の前をゆっくりと走って、その馬の速度を落とさせた。フロイトの解釈の鍵の一つは、この夢が「裕福な結婚の失敗」にかかわるものである、というものであった。この解釈がなされてのちに、ユングはこの夢を見たのは自分であると認めたのだった。この夢をめぐって、いくつもの異なる解釈がなされたが、そのほとんどは、丸太‐ペニスのシンボリズムをめぐるものであって、ユングの性的、あるいは結婚の問題を示すものだと思われていた。ブロームは、この夢が「白日のもとにはさらせない非合法の性的願望」をめぐるものだというユングのコメントを取り上げ、これを同性愛的な文脈で考えている。ユングは後にフロイトに、彼への尊敬の念は、少年時代に「私がかつて敬愛していた」男によって性的闇討ちにあった事実とか

かわっていることを語っている（書簡四九J、一九〇七年十月二十八日）

　このような要素すべてにおいて、私たちはユングの火星‐木星の、第11ハウスと第8ハウスがからんだセクスタイルを聞き取ることができる。馬の夢（射手座の火星、第9ハウスの支配星、木星へのセクスタイル）、結婚における性的自由への希求（火星が第8ハウス、「天秤座の」木星にセクスタイル）、非合法で隠された性的欲望（願望を表す第11ハウスの支配星が、秘密の性を表す第8ハウスでインターセプト、火星にセクスタイル）。自分の敬愛していた男（木星）からの性的虐待（火星）。ユングは、フロイトの夢解釈に真実を見た。彼の妻は、まさに裕福であった（配偶者の財産を表す第8ハウス、天秤座の木星、それは第2ハウスの支配星でかつ、月が牡牛座）。そして彼の結婚は不安定だった。しかし、別の意味では二人の男の間の友情の始まりの、フロイトのこの夢解釈は、まさに予言的であったのだ。夢は、ユング夫妻のことばかりではなく、フロイトとユングのことをも言っている。「裕福な結婚の失敗」は、またフロイトとユングの「裕福な」（牡牛座の）宇宙的結婚の失敗でもある。

　第2章で見たように、天王星がユングのディセンダントと太陽にトランジットのオポジションになったが、フロイトとの決別は火星のプログレッションによっても表示されている。政治的争い、とくにさまざまな心理学誌の編集権をめぐってのそれは、「プログレスしたアセンダントが出生の水星にスクエア」、また「プログレスした水星が出生の火星にスクエア」になることで示されている。フロイトはユングの立場を攻撃する、議論をふっかける文書を書くことでユングの陣営を「爆撃」することさえしている（水星と火星のスクエア）。このプログレッションは、ユングの忠誠心の終わり（第

6ハウスの水星、第8ハウスの支配星）を示し、そして自立の始まり（火星、第10ハウスの支配星）を示している。

二つのほかの主要なプログレッションは、フロイトとの関係を終わらせることになった出来事と時を同じくしている。ユングは一九一四年の五月にIPAを辞職している。この二週間のうちに、彼の「プログレスのアセンダントが天王星にトライン」となり、天王星のトランジットを反復している。その同じ月に、同じように重要な、「土星のプログレスが出生の火星にセクスタイル」をとる。ゆっくりと動くこのプログレスが、正確にセクスタイルになったのだ。火星を含むプログレスは、ユングの火星がフロイトを指示する星であることの、最終的な証拠となる。古典的なフロイト派の解釈では、ユングは父殺しをやったことになっているが、これは土星 - 火星のプログレスで考えると興味深い。それは、第8ハウス（死）の支配星である水星のプログレスの火星へのスクエア。火星は、第10ハウス（父）の支配星である。これらのプログレッションは、フロイトとの決別が起こった一九一二年六月から一九一三年三月にかけての、トランジットの土星がICを通過したときと一致している。

フロイトとユングの友情は高い望み、二人がもった夢をもって始まっている。それはプログレスした火星が天秤座の木星にセクスタイルである。その関係は土星が射手座の火星へと移ったときに終わっている。フロイトは、それを「無慈悲で神聖ぶったユング」と言っている。第2、3章で述べた天王星と海王星のトランジットと、海王星のプログレッションに加えて、ユングがフロイトとともにした冒険は、出生の火星 - 木星 - 土星の配列に光をあてても見えてくるのである。

付録3　フロイトのタイム・ツイン

探検家のロバート・ピアリが、出生地の大陸は違うとはいえフロイトと同じ日の同じ時刻に生まれているのは、驚くべき占星術的偶然の一致である（一八五六年五月六日一四時四分LMT、クレソン、Pa. 月は双子座の一四度三二分、ルイス・ロダン『アメリカン・ブック・オブ・チャート』）。

北極点に初めて到達した男、ピアリは一九〇九年四月六日に、この偉業を達成した。それは、フロイトの書棚で「媒体による外在化現象」が起こったのと数日とたがわない。おそらくオカルトの問題は、精神分析的計画が転回する中心軸だったのだろう。無意識、オカルト、北極――どれがどのメタファーになっているのだろうか。

付録4　チワントペルの占星術

『変容の象徴』は、ユングの最初の大作でありフロイトによってつくられた精神分析からの離脱を記すものでもあった。この書は、フランク・ミラーというアメリカ人女性の、三つの詩的で幻視的な経験の分析をめぐって構築されている。最初の経験は、彼女が船旅をしているときに現れた。あるとき、彼女は突然目を覚まし、自動書記のようにして詩を書き始めた。――「創造者賛歌」がそれである。それは、完全な形で彼女の頭に流れ込んで来た。二番目には、列車での夜の旅行中に灯りの回りを飛ぶ蛾を見ていたときに詩が思い浮かび、またしても彼女は自動書記のようにしてそれを書きとめた。三番目の出来事は二年後に起こり、より長いものになっている。このヴィジョンは、とくに興味深いものである。それはチワントペルという名のアステカ人が出てくる。フランク・ミラーは、幸いにもこの「入眠時のドラマ」の時刻を書き留めていた。彼女の描写はこのように始まる。

一九〇二年三月十七日、午前〇時三〇分の観察。(『変容と象徴』)

このような誘いかけにあらがえる占星家などいるだろうか。この複雑な筋のホロスコープは少なくとも三つのレヴェルで解釈が可能で、また読者の方は別の読み方もできるだろう。私にはチャートはフランク・ミラーと彼女の物語に出てくる人物を両方表しているように見える。それはまたユングのアプローチと『変容の象徴』における彼の分析も表している。またそれはフロイトとユングの論争をも表している。チャートはまた、ユングの「太古のイメージ」という新しい概念を示しているようにも見える。私としては、これがユングの元型理解を占星術的に示しているものとみたい気になってしまうのだ。

チワントペル

フランク・ミラーは、非常に疲れた状態でベッドに向かったが、眠ることができず、何かが起こりそうだと感じていた。彼女の頭に「お話しください、主よ、はしためは聞いております——おんみずから私の耳をお開きください」という声が聞こえた。そしてスフィンクスのイメージが現れた。続いて羽でできた頭飾りをつけたアステカ人が現れる。彼の手は、長い指が大きく開かれていた。しだいに彼の名前が形作られて行く。「チ－ワン－ト－ペル」。その後、さまざまなイメージが現れる。人ごみ、馬、戦争、夢の町の光景、針葉樹、すみれ色の水をたたえた湾、崖、そして最後にいろいろな音が交じりあってできたWa-ma, Wa-ma、という音。チワントペルは森の中から馬に乗って現れた。しかし、突然戦士が一人、彼を矢で射ようと脅した。彼は横に飛びのき、挑戦的に胸を向けた。そのあと、チワントペルは長い嘆きの言葉を話す。それは、求婚したものの彼を理解できなかった、たくさんの頭が空っぽで浅薄な女性たちに向けられたものである。自分のソウルメイトが見つからないことを、彼はこのように嘆く。

彼女のような魂が生まれてくるまで、一万個の月が生まれ消えるだろう！

この時点で、緑のまむしが這い出して腕に噛みつき、それから馬を襲った。馬は死に、煙を吐く火山が現れ、地震が起こって地滑りが起こり、チワントペルは、最後の言葉を残して消えて行く。「Ja-ni-wa-ma、あなたはわかってくれる」

テイク1　フランク・ミラー、入眠時のドラマ

フランク・ミラーは何を素材にこのようなものを作ったのだろうか。彼女は、これを「入眠時に見たドラマ」だという。彼女は眠っているのでも夢を見ているのでもなく、ただ、半分寝ている状況だったのだから。フルールノアの心霊主義批判の文脈では、それを合理的に見れば、理性的に説明できる境界的な現象だと見なす。霊媒にとっては、チワントペルは霊的ガイドであり、指導霊《コントロール》でもあるかもしれないが、フランク・ミラーは自分のイメージが「霊」や霊媒たちの「たわごと」とは無関係であると信じていた。彼女は、彼の名前、インディアン、火山などに連想を働かせて行く。そして、このドラマを「昼間の残滓」、半分忘れられた日々の印象のモザイクと見なしている。彼女は、このようなイメージに「意味」は与えていないし、またそれらが自分に何かを語るシンボルとして解釈しようとはしていない。このドラマはただ、

> ニューヨークの熱病のような生活では、無数の多様な要素がただ一日の全体としての印象になった

だけなのである。

　したがって、フランク・ミラーは自分のヴィジョンを合理化する。それは、まさに、出生時の水瓶座の木星の精神をよく表している（図3・1）。彼女のヴィジョンが現れたときには、大きなトランジットはない。しかし、彼女の出生チャートへの最も近いコンタクトを作っているのは、木星であり、水瓶座に戻った木星がわずか四度差で木星回帰となっている。ドラマが始まったのであろう、真夜中三〇分すぎのチャートを見てみれば、射手座が上昇しているのがわかる。これは、夢とヴィジョンの

星座である。したがって、幻視者であるフランク・ミラーは、第2ハウスに入った水瓶座の木星に指示されているのである。

それでは、彼女が見たイメージは、チャートのどこに示されているのだろうか。現れた「他者」は、おそらく第7ハウスに示されているであろうが、このハウスは実に印象深い。ここには月と、二つの外惑星がある。これらは地平線上にある唯一の惑星群である。冥王星はゆるやかにディセンダントにコンジャンクションとなっており、セパレートの月-海王星のコンジャンクション、オーブからは離れているがゆるやかなコンジャンクションとなっている。月は、双子座の終わりのほうでボイドとなっている。月は夏至の点を通過して、ディグニティの品位をもつ蟹座へと入るところである。このイングレスを経てこそ、月は実りあるものになる。

フランク・ミラーのドラマの始まりのイメージは、美しくも双子座の月-海王星のコンジャンクションに示されている。まず、神秘的なスフィンクス。これは半分が女性で半分が獣であり、男に謎をしかける存在である。神秘的な女性（月-海王星）、二重の性質（双子座）、そしてそれは巧妙な謎をしかけるのである（双子）。二番目のイメージはチワントペルである。彼は「手を広げていた。その指は長い」とあるが、これもまた双子座の描写である。その後は、月のイメージが続く。――人々、町、湾――そしてそれがいろいろな音が交じりあって Wa-ma-Wa-ma となる。これは音の（双子）の交じりあい（海王星）と、また mama（母-月）の反復である。

フランク・ミラーにとっては、これらのイメージは「昼間の残滓」であった――沈み行く月、汚物

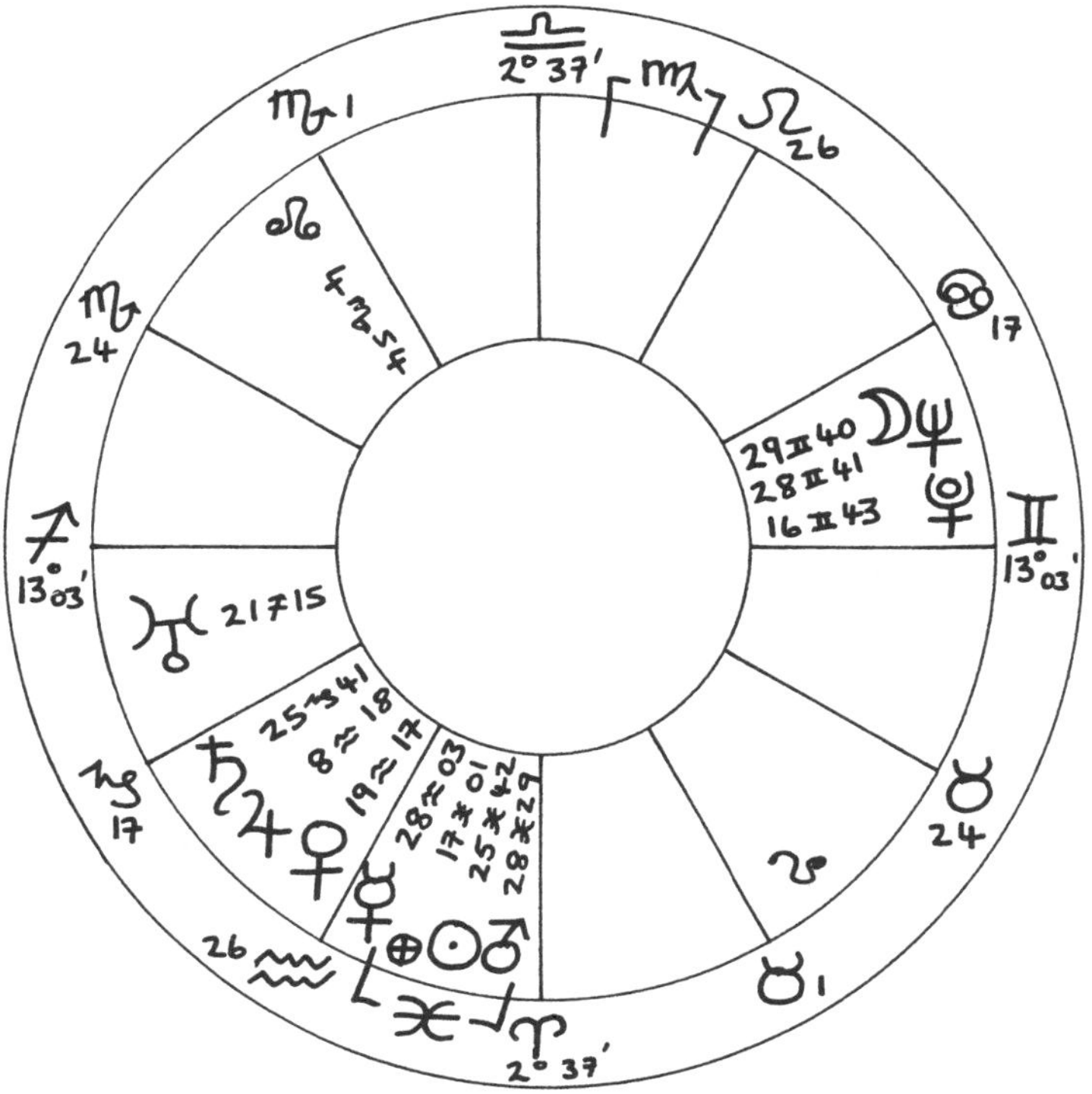

図A4.1　チワントペルのチャート
1902年３月17日，00.03EST＝05.30GMT，ニューヨーク
（ユング『象徴と変容』「フランク・ミラー」より）

☉太陽　☽月　☿水星　♀金星　♂火星　♃木星
♄土星　♅天王星　♆海王星　♇冥王星

♈牡羊座　♉牡牛座　♊双子座　♋蟹座　♌獅子座　♍乙女座
♎天秤座　♏蠍座　♐射手座　♑山羊座　♒水瓶座　♓魚座
☊ドラゴンヘッド　☋ドラゴンテイル

の第8ハウスの支配星、双子座の終わりでのボイド。霊媒にとっては、これは霊界とのコミュニケーション——月、死者の第8ハウスの支配星、霊の世界を表す海王星との第7ハウスでのコンジャンクション——である。双子座の終わり、天の川の上の月の位置も重要である。黄道と天の川の交差点であるこの位置は、死者の魂がこの世を離れる場所だと言われてきたからである、死者の「存在《プレゼンス》」は、さらに影の国の王である冥王星がディセンダントのコンジャンクションであることによっても示されている。フランク・ミラーにとっては、これらの不在の「他者」は、忘れ去られた記憶にすぎなかった。昼間の残滓か、あるいは指導霊か？　どちらのアプローチをとるにしても、チワントペルのメッセージは明白である。「どうしようもなく、頭が空っぽの女」は彼を理解することはできない——月と海王星の、第7ハウスの双子座のコンジャンクション。おそらく、これらの頭が空っぽの女はまた心霊主義者でもあるのだろう（双子座での月‐海王星のコンジャンクション）。

ではこのチャートでチワントペル本人はどこにいるのだろうか。彼はアステカの戦士であり、挑戦的に自分の胸をはだけ、望みを抱き、打ち負かすことはしがたい。彼は魚座の、火星とコンジャンクションの太陽、ヴィジョンを表す第9ハウスの支配星によってよく描写されている。この二つの星は熱く、英雄的で、男性的な惑星だが、ここでは水の中におかれており、女性的な悲しみと犠牲の魚座にあって弱められている。太陽と火星は、黄道十二宮のほとんど最後のほうに位置しており、その存在はインターセプト、および沈黙の星座によって押さえられている。その働きもまた、海王星へのアプライのスクエアで押さえられている。チワントペルは、彼を理解してくれるソウルメイトを求めていた（太陽－火星の、第7ハウスの月－海王星へのスクエア）。チワントペル自身の命名と彼の愛への独白は、月－海王星のコンジャンクションをディスポジターとする第7ハウスの支配星である水星によって象徴されている。この水星の中に、私たちは得ることのできない他者をチワントペルがいかに求めているかを見いだすことができる。水星は、理想の海王星にトラインをとりつつあるが、しかし、重要なホロスコープのポイントとして、ここには「分断」がある。水星が海王星に完全なトラインをつくる前に、火星がスクエアで割って入ってくるのだ。そして、「理想化された他者」との出会いを妨げる（第7ハウスの海王星への、第7ハウスの支配星の水星）。この火星と海王星のスクエアのシンボリズムは、火山と地震として現れていて（海王星は、「地震を起こす者」である）、チワントペルを飲み込んだ。これから見るように、この火星による水星－海王星の「分断」は、ほかの文脈では、いくつものやり方で現出してくるのである。

テイク2　ファンタジーの宮殿

このチャートは、もともとのヴィジョンを表すものとして適切であることがわかった。そこでここでは別のテイクを示すものとして見てみよう。これは、ユングのこの素材への分析と解釈をどの程度表しているのだろうか。ユングは、フランク・ミラーの素人分析は、全く見当違いだと考えている。彼女こそ、チワントペルの重要性を理解しない、無益で頭が空っぽな女なのだ。ユングは、これらの三つのヴィジョンの出来事を結びつけ、それらはある否認された性的な願望を示しているものだと考えた。たとえば、船上での自動書記的な詩の経験は、イタリア人船長への抑圧された欲望と関係があるとしている。ユングは、これを父親コンプレックスとも結びついているとも考えた、それは、また「創造者賛歌」でも、形を変えて現れてくる。ユングの分析は、夜を漂う船乗りの歌が拾い上げられ、朝の星々が一緒に歌うこの詩に入り込んでいることを示すとき、とても説得的に見える。彼女のファンタジーの源として、セクシュアリティとリビドーを解釈するときには、ユングはフロイトの思考に近いところにいる。彼のフロイトとの相違点は、フランク・ミラーの抑圧されたセクシュアリティに結びついた心的エネルギーは、個人的なかたちでは近親相姦のタブーにはなっていないというところにある。近親相姦欲望は、精神的再生へのより根源的な欲望を表している。

このように考えてユングは、芸術家か詩人であるかのように、フランク・ミラーが何か文化的に価値があるものを産んだのかどうか問いかける。彼女は、そうは思っていない。彼女の詩は「倫理的に全く価値がない」。ユングがフランク・ミラーをどう見たかは、双子座の月‐海王星のコンジャンクションに現れている。彼女は、ボイドの月のように、どこにもいけないファンタジーを抱えた女なのだ。彼は、この三つの報告された出来事を内向したリビドーが逆流しているのだと考えた。

……主観的な世界、空気のようではかないファンタジーの宮殿。

彼はフランク・ミラーの内向は、さらに現実感覚の喪失、および分裂病の兆しだと結論付ける。

……リビドーの捕らえられた残滓の霧から、有害な幻想が現れてくる。それは現実に厚くヴェールをかけるので、適応はほとんど不可能になってしまう。

ユングの言葉、すなわち、「はかない」、「空気のような宮殿」、「ヴェール」などは、双子座での月‐海王星のコンジャンクションを示しているように見える。フランク・ミラーの抑圧されたリビドーという理解は、またチャートのシンボリズムの中に見ることができる。ユングにとって内向したリビドーは、なかば性的なもの、なかば一般的なものであって、「それを強力に惹きつける無意識の深みの対象」に向かって逆向きに流れ込んでいる。第3ハウスでインターセプトの魚座にある太陽‐火星のコンジャンクション、しかも火星は第4ハウスの支配星であるが、これは内向したリビドーの描写だ。それはなかば性的（火星）でもあり、またなかば一般的なものでもある（太陽）。すでに見て来たように、これらのシンボルはチワントペル自身を表すものであり、ユングがチワントペルをフランク・ミラーの内向したリビドーと見たことは、占星術的には一貫性がある。さらに、火星は第4ハウス、すなわちルーツ、始原、そして両親のハウスの支配星である。それはまた、父親ないし母親を表すものかもしれない。また火星は女性星座にいて、月とアスペクトしているために、火星はここでは母親を示すものとして見ることもできる。ユングはチワントペルをフランク・ミラーにとって、「恐るべき母《テリブル・マザー》」と結び付いたイメージとして解釈している。チワントペルは子供じみた態度（胸をはだける虚勢）を示しているが、それは、彼女が自身の母親から自由になりたいのなら犠牲にすべきものであった。月は、第4ハウスの支配星である火星からスクエアを離れつつあり、臍の緒（月）を切る（火星）ことを示している。ユングが、母親への欲望（月－火星）に結び付いた虚勢をはる子供じみたパーソナリティとして見たものは、切り捨てなければならない。火星は放棄と犠牲の惑星である海王星にスクエアとなりつつある。この放棄に引き続いて、太陽は海王星にスクエアとなり、夜の航海が始まる。「太陽」－海王星のスクエアは、個性化への戦い、空想の可能性、現実感の喪失、分裂病の可能性を示すものでもある。

しかし、火星が海王星の分断に向かう動きに、ユングがフランク・ミラーに対してしようとしていることを見て取ることができる。月と海王星のディスポジターである第3ハウスの水瓶座の水性は、自分のイメージを昼間の残滓であるとみたフランク・ミラーの合理化だと見ることができる。そこでユングは、火星の側に立って、チワントペルを昼間の残滓などではなく、フランク・ミラーのセクシュアリティとの関係で考えた。彼は彼女の解釈を、性理論（火星）によって断ち切った（第3ハウス、水瓶座の水星）。しかし、このチワントペルのチャートの中で、夜の航海を表す太陽－海王星のスクエアが大きな特徴となっているのはまことにふさわしい。ユング自身のチャートの中にも、このスクエアがみられる。つまり、彼女のヴィジョンへのユングの解釈、つまり分裂病への可能性は、のちのユング自身の崩壊を示すものでもあった。フロイトとユングは、この著が出てから別れるようになる。そしてこの二人の主要な相性関係《シナストリー》が太陽－月のコンジャンクションであったが、このチャートでは、月は太陽とのスクエアから離れつつある、ということに注意したい。ユングのことはこれらのシンボルの中に両方見ることができる。彼は自身の太陽を求めている。しかし、ある意味ではこのチャートでは太陽は火星とコンジャンクションで、それは性欲理論にとどまるフロイトを示している。月は海王星の上に乗っていて、蟹座へと入ろうとしている。ユングは、こうしてオカルティズムの潮流へと旅立ってゆくのである。

テイク3　元型

フランク・ミラーの「境界例的」経験は、英雄とリビドーの鍵となる象徴である太陽が、境界、形と時間の惑星である土星にセクステルを作ろうとしていたときに起こっている。土星の長命さは伝統を表す山羊座にいて、土星が強められていることから、さらに強調されている。フランク・ミラーは、午後十一時半ごろに床についたが心が落ち着かずにそれから一時間ほど眠れなかったという。太陽は真夜中すぎに土星にセクスタイルになった。これはフランク・ミラーが心が落ち着かなかったころのことである。この配置は、現れたヴィジョンを表している——第9ハウスの支配星である太陽が、形の支配星であり、山羊座で強められ、このチャートのファイナル・ディスポジターである土星にセクスタイルになっているのである。しかし、さらにこのアスペクトを最重要なものにしている細かな点がある。このアスペクトが正確にヒットしたとき（0047a.m., EST）、「太陽はニューヨークでぴったり子午線に来ていた」。つまり、太陽‐土星のアスペクトは、まさにその地での真夜中に当たることになる。さらにそれは、聖パトリックの日の幕開けを告げる、三月十七日の真夜中であった。

そのヴィジョンの冒頭で、フランク・ミラーはこんな言葉を聞く。「お話しください、主よ、はしためは聞いております」。これは、チャートの中では、太陽が宗教を表す第9ハウスの支配星であることで示されている。聖書の参照はサムエルから来ている。サムエルのもとには、しばしば主が訪れたが、彼はその声を古き預言者エリのものだと間違えた。

太陽が土星から離れるにつれて、それは今度は海王星へと向かう。ここに、ユングが「太古の残滓」と呼ぶものを見ることができるようになる。ユングにとっては、フランク・ミラーのチワントペル（太陽）のイメージは、人類の歴史（土星）を通じて作り上げられた集合的で歴史的なイメージにそって形成されたものであった。これらの残滓というアイデアは後に、ユングが元型として発展させるものである。第5章で見たように、元型は、それ自体では現れることはできない。ちょうどそれは、このチャートではインターセプトになっている太陽のようなものだ。しかし、それらは普遍的であり、あらゆる時代を通じてイメージや神話として知られている。それはちょうど、魚座にある太陽が、山羊座の土星とセクスタイルとなって表している。この、元型が流動的であり、かつ歴史的な性質をもつという描写は、また、ユングの後の元型の説明とも合致する。ユングは「結晶（土星）の軸系のようなものであり、母体となる液体（魚座の太陽、海王星に接近しつつあり、月にコンジャンクション）の中に結晶構造（土星）としてあらかじめ存在している」と言う。

このチャートは、さらによくユングの元型理論を説明している。パターンと体系を表す星座、乙女座は知識を表す第9ハウスにインターセプトされており、その支配星である水星は第3ハウス、水瓶座にある。ユングの元型理論（水瓶座の水星）は、新プラトン主義によって土台を固められている。観念および理想の世界は、水星と海王星のトラインによって象徴されており、けっして認識されることはない。それと同じように水星と海王星のトラインは完成されることもない。元型そのものは、水星が海王星にトラインをつくる前に火星によって分断されるために、現れることはないのである。この占星術的な状態は、みごとに、元型の存在が感情を動かす無意識の欲望としてどう現れるか、ということを描き出している。そう、火星は魚座でインターセプトされているのである。

チワントペルのチャートは、つまり、ユングの元型概念を占星術的に示すものにもなっている。このような占星術的な洞察は、占星術家の角度（獅子座二六度）が、第9ハウスのカスプに乗っていることからも補強されている。第9ハウスの支配星である太陽は、ユングにとってまさに「変容の象徴」であった。しかし、この真夜中のポイントにある太陽は、土星とセクスタイルであり、太古的な残滓とつながりをもっている。サムエルの話で語った主は、神そのものであり、けっして古の祭司エリではなかった。これはユングのオイディプスと、フランク・ミラーについての近親相姦の解釈と並行関係にある。フロイトとは違って、ユングは、個人的な近親相姦願望の背後には、再生を求める宗教的、霊的な欲望があると考えていた。語りかけたのは神であり、エリではない。真夜中のポイントを通過する太陽は「魂の暗い夜」の象徴であるが、フランク・ミラーのヴィジョンでは、英雄（太陽）は、マムシ（土星―悪魔）によって打ち倒される。彼女の物語は、まさに「聖パトリックの日」

の真夜中に始まった。ここには、アイルランドから蛇を追い払った聖パトリックの勝利の、奇妙な逆転がある。ここでは蛇が英雄を打ちたおす。おそらく、ユングがミラー素材の中に読み取った太古的な残滓には、異教とキリスト教の長年にわたる格闘があったのだろう。

付録5　プエルB――あるアマルガム

第5章におけるプエルBの議論を参照のこと

プエルBの物語は、リズ・グリーンの『パーソナリティの発達』に収められた講義から収録されたものである。この本の第一版では、そして最近の再版においても、プエルBのチャートして掲載されているものは、リズ・グリーンの講義録の中のコメントとは合致しない。明らかに彼女は、出版されたものとは異なるチャートについて語っている。惑星の位置は同じであるが、アングルとハウスが異なっている。リズ・グリーンは、山羊座の上昇、蠍座の天頂、そして太陽が第5ハウスにあると語っているが、しかし、出版されたチャートでは双子座が上昇している（図A5・1）。トランジットに対するコメントから、レクチャーの中で参照されたチャートを再びコンピュータで計算しなおしてみた（一五五ページの図5・1）。第5章での私のコメントは、このチャートに対してのものである。詳細なデータがないので、アセンダントはあと数度後ろにゆく可能性はあるが、これ実質的には私のコメントには影響しない。

それではプエルのものとして出版されたこの「誤った」チャートはどこから来たのだろう。チャートの議論を通じて、プエルBの占星家は双子座一九度のアセンダントをもっていることがわかる。そしてこれが不正確なマップのアセンダントなのだ。おそらく、何かのデータの混乱のために、「占星術家のハウス・カスプとクライアントの出生データ」が組み合わさって、奇妙なアマルガムを作り上げたのだ。逆行している水星が海王星にトラインを作っているように、このチャートは混乱、秘密を抱えている。それは、表に現れているようなものではない。しかし、占星術の解釈の中での文脈の重要性を考えるなら、とくに、このような技術の上での錯誤においては、チャートは第5章で扱ったような拡充と判断の間の相違を示すものとしてリテイクできる。これは、拡充とよい解読を表す。金星‐木星のコンジャンクションは、今や、第3ハウスのカスプに現れる。土星は第9ハウスの支配星、伝統的占星術の支配星である。そして太陽‐土星のコンジャンクションが上昇している。アセンダントの支配星である水星のように、このチャートをリテイクした私は、金星‐木星のセクスタイルに向かって逆行している(しかし、水星は、牡牛座二七度〇一分で順行に戻ることに留意せよ)。

できあがったその仕方でまさに、このアマルガム・チャートは拡充法が占星術に適用されるときの問題を示している。「惑星と星座」は、ゆるやかにプエルBのものとしては正しい。これらは、拡充法で用いられる「普遍的なもの」だ。しかし、ハウスは誤っている。そしてこれが、現代の心理占星術における「個別性」の無視、外的世界を無視して内的世界を重視する性質を示している。

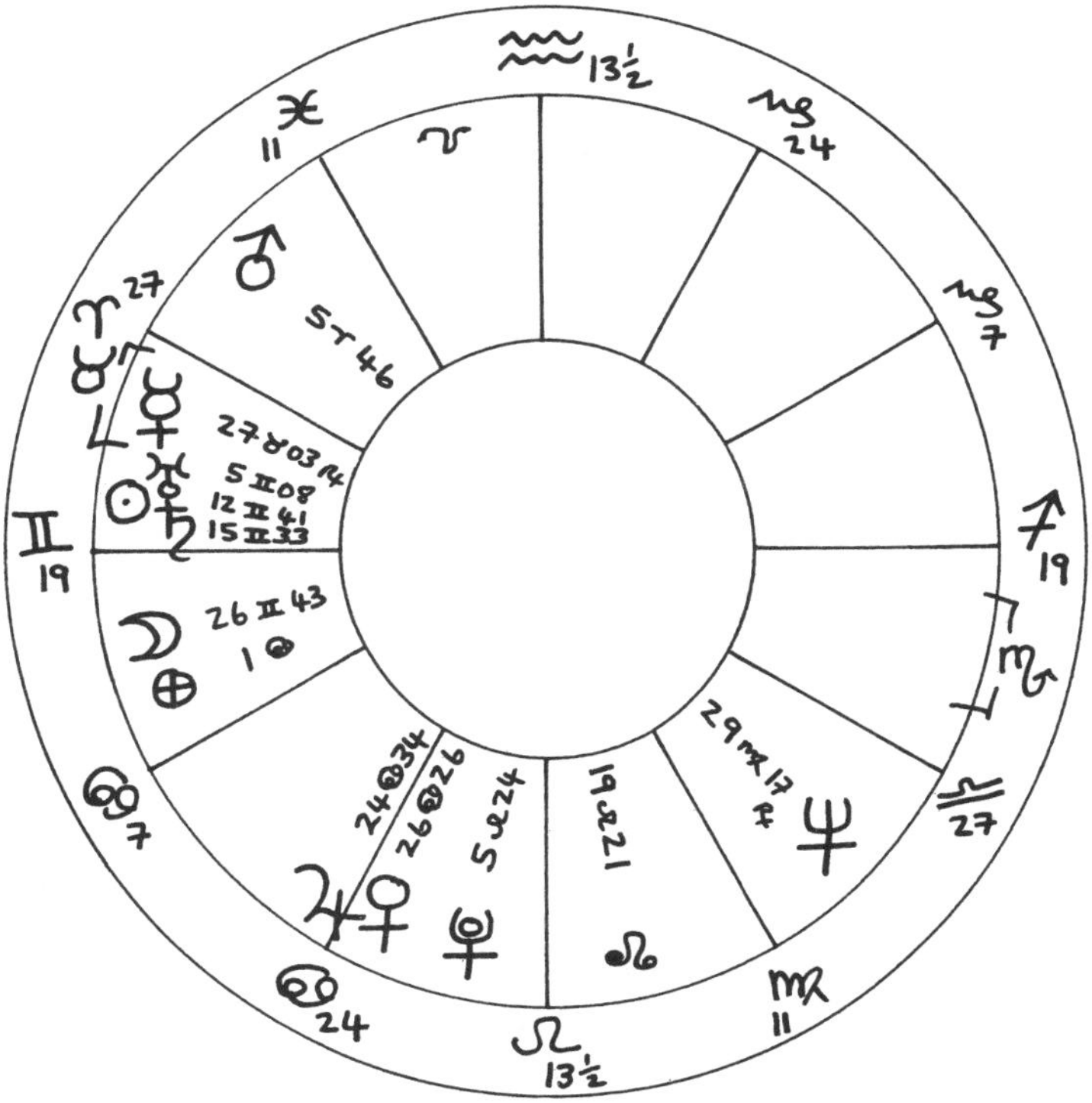

図A5.1　プエルBのチャート：あるアマルガム

☉太陽　☽月　☿水星　♀金星　♂火星　♃木星
♄土星　♅天王星　♆海王星　♇冥王星
♈牡羊座　♉牡牛座　♊双子座　♋蟹座　♌獅子座　♍乙女座
♎天秤座　♏蠍座　♐射手座　♑山羊座　♒水瓶座　♓魚座
☊ドラゴンヘッド　☋ドラゴンテイル

付録6　最後のいたずら

ユングが生涯の最後に取り組んだのは、錬金術のメタファーであった。ユングは一九六一年に他界しているが、彼の最後の大作は錬金術に関するもの、『結合の神秘』であった。ユングは、そのイメージ、とりわけ王と女王の結婚の中に、個人の心と人類の集合的心の両方に見られる対立物を見いだした。この研究は、分離と対立物の統合をめぐるあらゆる次元を扱うものである。

その数年間のユングの個人的状況と彼のホロスコープを見ると、実に印象的なタイミングが付置されていたことがわかる。一九五五年から一九五七年の時期は、天王星が彼のディセンダントと太陽を通過することで記される。そしてこれは、一九五八年から九年の天王星回帰へと続いてゆくものである。『結合の神秘』の第一巻は、一九五五年に書かれており、その年の秋に、ユングの妻は故人となる。これは「天王星がディセンダントに」最初に触れたときであった。そのほぼ四十年前、つまり「天王星がアセンダントを」通過したときが、彼の「宇宙的」パートナーであるフロイトとの決別があったことを思い出してほしい。ユングはいまや八十歳であり、エンマを亡くしてから、彼は「別な人間」になってしまったと言われている（ヤッフェ、『生涯と仕事』）。エンマの葬儀の後、気落ちしたユングは「彼女は女王だった！　彼女は女王だった！」とすすり泣いたという（ヤッフェ）。ユングは、王と女王の錬金術的結合についての研究を完成させようと骨を折ったが、太陽に接近する天王星、そしてプログレスの満月の示すように、彼自身の治世はもはや終わりに近づきつつあった。

ユングの錬金術における最後の研究をめぐって、彼のチャートでは、さらに別のシンボリズムも鍵として働いている。そしてこれは、驚くべきことでもないだろうが、メルクリウスの霊を表す占星術上のシンボル、水星にからむものである。ユングが『結合の神秘』を書いているときに、彼のプログレスの水星は蠍座（毒をしたたらせる竜）にあり、これは自身の水星にトライン、出生の天王星にスクエアであった。後者のシンボリズムは、書物を書いているときにそぐわない彼の個人的な悲しみを表すものかもしれないが、しかしこれはまたユングが母から受け継いだ、月‐天王星のスクエア、ナンバー2の不気味でオカルトの世界の要素、奇怪なアウトサイダーで、何か外におかれている要素を語ろうとするものかもしれない。メルクリウス、つまり結合を促し守る神を通じてユングは、王と女王、心と物質の神秘な結合を何とか語り明かそうとした。しかし、水星はプログレスし、出生の月にオポジションとなろうとしていたが、それが最後のいたずらを彼にしかけてきている。このプログレスのオポジションから、四分の一度のところで、水星は竜となり逆行を始め、月との完全なアスペクトを完成されない。再び言うが、月は牡牛座にあり、銀の容器、聖杯である。これは、とらえどころがなく、語り尽くせない。ユングは、錬金術的結婚の心的な意味を語ろうと格闘した。その結婚は、彼が言うのには、西洋文化における対立物、主観 - 客観の分裂の問題でもあった。彼は自身を、何年もの努力の結果、黄金も賢者の石も生み出せなかったことを正直に認める錬金術師にたとえるようになる。八十二歳のときの、生涯をかけた仕事でも、「結合の神秘の謎を解くことができなかった」ユングは、このように言っている。

私は、問題の後ろに隠れているもの——私たちの地平からは大きすぎるもの——についてぼんやりと気が付いています。人間の言葉で結合を扱うことは、混乱を引き起こす仕事なのです。そのときには、「メルクリウス的に」起こっているプロセス、つまり人間の思考や人間の言葉のレベルではないこと、つまり、ものを文節化する意識の領域にはおさまらないことを、強いて表現し形式化せねばならないからです。(『書簡集』第二巻、一九五七年十月十五日)

原注

第1章　魚座の時代

★1　Jung, C. G. (1951), *Aion—Researches Into the Phenomenology of the Self*, CW9 Part II (London : English translation by R. F. C. Hull, 1974 edition, p, 95). [『アイオーン』野田倬訳　人文書院　一九九〇年]

★2　ユングの占星術への学識は相当のものであった。ユングは、プトレマイオス、アブ・マーシャル、カルダン、フィルミクス・マテルヌスに精通していた。またアルベルトゥス・マグヌスとケプラーも読んでいたし、ピエール・ド・アリーとノストラダムスの予言を注意深く研究もしていた。また、一九世紀から当時の時代までのドイツの占星家から引用していた。彼の研究を通じて、占星家もよく知らないような情報源を用いていた。

★3　木星-土星のコンジャンクションは、ほぼ123度、ないしは星座4分進んでゆく。つまり、長い間にわたって、このコンジャンクションは同じエレメントで起こる訳である。たとえば、一八四二年（山羊座）から一九六一年（山羊座）まで、このコンジャンクションは途切れることなく地の星座で起こっている。

そこで、このコンジャンクションは約二〇〇年の間、次のエレメントへと進む「変わり目」まで同じエレメントに留まることになる。一九八一年の天秤座でのコンジャンクションは、風の星座への変わり目であった。が、しかし、次の二〇〇〇年の牡牛座でのコンジャンクションは地の星座であり、一時的に地の星座に戻る。

★4 *Aion*, op. cit., p. 78, fn39.

★5 水の星座である魚座での、紀元前七年の木星‐土星のコンジャンクションは、四つのエレメントをコンジャンクションが通過する八〇〇年周期の終わりを記すものと理解されていた。エレメントが交替するときには、交互にエレメントが入れ替わるオーバーラップ期間がある。この場合には、コンジャンクションは水と火の間を行ったり来たりしていた。紀元前七年に先立つコンジャンクションは、火の星座で起こっている（獅子座3度、紀元前二六年）が、紀元前七年のコンジャンクションは水の星座で起こっている。その次のコンジャンクションは、火の星座で起こる（射手座14度、紀元一四年）が、最終的な魚座のコンジャンクションが、紀元五四年に魚座の24度で起こっているのである。それ以後、サイクルは完全に火に移る。

このオーバーラップ期間では、紀元前七年のコンジャンクションは、八〇〇年間のサイクルをしめくくる「大交替」と考えられている。というのは、これは「三重のコンジャンクション」であったからだ。エレメントの交替の概念を知っていたかどうかにかかわらず、三重のコンジャンクション自体は、当時の占星家にとって非常に印象的であっただろう。三重のコンジャンクションは、珍しい現象なのだ。紀元前七年のそれは、紀元前一四六年から五年にかけてのそれ（蟹座）以来のものであった。また次に三重の合が起こるのは、紀元三三二年のことである。（天秤座）十二星座の最後の星座、魚座で起こったことを併せて考えれば、これはケプラーの考えにならって、紀元前七年のコンジャンクションをこのオーバーラップ期間の「大会合」と見なすのも納得できるだろう。紀元前七年の三重のコンジャンクションは、五月二十七日ごろ（魚座20度56分）、九月二十九日（魚座17度25分）、そして十二月三日（魚座15度34分）に起こっている。（データは、ニール・マイケルセン、『惑星現象の表』*Tables of Planetary Phenomena*［ACS, 1990］より。）ベツレヘムの星について、より詳細な議論については、デイヴィッド・ヒューズ『ベツレヘムの星の謎』*The Star of Bethlehem Mystery*（London : Dent, 1979）を参照せよ。またジョン・アディのキリストの誕生とマギについての論文は、『選集』*Selected Writings*（1976, AFA, Tempe, Az.）を参照。紀元前七年の「三重」の会合は「三人の博士」であったのであろうか。

★6　*Aion*, op. cit., p. 77.

★7　*Aion*, op. cit., p. 90.

★8　*Aion*, op. cit., p. 74.

★9　Aion, op. cit., p. 41.

★10　*Aion*, op. cit., p. 43.

★11　*Aion*, op. cit., p. 97。

★12　*Aion*, op. cit., p. 95.

★13　ユングのセルフの理解についての議論については、*The Journal of Analytical Psychology*（1963）のマイケル・フォーダムの研究を参照せよ。

★14　*Aion*, op. cit., p. 74.

★15　ニコラス・キャンピオンは、A・J・ピアースの『占星術教科書』*Textbook of Astrology*（1879）以前には、歳差とグレート・エイジを結び付けた占星術的資料は見つけられなかったといっている。M. Baigent, N. Campion, C. Harvey, *Mundane Astrology*,（1984, Aquarian Press, p. 127）を見よ。

★16 Hone, M. E. (1951), *The Modern Textbook of Astrology* (London : Fowler, pp. 276–80).

★17 Rudhyar, D. (1936), *The Astrology of Personality* (New York : Lucis). 春分点の歳差は、極軸の「首振り」運動によって示される。天の極は、二五、八六八年周期で、次々に別な星を北極星にしてゆく。グレート・エイジのシンボリズムは、したがって異なる北極星によって示される。

★18 Hand, R. (1982), *Essays On Astrology* (Rockport, Mass : Para Research, p. 158). 図1・3の年代はマギー・ハイドによる。

★19 ibid., p. 148.

★20 ibid., p. 152. この議論に関してはユングの *Aion*, op. cit. p. 93 も参照のこと。

★21 Cornelius, G., lectures in New Philosophy at Central Wandsworth Adult Education Institute, Mayfield, 1979. 私的な講義録

★22 Murray, G. (1935), *Five Stages of Greek Religion* (London : Watts, p. 42). 牡羊座の時代のこの時期は、またユダヤ教の形成期でもある。

第2章　ユング、フロイト、そしてオカルト

★1 Baumann-Jung, G. (1974), *Some Reflections on the Horoscope of C. G. Jung.* 講義は、一九七四年十月にチューリヒの心理学クラブで行われ、スプリング誌に掲載された。

★2 Jung, C. G. (1963), *Memories, Dreams, Reflections* (*MDR*), (Fontana Library edition, 1967), p. 59. [『ユング自伝――思い出・夢・思想』ヤッフェ編　河合隼雄他訳　みすず書房　一九七二―三年]

★3 *MDR*, op. cit., p. 50.

★4 *MDR*, op. cit., pp.26–30. ユングの三歳か四歳のときの最も初期の夢は、地下の黄金の玉座に「儀

式」のファロスが立っていたものである。ユングによれば、その意味は生涯の間ずっと頭を離れなかった。

★5 *MDR*, op. cit., p. 107.

★6 Lois Rodden, *American Book of Charts* (Astro Computing Services, 1980). ルイス・ロダンの『アメリカン・ブック・オブ・チャート』によれば、いくつかのユングのチャートが存在している。うち一つは、午後七時二〇分LMTを時刻として上げている。（MC蠍座28度14分、ASC水瓶0度7分）その一分前では、山羊座の上昇となる。さらに別なものでは、午後七時三七分の時刻をもとにしている。（MC射手座0度29分、ASC水瓶座3度16分）。私はユングの娘によって用いられたチャートをずっと使うことにした。彼女はこのホロスコープで父親本人と語り合っており、これがユング自身が使ったチャートであると思われる。

第3ハウスのカスプにある海王星を表すように、たくさんの混乱したチャートがユングのものとして出ている。マギー・アンソニーは、『ユングをめぐる女性たち』Maggy Anthony, *Valkyries——The Women Around Jung*（1990, Element）のなかで、誤ったチャートを再掲載している。これは、ユングの娘が用いた午後七時三二分を用いているが、これは、LMTではなく標準時として計算されているために、アセンダントが山羊座24度になってしまっている。これと同じいかがわしい海王星が、クリスティン・ヴァレンタインが用いたチャートにも同じ悪戯を働いている。Christine Valentine, *Images of Psyche*（1991, Element）。第3ハウス‐第9ハウスの軸が消えており、ハウスが十個しかなくなっているのだ。第3ハウスの海王星が、本書が何かルーズな過ちを起こさないよう、祈ることにしよう。

★7 *MDR*, op. cit., p. 49.

★8 *MDR*, op. cit., p. 36.

★9 Jung, C. G.（1983）, *The Zofingia Lectures*（London : RKP, *Collected Works*, Supplementary

Volume A), p. 34.
★10 ibid., p. 29-30.
★11 *MDR*, op. cit., p. 126.
★12 Jung, C. G. (1902),'On the Psychology and Pathology of So-Called Occult Phenomena', (CW1) reproduced in *Psychology and the Occult* (Princeton N. J. : Princeton University Press, 1977). この研究にユングがどうかかわったかについては、ユング派の文献の中でも相当の論争がある。スプリング誌（一九七八年）のジェイムズ・ヒルマン、及び同誌（一九八五／八六）の論争を見よ。
★13 Baumann-Jung, G., op. cit.
★14 *The Zofingia Lectures*, op. cit., p. 23.
★15 Freud, S. and Jung, C. G. (1974), *The Freud / Jung Letters*, (Princeton, N. J. : Princeton University Press, Harvard edition 1979). Letters 21J and 24J.
★16 フロイト－ユングのコンポジット・チャートでは、太陽、月、水星、金星がすべて双子座に入り、かつ水星は、双子座19度のコンポジットのディセンダントで沈もうとしている。
★17 *The Freud / Jung Letters*, op. cit., letter 50J.
★18 *MDR*, op. cit., p. 172.
★19 *MDR*, op. cit., p. 173.
★20 *The Freud / Jung Letters*, op. cit., letter 138J.
★21 *MDR*, op. cit., p. 179.
★22 The *Freud / Jung Letters*, op. cit., letter 139F.
★23 op. cit., letter 138J.

★24　ユングと妻のエンマは一九〇九年三月二十五日から三十日までの間、ウィーンを訪ねている。自伝によれば、ユングは、暗い泥流についての会話を、最初の会見である一九〇七年二月の「三年ほど後」のことだったと言っている。しかし、ユングが一九〇九年以後にウィーンのフロイトを訪ねたという記録はない。これについての議論は、*The Freud / Jung Letters*、二二六ページを参照せよ。

★25　*MDR*, op. cit., p. 173.

★26　Jones, E.（1957）, *Sigmund Freud : Life and Work*, Vol. III（London : Hogarth）, p. 402.［『フロイトの生涯』竹友安彦・藤井治彦訳　紀伊國屋書店　一九六九年］

★27　Eisenbud, J.（1983）, *Parapsychology and the Unconscious*（Berkeley : North Atlantic Books）.

★28　Carotenuto, A.（1984）, *A Secret Symmetry*（London : RKP）, p. xxxii.［『秘密のシンメトリー』入江良平他訳　みすず書房　一九九一年］

★29　*A Secret Symmetry*, op. cit., p. xxi.

★30　Roustang, F.（1976）, *Dire Mastery*（Paris : Johns Hopkins University Press, 1982 English translation by Ned Lukacher）.

★31　Jung, C. G.（1952）, *Sybols of Transformation*（CW5）（Princeton NJ : Princeton University Press, Bollingen ppbk. edition 1976）. もともとは *Transformations and Symbols of the Libido*（1912）として出版された。［『変容の象徴』野村美紀子訳　筑摩書房　一九八五年］

★32　ユングの火星についてのさらなる議論は付録2を参照。

★33　Jung, C. G.（1954）, *The Psychology of the Transference*（CW16）（Princeton : Bollingen 1969）, p.85.

★34 *The Freud/Jung Letters*, op. cit., letter 99F.
★35 *A Secret Symmetry*, op. cit., p. 112.
★36 *MDR*, op. cit., p. 149.
★37 *MDR*, op. cit., p. 149.
★38 *The Freud / Jung Letters*, op. cit., 133J.
★39 *MDR*, op. cit., p. 130.
★40 Freud to Ferenczi, 11 May 1911. Letter 254J, *The Freud / Jung Letters*, op. cit. への註として引かれている。

第3章　闇の領域

★1 The Freud / Jung Letters, op. cit., letter 175J.
★2 アントーニア・ヴォルフ Antonia Wolff 一八八八年九月十八日生まれ。時間は不明。GMT正午の惑星の位置は、太陽：乙女座25度58分、月：魚座5度40分、水星：天秤座15度7分、金星：天秤座14度38分、火星：射手座5度10分、木星：射手座1度2分、土星：獅子座15度53分、天王星：天秤座16度16分、海王星：双子座17度R、冥王星：双子座約5度35分
★3 Shamdasani, S. (1990), 'A Woman Called Frank' in *Spring Journal.*
★4 Jaffé, A. (1968), *From the Life and Work of C. G. Jung* (Zurich : Hodder & Stoughton, English translation by R. C. Hull, 1972), p. 119.
★5 Baumann-Jung, G., *Some Reflections on the Horoscope of C. G. Jung*, op. cit. Chapter 2°
★6 Brome, V. (1978), *Jung—Man and Myth* (London : Scientific Book Club), p. 252.

★7　*MDR*, op. cit., p. 128.
★8　*Symbols of Transformation*, op. cit.
★9　Miller, F., *Quelques Faits d'Imagination Creatrice Subconsciente,* in Archives de Psychologie V (Geneva, 1906), PP. 36-51.
★10　ユングのアニマ・イメージとしてのフランク・ミラーについての議論は、*A Woman Called Frank*, op. cit. を参照のこと。
★11　*Jahrbuch fur Psychoanalytische und Psychopathologische Forschungen,* published 1909 to 1913. Directed by Bleuler and Freud, edited by Jung.
★12　*Symbols of Transformation,* op. cit., p. 140.
★13　ibid, p. 127.
★14　ibid, p. 43.
★15　*Symbols of Transformation,* op. cit., p. 43.
★16　*A Woman Called Frank* op. cit.
★17　ibid.
★18　ibid. シャムダサニは、このコスチューム・パフォーマンスについての新聞記事をいくつか引用している。中世のロシア貴族のコスチュームでのレクチャーへの登場で、興味深さは最高潮に達した。そののち、コスチュームは北ロシアの農民の少女のそれになった。そしてまた、「現代のギリシアの芸術的、社会的、文学的、そして政治的状態の梗概であった。……ギリシアの領事は、観客が魔法にかけられたと言っている」
★19　フランク・ミラー Frank Miller は、一八七八年七月十一日、アラバマのモービルで生まれている。

GMT正午の惑星の位置は、太陽：蟹座19度14分、月：射手座16度11分、水星：蟹座27度34分、金星：双子座12度55分、火星：獅子座11度45分、木星：水瓶座3度57分R、土星：牡羊座2度54分、天王星：獅子座27度20分、海王星：牡牛座9度32分、冥王星：牡牛座26度7分、ノード：水瓶座14度29分

★20 *A Woman Called Frank*, op. cit.

★21 Jung, C. G. (1958), *The Psychogenesis of Mental Disease*, '*Schizophrenia*', CW3 (Princeton : Bolligen Series, 1982 edition). 一九五八年においても、ユングは代謝毒やそのほかの生化学的なものが分裂病の原因になる可能性を考えていた。彼の議論は、オカルト的リアリティとは大きく隔たっている。

★22 *MDR*, op. cit., p. 186.

★23 Jung, E., *The Freud / Jung Letters*, op. cit., letter 254J.

★24 ibid., letter 259J

★25 ibid, letter 259J

★26 *A Woman Called Frank*, op. cit.

★27 ibid.

★28 ibid.

★29 *Symbols of Transformation*, op. cit., p. 251.

★30 これについての議論は、Jung-Man and Myth, op. cit., p. 158 を参照。

★31 *The Freud / Jung Letters*, op. cit., letter 260F.

★32 *The Freud/Jung Letters*, op. cit., p. 462.

★33 *Zentralblatt fur Psychoanalyse*, directed by Freud, edited by Adler and Stekel.

★34 *The Freud / Jung Letters*, op. cit., letter 338J.

★35　*Symbols of Transformation*, op. cit., p. 161.

★36　一九一一年四月二十八日の牡牛座7度30分の日食は、まさに、牡牛座7度26分のフロイトのディセンダントに投下されている。その二日後、木星と土星が牡牛座の9度でオポジションを完成した。フロイトのディセンダントの日食は、つまり土星にコンジャンクションであり、彼のアセンダントを通過していた木星にオポジションだったのである。

★37　*MDR*, op. cit., p. 195.

★38　*MDR*, op. cit., p. 207.

★39　*MDR*, op. cit., p. 207.

★40　*MDR*, op. cit., p. 130.

★41　海王星のトランジットの詳細については、付録1を見よ

★42　*MDR*, op. cit., p. 188.

★43　Jung, E. and Von Franz, M.（1960）, *The Grail Legend*（Boston : Sigo Press English edition 1986）, Chapter 11.

★44　*MDR*, op. cit., p. 207.

★45　*MDR*, op. cit., p. 213.

★46　*MDR*, op. cit., p. 213.

★47　*MDR*, op. cit., p. 216.

★48　海王星のトランジットの詳細については、付録1を見よ。

★49　Von Franz, M.（1975）, *C. G. Jung――His Myth In Our Time*（London, Hodder & Stoughton）, p. 36.［『ユング　現代の神話』　高橋巌訳　紀伊國屋書店　一九七八年］

★50 *MDR*, op. cit., p. 217.

★51 *MDR*, op. cit., p. 217.

★52 *MDR*, op. cit., p. 225.

★53 Wilson, C. (1984), *C. G. Jung, Lord of the Underworld* (London, Aquarian Press). [『ユング 地下の大王』安田一郎訳 河出書房新社 一九八五年]

第4章 ユングは歌う——象徴的態度

★1 Jaffé, A. (1968), *From the Life and Work of C. G. Jung* (Zurich : Hodder & Stoughton, English Translation by R. C. Hull, 1972), p. 106.

★2 Jung, C. G. (1968), *Analytical Psychology* (London : RKP), originally delivered in English (1935) as *The Tavistock Lectures*, Lecture Four p. 115.

★3 ibid, p. 116.

★4 Jung, C. G. (1921), *Psychological Types*, CW6 (London : RKP English translation 1971), Chapter 11 paragraphs 814-829.

★5 ibid.

★6 ibid.

★7 ibid.

★8 ibid.

★9 Jaffé, A., op. cit.

★10 Cornelius, G. C. (1984), 'The Moment of Astrology——Katarche' Part III, *Astrology*

Quarterly*, Vol. 58 No. 1. 本書は、ペンギン・アルカナから一九九三年に出版される予定。［すでに出版済。*The Moments of Astrology*］

★11　Jung, C. G., *Letters, Vol I, 1906-1950* (London : RKP), letter to Dr. Kunkel, 10 July 1946, p. 430.

★12　See Curry, P. (1989). *Prophecy and Power, Astrology in Early Modern England* (Oxford : Polity Press).

★13　ロバート・チャンドラーの詩を見よ。'Conjunction' in *Bulletin* No. 3 (Summer 1990), Company of Astrologers.

★14　Cornelius, G., *The Moment of Astrology – Divination and the Subject-Object Split*, Part V, op. cit. note 10 を見よ。

★15　この問題を見て取るには、英国占星学協会のリサーチ・ジャーナルである *Correlation* をどの号でもよいからみるといい。

★16　Jung, C. G. (1949), *Foreword to the I Ching*, Wilhelm translation (London : RKP, 1951 English edition).［湯浅泰雄・黒木幹雄訳『東洋的瞑想の心理学』所収　創元社　一九八三年］

★17　Anthony, M. (1990), *The Valkyries*, (Element Books), p. 85.

★18　Jung, C. G., *Letters*, op. cit., letter to Mr. N., 25 October 1935, p. 201.

★19　St. James Church, Piccadilly, 1984.

★20　これは、「参与的指示象徴」として論じられている。Geoffrey Cornelius, *The Moment of Astrology, Part III*, op. cit.

★21　月食、一九九〇年二月九日金曜日GMT七時一七分。

★22 Elwell, D. (1987), *The Cosmic Loom* (London:Unwyn Hyman), p. 3.

★23 Radermacher, L., 'Charts-Dead Or Alive?', in Astrology *Quarterly* Vol 59 No. 2, Summer 1985.

★24 Jung, C. G., *Letters*, op. cit., letter to André Barbault, 26 May 1954, p. 175.

第5章　心理占星術——深層の意味を求めて

★1 Moore, T. (1982), *The Planets Within* (Great Barrington, MA : Lindisfarne Press 1990 edition).

★2 Leo, A. (1909), *How To Judge A Nativity* (London : Women's Printing Society), Introduction.

★3 Carter, C. (1974) 'The Astrological Lodge of the London Theosophical Society', published in *The Best in Astrology from IN SEARCH Vol. I* (Association for Research in Cosmecology, ed. Charles Jayne).

★4 Bailey, A. *Esoteric Astrology* (London : Lucis Press, 1951 edition).

★5 Carter, C. (1924), *An Encyclopaedia of Psychological Astrology* (London : Theosophical Publishing House).

★6 Rudhyar, D. (1976), *Person Centred Astrology* (New York : Aurora Press edition 1980), p. 42.

★7 op. cit., p. 100.

★8 Greene, L. (1984), *The Astrology of Fate* (York Beach : Weiser, London : Mandala), p. 4.

★9 Cornelius, G. (1991), 'Psychoanalysis, Divination, Astrology' in *Bulletin* No. 4, (London : Company of Astrologers), p. 2.

★10 Von Franz, M., (1972), *C. G. Jung——His Myth In Our Time* (London : Hodder & Stoughton, 1975 English edition), p. 131.

★11 Jung, C. G. (1951), 'The Psychology of the Child Archetype' in *The Archetypes and the Collective Unconscious* CW9, part I (Princeton : Princeton-Bollingen, 1980 pbk edition), p. 157.〔『続元型論』所収　林道義訳　紀伊國屋書店　一九八三年〕

★12 Jung, C. G. (1964), *Man and His Symbols* (New York : Dell Publishing), p. 87.〔『人間と象徴』河合隼雄監訳　河出書房新社　一九七五年〕

★13 ibid., p. 87.

★14 Jung, C. G. (1954), *Letters* (London : RKP), letter to Andre Barbault, 26 May 1954, p. 175-177.

★15 ibid.

★16 Hamaker-Zondag, K. (1980), *Psychological Astrology* (Wellingborough, U. K. : Aquarian Press), p. 13.

★17 Jung, C. G. (1954), 'Psychological Aspects of the Mother Archetype' in *The Archetypes and the Collective Unconscious*, CW9, Part I, op. cit., para. 156, p. 81.〔『続元型論』所収〕

★18 Greene, L. & Sasportas, H. (1987), *The Development of the Personality* (London : RKP), p. 313.

★19 Greene, L., *The Astrology of Fate*, op. cit., p. 14.

★20 Urania Trust Conference, 8-9 February 1986, Imperial College. これはジェフリー・コーネリアス Geoffrey Cornelius の *Astrology Quartery*, Vol. 60, No. 1 の序文に報告されている。すなわち、（リズ・グリーンは）サイコセラピー経験のない占星家は、「不正医療をしているにも等しい」といったことで現代イギリスの意見を真っ二つに別れさせた。

★21 Greene, L., *The Development of the Personality*, op. cit., p. 223.

★22 Greene, L., *The Development of the Personality*, op. cit., p. 306.

★23 ibid., p. 313.

★24 ibid., p. 311.

★25 「指示星を定める（Locating Significance）」は、チャート解釈の、このアプローチを示すために用いられるものだ。それは、生徒にカギとなるホロスコープのテーマを発見させ、チャートのなかに見られるさまざまなシンボリズムを秩序づけ、明確にさせることを目的にしている。

★26 占星術における「テイク」の概念の発達の説明としては、下記の記事を見よ。
Wells, V.（1983）, 'Takes-Superman', *Astrology Quarterly*, Vol. 57 No. 2, p. 46.
Watson, G.（1983）, '"Takes" and Astrological Interpretation', *Astrology Quarterly*, Vol. 57, No. 4. この記事は、映画製作における用語を適応してチャートを理解することの歴史を示している。「異なるアングルのカメラが同じ被写体の別な面を明らかにする。それと同じように、同一のチャートの異なる『テイク』が、異なる文脈のなかでの解釈を提供する。」ゴードン・ワトソンはまた「テイク」を可能にする条件をも列挙する。「占星術のチャートを白紙のように見なし、何でも好きなことを読み取れるとは思わないようにするため」である。

★27 Cohen E. D.（1976）, C. G. *Jung and the Scientific Attitude*（Totowa, New Jersey : Littlefield, Adams & Co). コーエンは、ヒルマンのコメントを参照する（一四六ページ）。しかし、それ以上の詳細は与えられていない。

第6章　心の地図

★1　Jacobi, J. (1942), *The Psychology of C. G. Jung* (London : RKP 1968 edition), p. 5. [ヤコービ『ユング心理学』高橋義孝監修・池田紘一他訳　日本教文社　一九七三年]

★2　ユングが「他者」を「自己」として見る傾向は、獅子座の太陽がディセンダントに位置していることで象徴されている。

★3　Greene, L. (1977), *Relating* (London : Coventure), p. 25. [『占星学』岡本翔子・鏡リュウジ訳　青土社]

★4　Greene, L., *The Astrology of Fate*, op. cit. p. 316.

★5　Arroyo, S. (1975), *Astrology, Psychology and The Four Elements*, (California : CRCS). アロヨの、全体論的アプローチからエネルギー論的アプローチへの動きに注意せよ。

★6　Morrell, M., ‘Astrology and Modern Psychology’ in In *Search* Vol. II, Nos. 1 and 2.

★7　ibid.

★8　Hand, R. (1981), *Horoscope Symbols* (Rockport : Para Research), p. 184.

★9　Jung, C. G. (1955-56), *Mysterium Coniunctionis*, CW14 (Princeton : Princeton University Press), para. 222, p. 178. [ユング『結合の神秘』池田紘一訳　人文書院　一九九五年]

★10　Rudhyar, D. (1976), *Astrology and the Modern Psyche* (Davis : CRCS Publications). 本書第5章のユング心理学のアニマ・アニムスと、占星術の月のシンボリズムの記述も参照のこと。

★11 Morrell, M., op. cit.

★12 Hand, R., op. cit., p. 196.

★13 この子供はアセンダントとコンジャンクションになった冥王星の上昇を持っていた！ 拙論 'Greenham Women', in *Astrology Quarterly*, Vol. 58 No. 1, Spring 1984 を見よ。

★14 Jung, C. G., *Mysterium Coniunctionis*, op. cit., para. 228-32.

★15 Von Franz, M. & Hillman, J., (1971), *Lectures on Jung's Typology* (Zurich : Spring Publications). フォン－フランツによるレクチャーにこうある。「心の発達における劣等機能の役割について。私たちの優勢性による傲慢さによって、「低開発国」を見下し、そこに自身の劣等機能を投影する！ 低開発国は、自分のなかにある！ 劣勢機能はしばしば、野性的な黒人ないしインディアンとして現れる」（五五ページ）。

第7章　シンクロニシティ――共時性

★1 Jung-Fordham, editorial correspondence.

★2 Jung, C. G. (1952), *Synchonicity——An Acausal Connecting Principle* (London : RKP 1972 English edition, p. 36). CW8. も参照のこと。［ユング『自然現象と心の構造』所収　海鳴社　一九七六年］

★3 ibid, p. 145.

★4 ibid, p. 145.

★5 See note 26, Chapter 2.

★6 Freud, S., *Introductory Lectures on Psychoanalysis* (London : Penguin——The Pelican Freud

Library). See Lecture 2, Parapraxes (1916), p. 39.

★7　Synchronicity, op. cit., p. 89.

★8　Von Franz, M. (1972), *C. G. Jung——His Myth In Our Time*, (London : Hodder & Stoughton, 1975 English edition).

★9　Progoff, I. (1973), *Jung, Synchronicity and Human Destiny* (New York : Julian Press), p. 152.［『ユングと共時性』　河合隼雄・河合幹雄訳　創元社　一九八一年］

★10　Von Franz, M. (1980), *On Divination and Synchronicity* (Toronto : Inner City Books).

★11　Jung, C. G. (1930), *In Memory of Richard Wilhelm,* は一九三〇年五月十日にマインツで読まれた。ヴィルヘルムの『黄金の華の秘密』は、一九三一年に出版されたが、ユングの追悼講演は、一九五七年まで、ユングの序文及びコメンタリーの中には収録されなかった。

★12　Jung, C. G. (1949), *Foreword to The I Ching,* (London : RKP 1951 edition).

★13　Jung, C. G. (1954), *Letters* (London : RKP), letter to Andre Barbault, 26 May 1954, p. 1754-77.

★14　*Foreword to the I Ching,* op. cit. Note : This was originally written in English.

★15　Progoff, I., *Jung, Synchronicity and Human Destiny*, op. cit., p. 152.

★16　*Synchronicity*, op. cit., p. 56.

★17　Wilder, T. (1927), *The Bridge of San Luis Rey,* (London : Penguin edition).

★18　Koestler, A. (1972), *The Roots of Coincidence* (London : Picador), p. 98.［『偶然の本質』村上陽一郎訳　蒼樹書房　一九七四年］またマイケル・サリスが『時間について』*On Time* の中でシンクロニシティとの関連で語っている、叙述的科学と説明的科学の有益な区別も見よ。

★19　*Synchronicity*, op. cit., p. 53.
★20　Von Franz, M., *C. G. Jung——His Myth In Our Time*, op. cit., p. 238.
★21　それぞれの「心理的状態」はおそらくユングだけが「正確にわかって」いた。
★22　*Synchronicity*, op. cit., p. 79.
★23　*Synchronicity*, op. cit., p. 86.
★24　*Synchronicity*, op. cit., p. 85.
★25　*Synchronicity*, op. cit., p. 89.
★26　*Synchronicity*, op. cit., p. 118.
★27　Progoff, I., *Jung, Synchronicity and Human Destiny*, op. cit., p. 7.
★28　*Synchronicity*, op. cit., p. 142.
★29　*Synchronicity*, op. cit., p. 14.
★30　*Synchronicity*, op. cit. 七匹の魚の他に、ユングの七人の客の話が七七ページの註7に載っていることにも留意せよ。ユングはシンクロニシティの論文が初めて出版されたとき七十七歳であった。また魚座の私が、繰り返し、このような魚の現れる註の間を泳いでいることにも留意せよ。
★31　Jung, C. G. (1958), 'An Astrological Experiment', in *The Symbolic Life*, CW18 (London : RKP 1977 edition), para. 1177, p. 495. 最初の科学的な照合ですら、参与者の心の状態を反映していたようだ。

第8章　実際の占星術——偶然の一致の解釈

★1　Davison, R. (1963), *Astorology* (London : Granada).

★2　またこれは、偶然の一致の意味（第9ハウス）を見いだそうとするKの執拗さを表す。
★3　Carter, C. (1930), *Astrological Aspects* (London : Fowler), p. 85.
★4　病院の予約：一九七六年五月十七日、午後二時、ロンドン。
★5　妻の出生時刻は正確には分からない。それは、一九二七年五月三十一日の「ほとんど日付が変わる夜遅く」と言われている。
★6　Kはこの口論の時刻を覚えていない。彼が冗談を言ったときの時間を尋ねたところ、即座に「午前一〇時頃」と答えた。
★7　度数によるミューチュアル・レセプションの技法は、アイヴィ・ゴールドスタイン-ヤコブソンの著作 *Simplified Horary Astrology* において発明された技法である。これはまた、出生図においても用いることができるように見える。ミューチュアル・レセプションの惑星は、それぞれが支配する星座へと移動させることができるが、そのときには度数はそのままにしておく。こうすると、新しいアスペクトが生まれるわけだが、ホラリーではこれは、新しいアスペクトが示す、何か行動ができる可能性を示すものとなる。デレク・アップルビィは、この技法を実際の場面で多様していた。とくに彼はその実際的応用を、その著 *Horary Astrology* (London : Aquarian Press) で広範に示している。
★8　アセンダントの太陽は「再生」のシンボリズムではあるが、Kの冗談はまた、シンボリズムを通しての再生でもあった。これは、ユングの考えるシンボルの役割と完全に一致する。冗談のマップのアセンダントとKが受けた太陽がともに獅子座の3度、つまりユング自身の出生の太陽と同じ度数であることに留意せよ。

第9章　天空を引き伸ばす

★1　*In Memory of Richard Wilhelm*, ibid. 第7章註11参照。

★2　冥王星は、一九三〇年二月十八日　午後四時、2300UT に、アリゾナ、フラッグスタッフのローウェル天文台で発見された。

★3　冥王星は一九三〇年三月十四日午前八時に、オックスフォードで命名された。冥王星のデータに関する議論は *Astrology Quarterly*, Vol. 58 No. 4, Winter 84 / 85 を参照のこと。

★4　ユングの、一九世紀、二〇世紀の占星術関連の蔵書の中には、英国の占星術家による、下記のような書物が含まれていた。

Alan Leo, *Astrology For All* (1904), *How To Judge A Nativity* (1908), *The Key To Your Own Nativity* (1910), *The Progressed Horoscope* and *Saturn the Reaper*.

Sepharial, *The New Mannal of Astrology* in four volumes.

Pearce, *Textbook of Astrology* (1911).

Carter, *Encyclopaedia of Astrology* (1926).

また、ユングは一九二〇年代に出版されたドイツ語の文献、とりわけ時期測定関連のものを所有していた。

★5　ユングのラテン語の文献は、プトレマイオスの伝統に沿うものであり、ホラリー占星術の権威者の文献はもっていなかった。

★6　Cornelius, G. (1983), 'The Moment of Astrology――The Moment of Astrology in the Ptolemaic Tradition' Part I, *Astrology Quarterly*, Vol. 57 No. 3. See also note 10, Chapter 4.

★7　Cornelius, G. (1978), *Old Lumps of Rock――Conceptual Foundations of Astrology*, The Carter

Memorial Lecture 1978 at the Astrological Association Conference.

★8　このチャートでは、技術を表す第6ハウスの射手座の終わりに月があり、第12ハウスの双子座の金星にオポジションになっている。

★9　Greene, L. (1976), *Saturn,* (New York : Weiser).

★10　Harding, D. E. (1961), *On Having No Head,* (London : The Buddhist Society). 六〇年代には、ハーディングのヴィジョンがインクレディブル・ストリング・バンドのマイク・ヘロンに「Douglas Traherne Harding」という歌をかかせることになる。この歌はこう始まる。

When I was born I had no head
My eye was single and my body was filled with light
（生まれたばかりのころ、僕には頭がなかった。目はひとつで体は光で満ちていた）

★11　ibid.

★12　ibid.

★13　ibid.

★14　Cornelius, G., *The Moment of Astrology* Part I, op. cit.

★15　Blake, W. (1797-1800), *Vala, or The Four Zoas,* Night the Third, (London : Longman edition 1971).

★16　Cornelius, G., 'The Moment of Astrology——The Metaphysical Coup d'Etat by Natal Astrology', Part IV, *Astrology Quarterly,* Vol. 58 No. 2, see note 10, Chapter 4.

★17　Rudhyar, D. (1936), *The Astrology of Personality,* (New York : Lucis Publishing). Chapter 2, Astrology and Analytical Psychology を参照。

★18　Greene, L.（1984）, *The Astrology of Fate,*（New York : Weiser, London : Mandala）, p. 295.

★19　ibid., p. 312.

★20　ibid., p. 277.

★21　ibid., p. 313.

★22　ibid., p. 286.

★23　ibid., p. 312.

★24　ibid., p. 283.

★25　Jung, C. G., *Synchronicity*, op. cit., p. 89.

第10章　秘密の共謀関係

★1　Heaton, J.（1990）, *Metis—Divination, Psychotherapy and Cunning In telligence*（London : Company of Astrologers）.

★2　Lilly, W.（1647）, *Christian Astrology,*（London : Regulus edition 1985）, p. 627.

★3　主観‐客観の分裂のディレンマについては、Pirsig, R. M.（1974）, *Zen and the Art of Motorcycle Maintenance*（London : Bodley Head）を見よ。

★4　*Synchronicity*, op. cit., p. 86.

★5　Watson, G.（1991）, Company of Astrologers course descriptions. 精神分析家ジャック・ラカンの仕事に影響されて、ゴードン・ワトソンは、チャートを「知っていると考えられる人物」であるのではと示唆している。

★6 Jacobi, J. (1942), *The Psychology of C. G. Jung* (London : RKP 1980 edition), p. 82 を参照。

★7 夢見手は、のちに、この夢はシリーズの一つではなかったと報告している。

★8 Plotinus.

★9 'Aurelia Occulta' in *Theatrum Chemicum IV* (1659), p. 501, quoted by Jung (1942) in *Alchemical Studies*, CW13, (London : RKP 1967 edition), para. 267, p. 218.

第11章　占星家の宇宙——錬金術的イメージ

★1 Cornelius, G. (1978), 'An Anti-Astrology Signature', *Astrology Quarterly*, Autumn 1978.

★2 Wells, V. (1990), 'The 2.15 at Catterick', *Bulletin No. 3*, Company of Astrologers.

★3 Tobyn, G. (1991), 'An Omen in the Light of Astrology', *Bulletin No. 4*, Company of Astrologers.

★4 Hillman, J., 'The Therapeutic Value of Alchemical Language' in *Methods of Treatment in Analytical Psychology*, Ed. Baker.

★5 Watson, G. (1981), 'Astrology As A Spiritual Vehicle', *Astrology Quarterly*, Autumn 1981.

★6 Jung, C. G. (1935), *Analytical Psychology——Its Theory and Practice : The Tavistock Lectures* (London : RKP 1968 English edition), Lecture Five, p. 170. 医学のバックグラウンドをもつユングは、分析家は「治療」とかかわるものだと前提していた。

★7 ibid., p. 157.

★8 ibid., p. 157.

★9 Jung, C. G. (1944), *Psychology and Alchemy*, CW12 (London : RKP 1953 edition), para. 346, p. 245.

★10 Greene, L. and Sasportas, H. (1988), *Dynamics of the Unconscious* (London : Penguin Arkana).

★11 ibid., p. 324.

★12 Hyde M. (1984), 'Planetary Rulerships : Old and New', *Astrological Association Journal*, Autumn 1984.

★13 Kollerstrom, N. (1984), *Astrochemistry——A Study of Metal-Planet Affinities*, (London : Emergence).

★14 'Aurelia Occulta' in *Theatrum Chemicum IV* (1659), p. 501, quoted by Jung (1942) in *Alchemical Studies*, CW13, (London : RKP 1967 edition), para. 267, p. 218.

★15 Hilman, J. ibid.

★16 Jung, C. G., *Synchronicity*, op. cit., p. 33.

★17 ibid., p. 31.

★18 Courses at the Company of Astrologers.

★19 Ashmole, E. (1652), *Theatrum Chemicum Britannicum*, London.

★20 *MDR*, op. cit., p. 84.

用語解説

鏡リュウジ

本書は占星術の基本的な知識があることを前提にして書かれているので、初心者の方は面食らうことが多いかもしれないが、難解だと思われるむきは、無理をせずにチャート解釈の部分は読み飛ばしていただいてもかまわないと思う。それでも十分に著者の意図は伝わるはずだ。

ただし、マギー・ハイド女史のあざやかなチャート解釈も本書の醍醐味の一つである。以下の用語解説を参考にされながら一つ一つ解読のルートをたどってゆくのも楽しいと思う。最低限の占星術の知識については、石川源晃氏の『占星学入門』シリーズ（平川出版社）などを参照されるとよいだろう。

アスペクト　表1を参照。

アンギュラー

十二のハウスは、アンギュラー、サクシーデント、キャデントの三つに分類される。アンギュラーは、第1、4、7、10ハウス。サクシーデントは第2、5、8、11ハウス、キャデントは第3、6、9、12ハウスを指し、とくにアンギュラーのハウスに入った惑星は重要な力を発揮すると考えられる。

表1　主要なアスペクト

記号	名称	角度	意味
☌	コンジャンクション	0°	惑星相互の意味を強化
☍	オポジション	180°	対立、緊張、自覚
△	トライン	120°	調和、円滑
□	スクエア	90°	困難（ただし、精力的で建設的）
✱	セクスタイル	60°	調和、創造的（△より弱い）
⚺	セミ・セクスタイル	30°	円滑さにやや欠ける、持続

イングレス

入座、入宮のこと。惑星がある星座から次の星座宮に移動して入ることを指す。

インターセプト

十二のハウスは、それぞれ大小があり、ときには一つのハウスの中に一つの星座がすっぽりと収まってしまうことがある。このとき、その星座がインターセプトされている（挟まれている）という。

オーブ

惑星がアスペクトを取るとき、正確にその角度をとらなくてもアスペクトをとっていると認めることのできる許容範囲のこと。伝統的な占星術では詳細なルールによってオーブが決定されているが、一般的にはプラスマイナス五度前後を考える。

コンバスト

太陽がほかの惑星と正確なコンジャンクションを形成した場合、太陽の光によって相手の惑星の力が「焼き尽くされて」しまうと考えられる。これをコンバストという。

カスプ

ハウスとハウスを仕切る境界線のこと。

サターン・リターン

土星回帰。土星が出生時の位置に戻ってくることをいう。だれにとっても二十九歳のころ、五十九歳から六十歳のころがサターン・リターンの時期にあたり、人生上の重要な転機になると考えられている。

シナストリー

相性を占う占星術、ないしその技法のこと。本書では二人のホロスコープを重ね合わせ、お互いの惑星が作る相互のアスペクトを見ることをさす。

セパレート

ある惑星が、ほかの惑星と正確なアスペクトを形成したのちに、オーブ圏内ではあっても、しだいにアスペクトを解除してゆくこと。分離。

逆に正確なアスペクトに向かってゆくときにはアプライ（接近）という。

ディスポジター

ルーラーの配列。たとえば、水星が射手座に入っていれば、水星のディスポジターは木星（射手座のルーラー）となる。ディスポジターの配列は惑星のエネルギーが流れる水脈のようなものと考えられている。

ノード

本書では見かけの太陽の軌道と月の軌道が交わる交点二つをさす（月のノード）。

月が上昇してゆく点をノース・ノード、下降してゆく点をサウス・ノードと呼ぶ。

パーフェクション
　アスペクトの完成。そのままではアスペクトを形成しない二つの天体を、動きの早い第三の天体がかかわることでアスペクトを成立させること。

プログレス
　出生図の惑星やアセンダントの位置を象徴的な方法で動かして行って、未来の出来事や流れを判断する方法。一般的には、出生後の一日を出生後の一年に相当すると考えて星を動かす。例えば三十歳のときの運勢を見る場合には、生まれてから三十日後の星の動き、あるいはその三十日後の星の動きと出生図の星の相互の関係を比較する。

ボイド
　月が、その星座を抜けるまでに、ほかのどの天体とも主要なアスペクトを、接近のかたちでとらない期間のこと。この期間は、契約などが無効になると考えられている。

ホラリー占星術
　出生占星術にたいして、ある質問が発せられたときの、その瞬間のホロスコープを作成して判断する方法をいう。その解釈のルールは複雑で独特なものがある。

ミューチュアル・レセプション
　お互いの支配星（ルーラー）を交換している状態。たとえば、太陽が蟹座、月が獅子座に入っているようなケース。その解釈は人によって異なるが、特別なルールとしてミューチュアル・レセプションの場合、ハウスの意味を交換することもできるといわれている。

ルーラー　本書三三七頁、図11・1も参照。
　支配星のこと。太陽は獅子座の、月は蟹座の、水星は双子、乙女座の、金星は牡牛、天秤座の、火星は牡羊、蠍座の、木星は射手、魚座の、土星は山羊、水瓶座の、天王星は水瓶座の、海王星は魚座の、冥王星は蠍座のルーラーである。

ルナー・リターン
出生図の月と同じ位置に月が戻ってくること。約二十八日に一度起こり、この瞬間のチャートが、それ以降約一ヵ月の運勢を示すという。同様に太陽の回帰は誕生日のころに起こるが、これをソーラー・リターンという。

惑星の品位（ディグニティ）
惑星は、入っている星座によってその力に強弱が生まれるとされている。
これを惑星の品位（ディグニティ）といい、とりわけホラリーなど伝統的な占星術で重視されている。自分の支配している星座に入ったとき、その惑星は「ディグニティ」であり、パワフルな力を発揮する。またエギザルテーション（高揚）の星座にあるときには、その惑星のよい面が発揮される。逆にデトリメント（損）やフォール（失墜）の位置にあるときは惑星の力が弱まったり、悪い面が発揮されやすいという。

太陽は獅子座を支配、牡羊座で高揚、水瓶座で損、天秤座で失墜。
月は蟹座を支配、牡牛座で高揚、山羊座で損、蠍座で失墜。
水星は双子座と乙女座を支配、射手座、魚座で損、魚座で失墜。
金星は牡牛座と天秤座を支配、魚座で高揚、牡羊座、蠍座で損、乙女座で失墜。
火星は牡羊座と蠍座を支配、山羊座で高揚、牡牛座、天秤座で損、蟹座で失墜。
木星は射手座と魚座を支配、蟹座で高揚、双子座、乙女座で損、山羊座で失墜。
土星は山羊座と水瓶座を支配、天秤座で高揚、蟹座、獅子座で損、牡羊座で失墜。

『ユングと占星術』新版によせて

マギー・ハイド　鏡リュウジ訳

『ユングと占星術』は一九九二年に刊行された。時あたかも欧州とアメリカにおいて、占星術の流行が大きなうねりを見せていた一九七〇年―九〇年代さなかのことである。霊的あるいは宗教的な探求、そして「代替哲学《オルタナティヴ・フィロソフィ》」を求めるニューエイジ運動が秘教やオカルトへの、とりわけ占星術と易への関心を復興させることになったのだ。占星術と易はともに古代からの伝統であり、その意味では「代替」物などではないのだが、しかし、優勢である科学的パラダイムにたいしては代替的であったと言えるだろう。当時、占星術は伝統的な予言のかたちで身動きがとれなくなっているか、平凡な性格描写に安住しているか、さもなければ科学的な方法で自身の実効性を証明しようとしているか、といったところだった。こうした動きのどこが「ニューエイジ」なのか。鍵は占星術が心理学を吸収して「魂の成長」という志向性を取り入れたことにある。そのことがホロスコープの象徴を通じて個人の心の理解と魂の成長を目指す「心理学的占星術」の発展を促すことになったのだ。占星術は「心の地図」として興隆することになった。その着想の源になったのはユングである。ユングは医師であったが神秘主義やオカルティズムにも親和的であり、その哲学は科学と宗教の分裂に深くかかわるものだった。ユングはその分裂を自分自身の中のＮｏ１とＮｏ２の人格として見ていた。シンボリズムや占い（divination）を研究したユングは、西洋に易を紹介し、ときに心理療法の患者のホロスコープを検討したりもしていた。[1] ユング心理学を援用した多くの新しい占星術の書物が、「心の地図」をどのように読み解くかを指南するようになった。その類の中ではリズ・グリーンの一連の著作はもっとも際立っている。[2] この『ユングと占星術』は、しかし、心理占星術には批判的である。心理占星術はホロスコープの象徴を狭めている。また読んで頂ければおわかりになるように占星術家が客観的に観察できるような「心の地図」などは存在しないのである。ユングの理解のごとく、心は主観的な個人の内部には限界づけられない。心はより大きな世界の中に自らを見出すものでもあるのだ。

　ユングの存命中にはユングがオカルト思想にいかにのめり込んでいたかはあまりよく知られていなかった。しかし、易と占星術の実践する占術家には明らかなのだが、ユングは真の意味で魔術を、また占い（divination）の深さを掴んでいた。拙著『マンガ　ユング心理学入門』[3] は、占星術家ではない一般向けに書いたものだが、ユングの占い、あるいは神秘的なものへの関心を強調しすぎていると批判的な評もいただいた。しかし、その後、二〇〇九年にユングの『赤の書』が刊行された。[4] この書は、ユング本人、さらにユングの生涯にわたる分析心理学の成立そのものがいかに広く秘教とオカルト、そして魔術的思考に根ざしているかを明らかにしたのだった。

1　Jung, C.G., (1949), *Foreword to the I Ching, I Ching, Book of Changes*, trans. Richard Wilhelm (London: RKP 1951 edition).
C. G. ユング著　湯浅泰雄・黒木幹夫訳『東洋的瞑想の心理学』創元社　昭和五八年所収「易と現代」

2　Greene, L. & Sasportas, H. (1987). *The Development of the Personality* (London: RKP).

3　Hyde, M. (1992). *Jung for Beginners* (UK, Icon Books). Reprinted from 2004 as *Introducing Jung*. New updated edition from 2015, *Jung: A Graphic Guide*, (UK, Icon Books 2015).
マギー・ハイド著　小林司訳『マンガ　ユング入門』講談社　二〇一〇年

4　Jung, C.G., *The Red Book, Liber Novus*. Edited and Introduced by Sonu Shamdasani. Trans. by M. Kyburz, J. Peck and S. Shamdasani (Norton: 2009).
ユング著　ソヌ・シャムダサーニ編　河合俊雄監訳『赤の書』創元社　二〇一〇年

『新たなる書：赤の書』

フロイトとの決別後、ユングは心理的な危機状態に陥ったことから自身の無意識の探求に漕ぎ出した。浮かび上がってきたインスピレーション、ファンタジー、夢、そしてヴィジョンを『黒の書』として知られるノートにユングは記していった。[5] 一九一三年から一九三〇年にかけてユングはこの記録を美しく装飾して清書し、Ｎｏ２の霊的な世界との深淵な出会いを描写している。これが『赤の書』として知られる『新たなる書』である。それはユングを打ちのめした「わたしの人生を作り替えた火」をもたらした「溶岩の流れ」を明らかにしている

ユングは自分の死（一九六一年）以前には『赤の書』を刊行する意図はなかったし、実際この書は二〇〇九年一〇月まで出版されなかった。この書を詳しく編集、注解したソヌ・シャムダサーニは、『赤の書』が「ユングの業績を理解する新しい時代」の可能性を開くとみる。[6] これはユングを大きく見直《リヴィジョン》すことになるだろう。そしてそれはまた、占星術を見直すことにもなるはずだ。

『赤の書』は心を生気のない状況から救い出すべく、啓蒙主義以降の科学的合理主義に対して戦いを挑んでいる。シャムダサーニはユングが「西洋の科学が見放したものと、西洋の科学を和解させようと」試みたと指摘する。[7] これは二種類の真実、二つの次元、「**この時代の精神**」と「**深みの精神**」（ユングのＮｏ１とＮｏ２の人格のような）の二つの認識形式を導いた。「この時代の精神（時代精神、ツァイトガイスト）は有用性を重視する。それは理性や説明を求め、この時代精神の下では人はもはや神々を持たない。科学を指向するユングはこの精神に囚われており、科学を破棄することはできなかった。だが、ユングは自分自身の魂と対話したとき、自分の魂は「この時代の精神」によって病んでしまっている事を悟る。ユングは魂を科学的な対象物にしてしまう心理学にも満足できなかっ

たのである。

それと対照的に「深みの精神」は象徴によって活性化され、預言を通じて語りかける。『赤の書』の冒頭は聖書の預言（イザヤ書）から始まり、その「第一の書」は「来るべきものの道」[8]とされている。最初には、黄道帯の下に広がる町を描く宇宙論的な挿画で彩られた枠組みが見られる。しかし、「深みの精神」は偶然性と矛盾に満ちたカオス的世界と結び付けられている。それは不可解であり、パラドクスに満ちているものだ。第三の書においては、深みの精神はアブラクサスの神と同一視されている。それはヒキガエルと魔術の神であり、この精神は「星たちと無限の宇宙を志向している」[9]ことを思い起こさせる。

イズドゥバル

『赤の書』においてユングは、この二つの異なる精神の戦いによって傷ついた、自身の魂を救うファンタジーの旅に出る。その旅路でユングは太陽神イズドゥバルに出会う。イズドゥバルは、日没の場所である西へと向かっていた。西の方から来たユングは、イズドゥバルに実際には「沈む」ことはないと告げてしまう。科学的で太陽中心的な宇宙という真実においては地球のほうが太陽の周りを

5 Jung, C.G., *The Black Books*, seven volume set, edited Shamdasani, S. (Norton: London 2020).
6 Shamdasani, S, Lecture at the London launch of *The Red Book*, 7 November 2009, London.
7 Ibd.
8 Jung, C.G. *The Red Book*, op.cit., p.229
9 これはユングがＮｏ２の人格として描写したものと似ている。Jung, (1963), *Memories, Dreams, Reflections* (Fontana Library edition, 1967), p.59.『ユング自伝』を見よ。

巡っているのである。コペルニクスが提唱し啓蒙時代に確たるものとなったこの知識は、プトレマイオスによる地球中心の、前近代的宇宙を駆逐してしまった。

鏡リュウジはこのように言う。

「『西』は、古代エジプトをはじめ多くの文化では太陽が沈む場所である。西は太陽が下降し、死ぬ場所でもある。そして太陽はのちに再生する。……それは死と再生の永遠なる周期のために必要不可欠な境界なのである」[10]

地球が自転し、太陽が沈まないなら　イズドゥバルにとって西の地は存在しないということになる。近代の宇宙においてイズドゥバルの場所はないのだ。

ユングからのこの知らせはイズドゥバルには毒となった。イズドゥバルはなぜ真理が毒となるのか理解できない。もしそれが真理だとするのなら、どうしてそれは毒なのか。「われわれの占星術師や聖職者」が語る真理は毒ではなかった。ユングはイズドゥバルに二種類の真理があるのだという。一つは「外のものごと」からの知識であり、他方は「内的なものごとの守り手」たる聖職者の知識である。[11] 私たちは後者の真理こそ、イズドゥバルにとって中心であった前近代の宇宙秩序に属することを知っている。占星術師は聖職者と同一視されているばかりではなく、占星術師の真理もまた「深みの精神」からくるものであるわけである。このことは占星術はユングにとって生命線といってよい程の重要な役割を持っていたことを示す。イズドゥバルは単に神ではない。彼は太陽神なのだ。そして太陽は黄道十二宮の創造の中核である。ユングは、抽象的で科学的な真理（太陽の周囲を公転する地球）と、私たちが日々自分の目で体験する真理（日の出と日の入り）の違いを際立たせる、シンプルだが深淵なイメージを提示しているのである。占星術家にとって、このユングとイズドゥバルの間のやりとりが決定的に重要な意味を持つことを、鏡リュウジは次のように指摘している。

「われわれ占星術家に、これは前近代的世界観と勃興してきた近代的世界観の衝突をはっきりと示している。確かに、宇宙についてのこの単純な科学的知識は強大な神を瀕死においやったのである。それは前近代的宇宙に大きなダメージを与えた。[12]」

イズドゥバルを癒し、その真理を保持するためには、ユングはイズドゥバルがファンタジーにならなければならないと言う。神であるイズドゥバルは想像力という場に自身の居場所を見出したのだ。イズドゥバルは卵のサイズになり、ユングは彼をポケットに入れて西へと旅する。そしてそこで彼は再び卵から孵化して飛び出てくる。ユングがその思い出（「自伝」）を書くとき、アニエラ・ヤッフェは「これらのイメージの多くは至高なるものと滑稽なものの地獄のような組み合わせ」だと信じていたと記録している。[13] しかし、ユングは「この時代の精神」の中では「深みの精神」はファンタジーを通してしか生きるすべはないと見ていた。ファンタジーは神話詩的（mythopoetic）な想像力の一部

10 Kagami, R., *Saving the Dying God: Jung's Red Book and Astrology*. Lecture at the Astrological Association Conference, Wyboston, UK, (2016).
11 Jung, C.G., *The Red Book*, op.cit., p.278b.
12 Kagami, R., op.cit.
13 *The Red Book*, p.283, note 114

をなすものであり、深みの精神の神話的リアリティの基礎である。のちにユングが発展させ、患者とともに行った治療技法である「能動的想像」もファンタジーを媒介として行われる。ユングが科学的唯物論から魂を救おうとしたこの試みは、ユングの分析心理学の成立の基礎をなすものであり、それはこの『赤の書』において明瞭に示されている。鏡はユングが直面したディレンマとは「科学的真理を放棄することなく神を生存させようとしたこと」にあると指摘している。

そして鏡は続ける。「このディレンマは、一人ユングのものではなく、われわれ占星術家のものでもないだろうか？」と。[14]

神話詩的想像力《ミソポエティックイマジネーション》

ユングにとってイメージとファンタジーは「深みの精神」に参入する回路であって、『赤の書』全編においてユングは自分のファンタジーを語り、描いている。ユングは砂漠と暗闇、雪の積もる土地から地獄までを旅し、また自分の魂、蛇、悪魔、死者たち、隠者や魔法使いと言葉を交わす。自分の魂を取り戻すためにユングは神的な子どもの肝臓を食べなければならなかった。これはユングにとっては（そして読者にとっても！）忌まわしいことではあるが、そのことによって魂は自分自身を現し、ユングは魔法の杖と魔法の贈り物を受け取ることができた。占星術家なら、これがギリシャ神話のヘルメスと類似していることに気がつくだろう。ヘルメスは太陽神アポロンからカドケウスの杖とトリアイを与えられた。トリアイは予言力をもつ三人のニンフで、鳥たちや小石によって未来を占った。この行為によってユングは「深みの精神」にわけ入っていくことができたのだ。この出来事はまた、予言を示唆する古典的な指標でもある。古代において肝臓は予言力の座とされており、肝臓占いはもっとも古い占いの形態の一つでもあった。「この時代の精神」にたいしても、シンボルによって活性化され、予言によって顕在化した「深みの精神」は、上回ることができるのである。『赤の書』において、ユングは、錬金術や占星術といった象徴および象徴体系は「この時代の精神」を克服し、「深みの精神」と深く交わる道であると告げる。

「内的な自由は、象徴によってのみ創造される。…象徴が受け入れられるならば、あたかも扉が開かれて、その存在がそれまでわからなかった新しい部屋へと導かれるようである」[15]

そのファンタジーにおいて、ユングは聖書の登場人物たち、そして霊的導師《スピリット・グル》であるフィレモンと出会って会話をしている。ユングは自動書記による「死者への七つの語らい」の執筆にとりかかる。これはユングの自宅で死者たちを目撃した経験に基づいたもので、『赤の書』の一部をなしている。ユングは死者たちを字義通り死者として書いた。これを完全に精神内のものとして、つまりユングの心の力動の一部として解釈することは難しい。こうしたファンタジーの像は「心の中に私がつくりだすものではなくて、それらが自分自身をつくりだしそれ自身の生命をもつのだという決定的な洞察を、私に痛切に感じせしめた」のであり、そうした「考えは森の動物や、部屋の中にいる人々」と同じように外にあるとユングは信じるようになったのであるから。[16]「今の時代の精神」はこうした思念像は精神の中にだけ存在しファンタジー像の非・精神内存在という可能性に疑義を差し挟む。一方、ここ

14 Kagami, R., op.cit.
15 Jung, C.G., *The Red Book*, op.cit., *Liber Secundus: Chapter XX The Way of the Cross*, p.310.
16 Jung, C.G., *Memories, Dreams, Reflections*, op. cit., p.207.

でユングは、「深みの精神」とその魔法をひとつの現実として理解したのだ。ユングは現実の「サイコイド」（類心的）レベルの存在を認めている。それはユングが「客観的心」と呼ぶ、心理‐物理的現実である。これが『赤の書』が現代のユング派の実践者たちにとって困難な課題となっている理由であり、また占星術家にとってこの書が深淵な重要性をもっている理由でもある。占星術家のホロスコープをめぐるファンタジーは、まさにこの心理‐物理的現実に根ざしているからである。

黄道一二宮の大いなる輪

ユングは現代の心を太古のルーツへと引き戻す。ユングの目論見は、個人の心理を集合的で宇宙論的な枠組み、すなわちウヌス・ムンドゥス、「一なる世界」に位置づけなおすことであった。ユングが取り上げたオカルトは、近代の「無意識の発見」と、時代を超えた霊的経験、予言、占いの基盤をつなぎ合わせ、今一度円を完成させるつなぎ目でもあった。『赤の書』において、ユングは占星術の黄道十二宮のイメージを人類にとっての導き手とみなしている。ユングは言う。

「課題とは、古きものを新しい時代へともたらして生み出すことである。人類の魂は、その途上にめぐっている黄道十二宮の大いなる輪のようである。絶え間ない動きの中で下から高みへと上がってくるものは、以前に高みにあった。輪のうちで、再び巡ってこない部分はひとつもない。」[17]

この車輪がめぐるのは、毎回、独自《ユニーク》のものとなる。「意味は同じものの永劫回帰によってはいない。それはそのときどきの回帰において創造される」のである。ユングの後の業績はすべてこのアプローチの影響を受けており、分析心理学の言葉もまたここに根ざしている。

ユングの遺族はユングの書庫を開け、記録を研究者に利用可能なものとしている。『黒の書』も最近公刊され、ホロスコープに深く関わっていたことも明らかになってきた。とりわけリズ・グリーンはいかにユングが深く占星術にかかわっていたかを示す新資料を発見している。[18] しかしながら、ユングがホラリー占星術をまったく知らなかったように思われるのは大きな痛手である。ホラリー占星術では、易と同じように、占星術家はある特定の問いが問われた瞬間のホロスコープを作成し、そのシンボルを解釈して問いに対する答えを導くのである。ホラリーは占星術の伝統的な型であったのだが、科学的な啓蒙主義、「今の時代の精神」の興隆によってその地位を落としてしまったのだった。この占星術は出生時刻という聖なる瞬間には基づいていない。また原因と結果の関係による理屈付けもできない。結果、ホラリーは単なるファンタジーとみなされるようになってしまったのだ。ホラリー占星術は二一世紀に入って大きく復興しているが、ユングの時代にはあまり知られてもおらず、実践もされていなかった。優れた象徴的感覚を持った占い手でもあったユングは、もしホラリーを知っていたらそこに大きな価値を見出していただろうし、ホラリーの方法を夢、予兆、共時性、そして「突然起こること」に適用していたことだろうと私は信じる。このアプローチ、すなわち「カターキー」（イニシアチブ）と古代において呼ばれていた方法は、鳥占い（オーギュリー）と予兆の解読に起源をもつ。[19] それは神々との会話を明らかにし、占星術を決定論や客観的な心の地図

17 Jung, C.G., *The Red Book*, op.cit., *Liber Secundus: Chapter XX The Way of the Cross*, p.311.

18 Liz Greene's *Jung's Studies in Astrology: Prophecy, Magic, and the Qualities of Time*, (London: Routledge 2018) リズ・グリーン著、鏡リュウジ監訳『占星術とユング心理学』原書房二〇一九年および *The Astrological World of Jung's 'Liber Novus': Daimons, Gods, and the Planetary Journey* (Routledge 2018). 占星術に対するユングの思想と著述に関して便利な参照書として Saffron Rossi's *Jung on Astrology* (Routledge 2017). を見よ。

のモデルから開放して、心と世界の相互浸透性、相互関係性を見せる。ユングのいう「秘密の共謀関係[20]」、リアリティのサイコイド（類心的）次元、そして「客観的心」は占星術のシンボリズムを通じて私たちにも馴染みあるものとなり、そして私たちを「深みの精神」へと導いていくのである。ユングにとって魔術は「理解されざるものを、理解できぬ方法で理解させる」[21]ものであったが、私たちは占星術についても同じ事が言えるだろう。

ユングと占星術の関わりが明らかになるのには何十年もかかっている。多くの占星術家がユングと占星術についての新しい理解を開くために貢献してきた。その理解の進展を三〇年にもわたって友人である占星術家である鏡リュウジ氏とともに観察し、また議論を重ねてこれたことは大きな喜びである。また鏡氏が日本における、私の仕事の翻訳者であることを大変幸せに思っている。ユング心理学、また占星術の観点双方から深く理解をもつ翻訳者と出会えるというのはめったにない。鏡氏の鋭い洞察とその仕事に感謝したいと思う。

19　『ユングと占星術』は、同僚たちと着想を共有している。その中には、ロンドン占星術ロッジのジャーナルAstrology Quarterlyに六回に渡って連載される記事を書いたジェフリー・コーネリアスも含まれる。『ユングと占星術』はCorneriusによる一巻の書物である*Moment of Astrology* (1994 Penguin/Arkana; revised edition 2003 Wessex Astrologer)の初版刊行に2年先立っている。このテキストにおけるMoment of Astrologyへは、本ではなく、同名の記事を参照したものだ。六つの記事はカーク・リトルによる価値ある注解とともにオンライン上、twww.cosmocritic.comにおいて、Cornelius, Geoffrey: The Oslo Paper and Moment of Astrology articles (1982 - 6)として読むことができる。またこの六つの記事はwww.astrodivination.com/moa/でも読むことができる。後者は『ユングと占星術』における二〇〇三年版Momemnt of Astrologyへの重要な言及に対して、短い対応表を含んでいる。

20　Jung, C.G., *Synchronicity - An Acausal Connecting Principle* (London: RKP 1972 English edition), p.85.
ユング著河合隼雄・村上陽一郎訳『自然現象と心の構造』海鳴社一九七六年所収「共時性：非因果的連関の原理」

21　Jung, C.G. *The Red Book*, op.cit., p.314b

訳者あとがき

メルクリウスのしるしのもとに

本書は Maggie Hyde : *Jung and Astrology*, Aquarian Press, 1992 の全訳である。

マギー・ハイドは、邦訳されている『フォー・ビギナーズ　ユング』や『フォー・ビギナーズ　占星術』の著者として、すでに日本でも知られているが、英国の占星術団体「カンパニー・オブ・アストロロジャーズ」＊の創設者の一人で、英国では第一級の占星学研究家、ないし著述家としてとても有名な存在である。毎年イギリスに出掛け、英国の占星術世界に出入りしている僕は、マギーさんとはもう七、八年来のお付き合いになるだろうか。英国占星学学会での年次大会では、夜、パブでワインやシャンディ（ビールをレモネードで割った弱いドリンク）を片手に、占星術やユング、シンクロニシティをめぐってマギーさんや、彼女のよきパートナーであるジェフリー・コーネリアスと語り合うのが恒例の楽しみになっている。ケント州にある海岸沿いの御自宅に泊めていただき、夜を徹して話しあったこともある。そんな友人でもある彼女の本をこうして紹介できるのは、個人的にも大変うれしい。

さて、本書の内容であるが、『ユングと占星術』というタイトルが表すように、ユングと占星術をめぐってのさまざまな事項についての議論である。とりわけ、シンクロニシティについて集中的に議論は展開される。

マギー・ハイドの議論を理解するには、昨今の欧米の占星術界の動向を知っておく必要があるだろう。

現代の占星術界では、一九七〇年代ごろから「心理占星術」という潮流が大きな流れとなって現れている。岡本翔子氏との共訳で青土社からすでに刊行しているリズ・グリーン著『占星学』は、その代表的な著作で、この世界に大きなインパクトを与え、ベストセラー、ロングセラーとなった。

リズ・グリーンら、ユング派の分析家でもある占星術家は、これまでの決定論的、運命論的なホロスコープの解読を「心的事象の分析」と読みかえることによって、旧来の迷信的な「三十歳で結婚するだろう」「金運には恵まれない」式の占いから占星術を解放し、まじめで真摯な自己発見のツールとして再生させた。本書の中でも紹介されているように、惑星や星座は、心の奥底でうごめく元型的な力の象徴であり、そのシンボルによって、表層的な事象の背後に布置されている元型をすかし見ることができると考えられる。実際、ホロスコープを心を表すマンダラとして見ると、そこから実に生き生きとした、そして豊かな解釈が開かれるのだ。

とくにリズ・グリーンの著作は、その神話に関する該博な知識、鋭い洞察、またユング心理学の素養などからして圧倒的な影響力をもった。神話分析として読んでも、リズ・グリーンの多くの著作は、ありきたりのユンギアンのものよりもずっと魅力的だし深さを感じさせる。リズ・グリーンが、すっかり「権威」になってしまったのも当然だろう。

マギー・ハイドの本書が出たのは、このような状況の中においてであった。もちろん、マギー・ハイドもリズ・グリーンの優秀さは大いに認めている。しかし、その中であえてリズ・グリーン批判という冒険に出ているのである。

そのカギになるのは、ユング心理学の重要な概念である「シンクロニシティ」をめぐるものである。従来の心理占星術は、出生の時の「ホロスコープ」が、その人の「心の構造」を表す「地図」になると素朴に考えている。ホロスコープがどのように現実世界に現れてくるかわからないとしつつも、その人の可能性がホロスコープのなかにすべて潜在しているのだとしたら、結局どこかで決定論的宿命論のくびきからは自由になれないことになる。

それに対して、マギー・ハイドは、占星術家が、偶然性に満ちたこの世界に「参与」することによって、予想もしていなかったシンボルのいたずらが次々に起こってくることを、豊富な例によって示している。そのことを概念的に説明するために、彼女は、ユングのシンクロニシティの概念を整理しなおす試みを展開する。とくに、シンクロニシティI、シンクロニシティIIの分類は、実にスマートなものだと言えよう。

またマギー・ハイドは、現代において忘れられがちな伝統的な占星術のもつ美しさを再評価している点でも興味深い。

本書の読者は、基本的には占星術に関心がある人が対象として想定されている。そのために、一般の読者の方、またユングにのみ興味のある方には、やや混乱を引き起こす叙述の方法がとられている。占星術家であるマギー・ハイドは、ユングの理論を説明する際にも、あるいは伝記的な状況を解説する際にも、ホロスコープをその補助手段として用いているのである。客観的な事実の叙述が続いた直後に、ホロスコープの解釈によってそれが補足説明される、といったスタイルには、一般の読者の方は驚かれるかもしれない。実際、初めて本書を読んだときに、同じように僕も混乱した。

しかし、これも本書を貫いている、宇宙のいたずら、シンクロニシティに満ちた世界がある、という視点から読み解けば、ユングをめぐって、実際に占星術的なシンクロニシティが働いていたのだということの例証として読めるわけだ。

本書を読み進むうちに、おそらく、読者は、主観‐客観の感覚が少しずつ溶解してゆく、めまいにも似た感覚を覚えることになるだろう。心と世界は、ユング的な世界観に立ったときにはふつう考えられているほど強固に分断されているわけではない。そのときに宇宙は時計仕掛けの機械ではなく、もっとしなやかでもっと有機的な、それこそ魂の場としてたちあらわれてくる。トリックスターの神、メルクリウスの微笑が、どこかから僕たちを見ているような気がしてくるだろう。

さて、最後に感謝の言葉を述べておきたい。まず、本書の邦訳出版を快諾してくださった青土社の清水康雄社長に。氏は、いつもわがままな僕の企画を暖かい目で理解してくださる。感謝にたえない。また、編集の労をとってくださった田中順子さん。リズ・グリーン『占星学』、ブルートン『月世界大全』にひきつづき担当してくださった田中さんには、訳者はずいぶん励まされた。また、青土社の篠原一平さんは、原稿のやりとりの仲介をしてくださった。そして、マギー・ハイドご本人。翻訳中に二度にわたって御自宅に招いて下さり、作業の遅れがちな訳者をいつも優しく見守って下さった。
そしてもちろん、本書を手にとってくださったあなたに。本書が、私と世界に深く引かれた溝を、一時埋めることになれば、こんなにうれしいことはない。本当にありがとう。

鏡リュウジ

*伝統的占星術を自己認識の道具として普及させるために一九八三年に設立された団体。初心者からプロレベルまでの教育を行っている。セミナー、通信教育などもある。

The Company of Astrologers
PO. BOX 3001
London N1 1LY

新装版によせて

『ユングと占星術』の新装版を刊行していただく運びになった。原著が出たのは一九九二年、拙訳を青土社から出していただいたのが一九九九年であるから、原著では二〇年以上、邦訳でも一四年を経過しての新装版である。ますます厳しくなる出版事情の昨今、この本がこうしたかたちで新しい生命を得て、新しい読者を獲得できることになるとは予想していなかったので、ぼく自身、訳者として本当にうれしく思っている。

しかも、この間、著者のマギー・ハイド氏とは、単に占星術やユング研究における先輩、後輩という枠を越えて、まさに家族同然のおつきあいへと深まっているので、その喜びもひとしおである。

青土社の方から新装版刊行の計画を知らされたときも、ちょうどイギリスにいて（ここ数年、一年に三度は渡英している）マギーさんとそのよきパートナーであるジェフリー・コーネリアス氏とともに、マギーさんの誕生日祝いをかねた夕食会をした直後だった。イギリス時間ではすでに深夜だったので、翌日にすぐに電話をし、この吉報を伝えたのだった。

さて、ここ二〇年ほどの英国占星術界のシーンの移り変わりを概観しつつ、本書の価値を改めて考え直しておきたい。

以前の「訳者あとがき」にも書いたように、一九七〇年代から九〇年代ごろまで、「心理占星術」が占星術シーンでは大きなトレンドであった。立役者は、なんといっても、拙訳もある『占星学』『サターン』(ともに青土社)などの著者であるリズ・グリーンである。ユング派の分析であり、占星術家であるグリーンは、占星術象徴をユング心理学の手法を用い、豊かに深く掘り下げ、それまでの占星術を知的なものへと磨きあげたのだ。グリーンはスターとなり、グリーンのスタイルを継承する占星術家が多く続き、知的な読者も増えた。

その中で、マギー・ハイド氏は、この潮流にたいしてあえて重大な問題点を指摘したのだ。『ユングと占星術』というタイトルから誤解されることもあるのだが、本書は単純な「心理占星術」の類書の一つではない。むしろ、〝心理〟占星術批判の書である。ホロスコープを心の客観的なマップだとし、それをよりどころとして解釈していくなら、象徴解釈が豊かになったとしてもそれは、疑似科学的な決定論となってしまう。天体の運行と人生の間に客観的な並行関係があるというパラダイムにのっているからだ。

ハイド氏は、そこで占星術をDivinationとみなすことを提唱する。Divinationとは一般的には「占い」であるが、Divine(神的)という言葉が入っていることからわかるように、これは本来、神々への問いかけであり、神々との語り合いという意味を含んでいる。ホロスコープと事象の関係を「客観的」に分析するのではなく、占星術家自身がそこに「参与」（Participate）してゆくという伝統的な世界観が占星術のなかに存在している。それが占星術の本質の一つであるというのが、コーネリアス氏やハイド氏の重要な指摘なのだ。占星術の歴史においてはこの二つの態度はNatural AstrologyとJudicial Astrologyという対比として論じられてきたし、ユングのシンクロニシティ論を「シンクロニシティI」「シンクロニシティII」として整理しようとする本書の試みもまさにこの主題へのアプローチなのである。

もう一つ、指摘しておかなければならないのは、伝統的、古典占星術の復興であろう。一七世紀後半、西洋占星術は実は一度、大きく衰退していた。近代占星術は一九世紀末から復興するのだが、そのときに伝統的な占星術の技法が失われていたのだった。そのことに占星術家自身が気がつくのは一九八〇年代以降である。一七世紀の占星術書『クリスチャン・アストロロジー』が、コーネリアス氏や故オリビア・バークレー氏らの尽力によって復刻されたのがその嚆矢になった。当時は、その技法の再発見に占星術実践者は興奮し、「伝統的占星術」対「現代占星術」のような緊張関係にあったが、今ではさまざまなスタイルの占星術が存在するということが受容されている。

いや、それればかりではない。単に「近代占星術や心理占星術は、伝統的な技法を失っている！」と、現代占星術をやみくもに攻撃し、技法の優劣を競うような幼稚な態度ではなく、それぞれの技法や観念の背後にある、その哲学的立場を論じる水準に達してきたのだ。

そのためには、狭い占星術の世界から飛び出す必要がある。ニコラス・キャンピオン、リズ・グリーン、ジェフリー・コーネリアス、ドリアン・グリーンバウムら指導的な占星術実践者はその後、大きな努力の末に博士号を取得、歴史学、宗教学、人類学、社会学などの知見を取り入れながら、さまざまな形で知的な議論を展開するプラットホームを形成している。

ハイド氏も現在、ユングをテーマに博士論文を執筆中だ。規模は小さいかもしれないが、実践的な占星術を中心に、真の意味での学際的、人文主義的なサークルが形成されてきているのだ。

そこでは、いまなお、Astrology と Divination というのが大きなテーマの一つとなっている。つまり、マギーさんが二〇年前に投じた一石が、波紋となって大きな成果を生み出しているということも言えるのである。

また、付け加えておかなければならないのは、ユング研究そのものも、ここ数年で新しい局面を迎えているということである。

ユングと言えば、つい昨今までニューエイジ的なカルトヒーローのごとき印象が強くなり、学問的には冷静な目で見ることが難しかった状況があった。しかし、ユングの未公開の文献などが次々に明るみに出て、ソヌ・シャムダサーニを中心とした厳密なユングのテキスト研究によって、新たなユング像が結ばれつつある。

たとえば、長きにわたって、ごく一部の人々をのぞきその全貌を知ることができなかったユングの文書『赤の書』が二〇〇九年に刊行されたことなどは、ユング研究には画期的なことであった。
マギー・ハイドさんは、出来うることなら、本書の研究をさらに発展させて、新たに本を書きたいともおっしゃっている。

それは、おそらくマギーさんが執筆中である博士論文などを十分に取り入れたさらに内容の濃いものになることであろう。

ぼくもそれを心待ちにしているし、出来うることなら、ぼく自身の手で日本語でご紹介したいとも願っている。

目を我が足元に転じれば、日本においても、占星術をめぐる状況はさらに成熟してきた。

ホラリー占星術や医学的占星術など、伝統的占星術に関する書籍もいくつか刊行されているし、多くのスクールが出現、ネットの環境などもあって、本書の刊行当時とは比較にならないほどの情報がある。

少し生意気なことを言わせていただければ、本書を訳した当時は、この本の論点が正当に評価されるには少し時期が早かったのではないかとも思う。

今こそ、占星術家のみならず、心理学像の変化や二一世紀的な文化状況のなかにおいて、本書の魅力がさらに深く理解されるであろうと確信している。

鏡リュウジ

新版によせて

マギー・ハイド著『ユングと占星術』を「新版」の形で改めてお贈りすることはできるのはまさに望外の喜びである。

邦訳が出たのは一九九九年、そして原著は一九九二年の刊行。信じられない（あるいは信じたくない）気持ちだが、僕が最初にこの本に出会ってからもう三〇年の歳月が経とうとしているわけである。

改めて思う。優れた本には「賞味期限」はないのだ。それどころか、今の日本の占星術をめぐる状況においては、ようやくこの本の真価を味わっていただけるようになってきたことを訳者として実感している。しかもこの間に著者マギーさん、パートナーのジェフリーさんとはもはや家族同然のお付き合いに関係も深まった。そのことも本当に嬉しいのである。

すでに「新装版によせて」でも書いたと思うのだが、最初にこの本を日本に紹介した時には、いわゆる「心理占星術」本だと誤解する向きが少なからずあった。『ユングと占星術』というタイトルとあいまって、訳者である僕が「心理」占星術のパイオニアであるリズ・グリーンの著作を積極的に紹介してきたのもその遠因であろう。

しかし、なによりも日本での読み手の土壌が整っていなかったことが誤解を招いた原因だと分析する。本書は単にユング心理学をホロスコープ解釈に応用しようとするものでも、また、ユングの生涯を占星術によって読み解こうとするものでもない。本書は、ユングの思想と占星術を比較することによって、占星術という思考法の根底を見透かし、かつ、占星術を鏡にしてユング思想そのものに新しい光を投げかけようとする極めて果敢な論考なのだ。そこまで読みとれる読者は当時は多くなかったのだ。

占星術といえば、生年月日や事件の発生時の星の配置という「客観的」なデータをもとに、性格や運命をある種、「論理的」に推理していく技術、アートだと考えられてきた。歴史的にいえば、天体の影響を読み解く、一種の天気予報的な「自然占星術」としての占星術観である。

自然占星術は「被造物としての自然」の枠内の作用関係を読み解く技術とされる。そこには、気まぐれな星の「神々」や「ダイモーン」の付け入る隙はない。だからこそ、占星術は一神教世界の中でも生存が可能であって、ルネサンスまでは文化の中心で花を開かせることができた。自然占星術は、自然の法則、因果関係の中において作動する。もちろんその「因果関係」の作用機序は主にアリストテレスに倣ったものであり、近代的な物理学のそれとは異なるものであったが、それでも思考法の根底において近代科学と自然占星術の連続性は案外大きいと言えるだろう。

「自由意思」を重視する現代の「心理占星術」においてすらもこの傾向は否めない。出生ホロスコープが「潜在的可能性のマップ」であるとしても、天体の規則的な運行にその「自由意志の可能性」が縛られているとするなら、それは一種の宿命論ではないか、というのがマギー・ハイドの鋭い指摘なのである。

だが、その発祥を考えると、必ずしもこのモデルには占星術は基づいていない。その起源において占星術はバビロニアにおける星の神々との交渉手段であった。当時は天体の運行はある程度の規則性はあるものの、完全な予測は不可能であり、そこにはトリックスター的な神々のいたずらや術者との不思議な共謀関係を見ることができたのだ。西欧においてはこの感覚は広い意味でDivinationとして認識されてきた。自然占星術に対する「判断占星術」はその要素を多分に持っている。占星術はDivinationかどうかについては議論が重ねられてきたが、マギー・ハイドは、長年のパートナーであり英国占星術世界の重鎮であるジェフリー・コーネリアスとともに占星術の本質にはまぎれもなくDivinationがあるとみなす。そしてその思考法は、例えば神々と人間の媒介者たるダイモーンを認める新プラトン主義というチャンネルを通して西欧においても生き延びてきたのだ。

ホロスコープは機械的宇宙の青写真ではない。神々やダイモーンにみちた宇宙は、有機的偶然性を利用してさまざまなかたちで語りかけてくるのである。そしてそれは読み手の心と世界が溶け合う瞬間に発動する。ユングの思想は、まさにこの世界を描いている。本書のハイライトである「シンクロニシティII」の分析はまさにその体験である。大胆に言えば、本書の価値は占星術実践者が誠実に自らの営みを見つめることによって、ユング思想の中にある、「占い的」な性質をつかみ出し理解を促したことにもあるといえるだろう。ハイドはユングのふんどしを使って占星術を「学問」にしようとしたのではない。逆である。占星術を見つめることで、ユングの中の「占い性」を暴き出しているのだ。ただし、ユングが退行的である、というのではない。マギー・ハイドは古代から続く、もうひとつの思考法の精緻さをユングと占星術を軸になんとか論じようとしているわけである。

以上のような議論を日本の文脈で展開するとどうなるか。日本には占いを「命・卜・相」の三つに分類する見方がある。どうも「命卜相」の分類の歴史はかなり浅いと思われるが、今では広く我が国の占い業界に浸透しているのは確かで、このカテゴリーを用いると見直しがよい。

命とは四柱推命や占星術のような、生年月日などをもとにした、どちらかといえば客観的なデータに基づく占い、卜は易やタロットなど偶然に基づく占い、相は手相や家相のような、「かたち」に基づく占いだという。

通常、西洋占星術は「命」術の代表選手だと考えられているのだが、本書の議論では占星術の本質は「卜」にある、ということになる。

そしてこの「偶然性の意味」の体験を精緻に深めようとするのが、本書の提言なのである。

ユングと占星術のかかわりについては、本書の執筆時以降、大きく研究が進んでいる。リズ・グリーンの『占星術とユング心理学』(原書房)は新資料を使ってユングがいかに占星術に影響を受けて自らの思想を育んだかを明らかにした。

またエディンジャー『ユングの「アイオーン」を読む』（青土社）は、ユング晩年の主著の一つが壮大な占星術論をもとに構築されていることを明らかにしている。拙論もその中に寄稿させていただいたのでぜひご覧いただきたい。

本書が日本の占星術実践者のみならず、この殺伐とした世界に生き生きとした生命を取り戻したいと願っている人々のもとに届くことを願ってやまない。

木星と土星の水瓶座での大接近をみながら、パンデミックの年に。

鏡リュウジ

——索　引——

た行

ま行

や行

ら行

わ行

ユングと占星術
［新版］

2021 年 2 月 25 日　第 1 刷印刷
2021 年 3 月 10 日　第 1 刷発行

著者——マギー・ハイド
訳者——鏡リュウジ
発行者——清水一人
発行所——青土社
東京都千代田区神田神保町 1-29　市瀬ビル　〒 101-0051
電話 03-3291-9831（編集）3294-7829（営業）
郵便振替 00190-7-192955
印刷・製本——大日本印刷

装丁——岡孝治
カバー写真：Carlos Amarillo/Shutterstock.com
ISBN978-4-7917-7358-9　Printed in Japan